让孩子读懂世界的

通识大百科

人文素养第一课

1 我是谁

梁芳 编著　星筠兔 绘

山西出版传媒集团 三晋出版社

目录

友谊

我是谁？

我是谁？

我是谁？有时，我会在照镜子时想。

镜子里的我，戴着一顶帽子，帽檐（yán）儿下露出一双小而充满光芒的眼睛。

我爱爸爸妈妈，爱周围的朋友，爱调皮的狗狗。

我有足够的勇气，我渴望交很多的朋友。

不高兴时，我会发脾气；伤心时，我会感到孤独。

我喜欢周末。我偶尔也会偷懒。

我有许多身份

我，是爸爸妈妈的孩子，在他们身边，我感到快乐自在。

我，是老师的学生，哪怕班里有一百个孩子，老师也绝不会叫错我的名字。

我，是狗狗的小主人，我会好好照顾它，和它永远不分离。

我，更是我自己，我喜爱我自己，就像诗人喜爱太阳。

过去、现在、未来的我

有时，我会想起过去的我收到一份礼物时的情景。那时，我的个子刚到餐桌边，是一个比现在更小的我。

现在的我虽然已经对那份礼物不再感兴趣，但依然能记得过去的我收到它时是多么欢欣雀跃。

有时，我也会幻想未来的我的模样。他该像爸爸一样高大威猛、冷静自信，即使在许多人面前发表演讲，心脏也不会跳得飞快。

想象中的我

有时，我也想尝试一下新鲜的角色。

我想象自己是一个原始人，在森林里捕猎，或者和一群小矮人在小木屋里狂欢。

我想象自己比现在更强壮、更勇敢，像一名拳击运动员，靠力量打败对手；或者像一个水手，勇敢地迎接海上的风浪。

更多的问题

有时，我会冒出一堆稀奇古怪的问题。

假如我没有出生，我现在在哪里？我会在天空中寻找我的爸爸妈妈吗？

假如我变成了另外一种模（mú）样，世界是不是也会跟着改变？

智者说

假如我是我，是因为我生来如此，那么我是我，你是你。可是，假如因为你而我是我，因为我而你是你，那么，我不是我，你也不是你。——［奥地利］孟德尔

我从哪里来？

我出生了

爸爸和妈妈非常相爱，他们想拥有一个珍贵的“爱情结晶”。于是，爸爸的精子和妈妈的卵子结合成了一枚受精卵，生命由此开始。小小的受精卵在妈妈的肚子里慢慢长大，十个月后，小生命在众人的期盼下呱（gū）呱坠地。你猜到了吗？这个小生命，就是“我”。

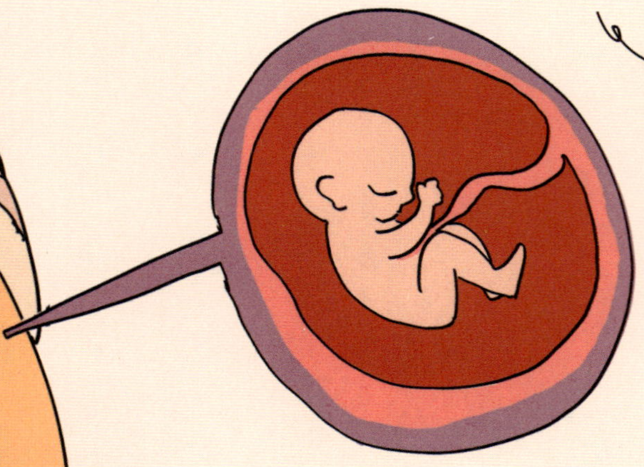

智者说

人生最终的价值在于觉（jué）醒和思考的能力，而不只在于生存。——［古希腊］亚里士多德

人类从哪里来？

可是，爸爸妈妈又是从哪里来的呢？人类的祖先又是从哪里来的呢？

在古代，很多人都相信是一种超自然力量创造了人类。到了近代，达尔文提出了进化论，认为人类和地球上的其他生物都有着共同的祖先。现在，又有一些科学家推测，地球上的生命都起源于广袤（mào）的海洋。从这些层出不穷的探索和研究可以看出，我们人类非常想知道自己是从哪里来的。

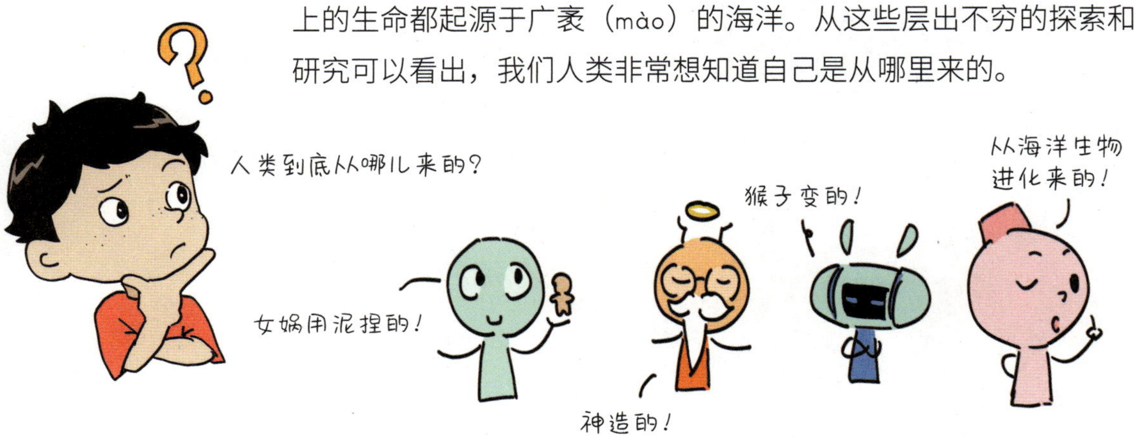

一个人可以独自生活吗？

你有没有想过自己一个人生活呢？甚至干脆躲到一座荒岛上，想做什么就做什么，没人会要求你、批评你。可是，在享受一个人的“自由”生活时，你会在乎自己乱糟（zāo）糟的头发吗？你会在乎今天是星期几吗？你会思考生活的意义吗？你还会对未来充满希望吗？

看到这里，你是不是感到紧张了？

是的，我们每个人都无法脱离社会生活。

我们需要家人，需要伙伴，需要集体。

人类的历史

在你出生之前，世界上已经发生过许多事情，这些事情虽然已经过去很久，甚至都不是在你住的地方发生的，但它们并非和你没有关系。

想想看，如果历史没有记载战争所带来的灾难（nàn），人类是不是会轻率（shuài）地发动战争呢？是的，过去的历史影响着当下的生活。了解人类历史，可以让我们明白自己从哪里来，并思考未来我们将会成为什么样的人。

活着的意义是什么？

为了和家人在一起快乐地生活

你来到了这个世界，你是爸爸妈妈生命的延续，你是他们爱的寄托。

因为你的到来，家里充满了欢乐，充满了爱和希望。一家人相互关心、相互陪伴，彼此都不再孤单。

为了感受人间的美好

你来到了这个世界，为的是做各种有趣的游戏，和朋友一起赛车，看最酷的动画，和狗狗一起去兜风；为的是品尝香喷喷的糕点、甘甜的浆果和其他一切美味的食物；为的是读有趣的童话故事，学习有用的知识；为的是提出各种问题，体会思考的乐趣，探索世间的真理。

为了见识有趣的世间万物

你来到了这个世界，为的是看阳光穿过窗子，苹果树穿上春天的衣服；为的是看花朵骄傲地开放，夕阳照亮山谷；为的是看绿色的原野、奔腾的河流、连绵的群山以及郁郁葱葱的森林。

为了让世界变得更美好

你来到了这个世界，为的是帮助有困难的人，献出你的爱心；为的是成就一番事业，用自己的力量让世界变得更美好；为的是做一切有意义的事，即使你还没想好要怎么做。

为了做自己喜欢的事

你来到了这个世界，为的是弹奏美妙的音乐，唱你最爱的歌曲；为的是长大后从事自己喜欢的职业，做科学家、警察、飞行员、老师……寻找工作的意义和乐趣；为的是有一天能去远方冒险，见识广阔的世界，经历有趣的事，遇见有趣的人；为的是做你喜欢的事，实现你的梦想。

智者说

人只有献身于社会，才能找出那短暂而有风险的生命的意义。——［美国］爱因斯坦

为什么我的身体里藏着另一个“我”？

藏在身体里的“我”

有时候，我感觉身体里藏着另一个“我”，就像平行世界中的另一个“我”。

我伸长脖子看不到他，照镜子也看不到他。不过，我可以感觉到他的存在，特别是一个人独处的时候。藏在身体里的那个“我”，可真是个奇怪的存在啊。

人们看到的我，和藏在身体里的“我”

人们看到的我胆小害羞，藏在身体里的“我”却是一个宇宙超级战士。

人们看到的我像个疯丫头，藏在身体里的“我”却是一个温柔的公主。

人们看到的我自信满满，藏在身体里的“我”却是一个自卑的小孩儿。

真实的我和藏在身体里的“我”

看到有人做坏事，真实的我悄悄躲开了，藏在身体里的“我”就会跳出来说：“你不该像个胆小鬼一样逃走！”

放学回家，真实的我忍不住打起了游戏，藏在身体里的“我”就会跳出来说：“再玩下去，你就会变成班级倒数第一！”

班里竞选中队委，真实的我太害怕竞选失败，藏在身体里的“我”就会跳出来说：“不试试怎么知道自己不行？”

藏在身体里的“我”总是在监督和鼓励真实的我。

独自一人时的“我”

独自一人时，藏在身体里的那个“我”，就是我最好的倾听者。我喜欢和他谈心，我会把所有的秘密都告诉他。他相信我说的一切，也会替我保守秘密。大多数时候，我爱他胜过爱我自己，我甚至会给他起一个很酷的名字。

身体里的另一个新的“我”

有时，我会爆发出连自己也难以相信的力量，这是身体里的“我”正在显现。

有时，身体里的“我”会消失，无论我怎么寻找，也找不见他。

有时我还会在身体里发现许许多多的“我”。这么多个“我”，我该怎么与他们相处呢？

智者问

人们眼中的你，和藏在你身体里的“你”，到底哪个才是更真实的呢？

我为什么和别人不一样？

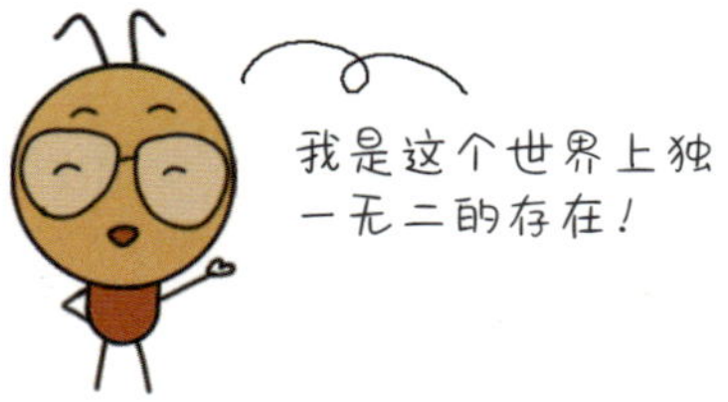

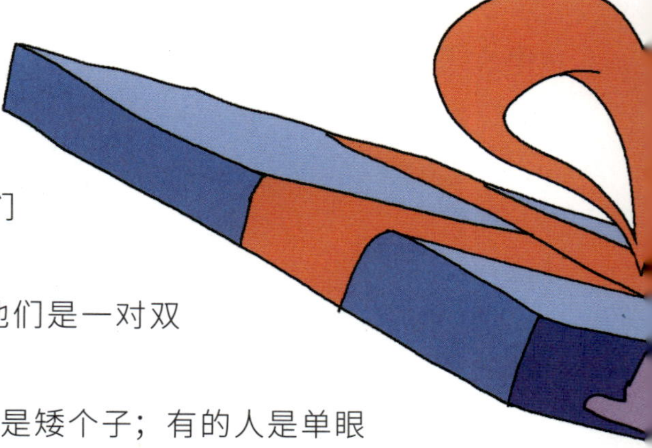

没有两个完全一样的事物

世界上没有两片完全一样的树叶，即使它们长在同一根树枝上。

世界上也没有两个完全一样的人，即使他们是一对双胞胎。

在这个世界上，有的人是高个子，有的人是矮个子；有的人是单眼皮，有的人是双眼皮；有的人性子急，有的人性子慢；有的人活泼好动，有的人安静内敛（liǎn）……

形形色色的人，把世界装扮得五彩缤纷。

你是独一无二的

每个人都是独一无二的。

也许你不够好看，也算不上聪明，还是一个“哭鼻子大王”……可这有什么关系呢？尽管你不够完美，但你就是你呀！也许你爱发脾气，还很调皮，脑袋里面装满了各种不切实际的幻想……可这就是你最真实的模样。

你是独一无二的，你可以和别人不一样。

就是喜欢自己

你喜欢自己吗？图书馆里读书的自己，球场上奔跑的自己，舞台上闪光的自己，睡觉时打呼噜的自己，脸上点缀（zhuì）着小雀斑的自己，失败了爱哭鼻子的自己……不管是什么样的自己，你都可以大声说：“我就是喜欢我自己！”

不一样的他们

有的人和你相像，所以你觉得他们亲切，喜欢和他们在一起；有的人和你相差很多，所以你觉得他们“怪异”，不喜欢和他们做朋友。

全世界有各种各样的人，每个人都是独一无二的。不要因为肤色不同、语言不同，甚至仅仅因为他穿着你不喜欢的衣服就皱起眉头，或给他贴上不好的“标签”。你要知道，你是独一无二的，别人也一样是独一无二的。

智者说

凡物莫不相异，天地间没有两个彼此完全相同的东西。——［德国］莱布尼茨（cí）

我有自由的权利吗？

宝贵的自由

自由是每个人与生俱来的权利。因为自由，所以我们可以读书、写字，可以跳舞、唱歌，可以为自己的梦想而努力。然而，在这个世界上，并非所有人都能像我们一样幸福，还有一些人会因为各种各样的原因，而不能去做自己想做的事情、成为自己想成为的人。

自由是想干什么就干什么吗？

如果你以为，自由就是想吃多少糖果就吃多少，想看多久动画片就看多久，想摘公园里的花就随便摘，想在上课时聊天就随便聊……总之，想做什么就做什么，那就错了！

自由，不是放纵，不是散漫，它同时还要被身体、道德、社会规则等限制和约束。

长大后会更自由吗?

你可能会觉得爸爸妈妈比你更自由，因为他们不必像小孩一样需要听大人的话。可事实上，爸爸妈妈需要承担更多的社会责任和家庭责任，他们要按时上班，他们要细心地照料你，他们还要考虑工作收入、生活开销、衣食住行等许多事情。

尊重他人的自由

当然，你在享受自由的同时，不能损害他人的利益。比如，你有说话行动的自由，可如果在图书馆里大喊大叫，随意跑动，就会妨害他人在安静的环境里读书的自由。

我们要对自己的言行负责，尊重他人的自由。

智者说

自由不是你想做什么就能做什么，而是你不想做什么，就可以不做什么。——［德国］康德

我会死吗？

每个人都会死

死亡是生命的一部分。有些人活了很长时间，经历了许多事情之后死去；有些人只存在了短短几年，生命便走到了终点。无论是谁，哪怕是受人瞩（zhǔ）目的英雄，或是世界上最幸运的人，最后也都会离开这个世界。

死亡是自然的

死亡是自然的、平静的，就像一片树叶变黄、变枯，最后从树枝上掉落下来。这片树叶见过露水、阳光和美丽的彩虹，它努力生长，经历风霜雨雪以及四季的变换，从小芽长成宽大的叶片。当它走完了生命旅程，便潇洒地离开枝头，化为泥土，重新回到大地的怀抱。

哀悼与怀念

死亡是一件悲伤的事。但有的人，会把悲伤藏起来，不让别人看到。

有时，悲伤会在心里越长越大，最后变成一头忧郁的、灰暗的大象，把我们的心踩得很痛、很痛。

所以，请痛痛快快地、真诚地哀悼（dào）吧，哀悼完，就把这头大象赶得远远的！

怀念也是有意义、有力量的。即使你爱的人离开了，但只要你记得他们的面庞、笑容，他们就会以另一种方式继续陪伴你。

人死后会去哪儿？

人死后，都会从世界上消失。然后，去了哪里呢？变成一场春雨？一朵云彩？或者一阵清风？

即便是世界上最聪明的人，也没办法给你一个准确的答案。这真是一个谜。

珍惜生命

每个人的生命都只有一次。此时此刻，你最想做的事情是什么呢？和好朋友一起去郊游？在风中荡秋千？看漫天飞舞的雪花？养一只小猫？或者读一本喜爱的书……不管是什么，赶紧去做吧，我们应当珍惜生命里的每一刻。

智者说

未知生，焉知死？——《论语》

我为什么害怕孤独？

孤独能让我与自己的心灵对话……

什么是孤独？

好朋友去旅行了，只剩你一个人，你做什么都觉得没有意思，无聊极了。没人和你说话，没人陪你玩儿。时间慢得像爬行的蜗牛，你不知该如何打发。

你没有朋友的陪伴，心里空落（luò）落的，好像失去了什么，做什么事情都提不起兴趣。是的，你正在感受孤独。

孤独使你感觉被世界抛弃了

当你和大家合不来时，就有可能会陷入孤独的情绪中。周围的人三五成群，而你却孤零零一个人。没人理你，你也不和别人说话。你感觉自己在一座孤岛上、一片沙漠里。你装作不在意，不想让自己显得可怜兮（xī）兮，可是你孤单的背影却“出卖”了你。你伤心、失落，感觉被整个世界抛弃。

感到孤独时该怎么办？

找一件你热爱的事情去做吧！读一本有趣的书，听一首喜欢的歌曲，或者勇敢踏上寻找友情的路——说不定有人也在另一头寻找你。

有时，大人也会孤独，你可以去找他们聊一聊，也许他们会给你出个好主意。

勇敢的“独行侠”

意见和想法不被众人认可，你也会感到孤独。就像你独自走在路上，希望有人能与你同行，可别人都不愿意这么做。不管如何，敢于坚持自己的想法，做一名勇敢的独行侠（xiá），也很了不起。

孤独也是一种美

一个人时，你可以从忙碌或热闹的生活里走出来，花时间和自己相处，了解自己；

一个人时，你有足够的时间去做自己想做的事，不必考虑任何人的意见，不受任何人的打扰；

一个人时，你可以走进大自然，在雪中散步，在雨里伫（zhù）立，你会发现原来身边藏着这么多的美。

孤独也是一种美，所以古今中外才有那么多伟大的诗人吟诵孤独。

智者说

孤独，是忧愁的伴侣，也是精神活动的密友。——［美国］纪伯伦

我可以有梦想吗？

有梦想真好

有人和你聊过关于梦想的事吗？你的梦想是什么？

做一名航天员，穿上又帅又酷的航天服？当一名潜水员，可以随时和虎鲸打招呼？成为一名芭蕾舞演员，在舞台上展现优美的舞姿？拥有一座大大的巧克力工厂，制造出供全世界小朋友吃的巧克力？

不管你的梦想是什么，你都要感激它。因为有梦想，你对生活的热情才不会减退。

梦想没有高低之分

梦想可以很远，也可以很近。你可以梦想去征服世界上最高的山，也可以梦想将来在你家楼下开一家糖果店。

梦想可以很伟大，也可以很“渺（miǎo）小”。你可以梦想当一名杰出的科学家，也可以梦想隐居在山林里，和自己最喜爱的小动物为伴。

也许你的梦想听起来很普通，也许你的梦想听起来很古怪。但梦想就是梦想，没有人能给你的梦想打分。

变来变去的梦想

昨天你还梦想做一名知识渊博的历史学教授，今天你却决定去训练一头凶猛的狮子；你刚对昆虫着了迷，梦想当一名昆虫学家，可没过几天又认为当一名飞行员更酷……梦想有时变来变去的，不过，没有关系，有梦想就是一件好事。

实现梦想不容易

拥有一个梦想很容易，但实现一个梦想却没那么简单。

你想当一名超级赛车手，却连坐车都会恶心呕吐；你想当一名高音歌唱家，却连一个音符都唱不标准；你想当一名数学家，却连最简单的算术题都做不对……

所有这些，只有通过坚持和努力才能改变。没有谁不经过付出就可以实现梦想。

智者说

世界上最快乐的事，莫过于为了理想而奋斗。——［古希腊］苏格拉底

我为什么要尊重生命?

生命只有一次

你像巨人一样站在蚂蚁面前，你小心地绕过它，尽量不去干扰它的生活。你知道蚂蚁虽然很小，但生命也只有一次，就像我们每个人一样。

蚂蚁们忙忙碌碌，给这个世界带来生机。如果它们失去生命，就再也不能用触角到处探险，不能辛劳地采集食物，也不能高高兴兴地挖洞、修建它们的窝了，是不是很遗憾呢?

万物都是平等的

你喜欢春天吗?春天来的时候，树木发芽，花朵绽放，各种各样的小动物又重新出现在了我们的生活中。当然，这得感谢大自然，是她，像万物的母亲一样，不只孕育了人类，还孕育了飞禽走兽、花草树木。

作为大自然的孩子，地球上的一切生命都是平等的。人类不是地球的主人，我们不该妄（wàng）自尊大，将自己摆得高高在上。我们要尊重生命，做大自然的守护者。

人类从万物身上获得灵感

你见过迷彩服吗？它是人类根据动物的自然伪装发明出来的；你见过潜水用的脚蹼（pǔ）吗？它是人类根据动物脚趾上的蹼发明出来的。

人类向鱼类学习，发明了潜艇；人类向蝙蝠学习，发明了雷达；人类从锯齿草上获得启示，发明了锯子……

聪明好学的人类从地球上的其他生物身上得到了很多灵感，创造出了各种先进的科技产品。

人类活动加剧了物种灭亡

在全世界约 800 万个物种中，有约 100 万个物种正因人类活动而面临灭顶之灾。很多生物在人们尚未知晓它们的存在时，就已经被迫消失在了历史的长河中。大自然需要多种多样的生物，人类在把其他物种推向毁灭的深渊时，也在锯断自己栖息的那根树枝。

智者说

天地万物与我并生，类也。

——《列子》

我可以思考吗？

每个人都会思考

天文学家思考如何探索太阳系，艺术家思考如何创造出独一无二的艺术作品。

我们普通人也会思考。

小孩会思考太阳为什么挂在天上，虫子为什么在地上爬；老人会思考自己长长的一生中经历了哪些难忘的事，未来还能创造多少价值。当然，你也会思考，比如要挖一个多么深的洞才能到达地心，或者到底去不去看今晚的演出。

思考的内容

人会思考很多东西。

读书时，你会思考主人公为什么去冒险；做数学题时，你会思考用什么公式才能解出答案；画画时，你会思考如何构图；夜晚躺在床上，你甚至会突然思考自己到底是谁。

思考有时是严肃的，有时是有趣的；有时是轻松的，有时是沉重的；有时对整个世界都意义重大，有时只关乎我们自己。

思考很重要

大人如果停止思考，就无法对生活中的重要问题做出正确决定，比如是否该换一份工作。

孩子如果停止思考，就无法回答老师的问题，也不能和小伙伴下棋了。

人类如果停止思考，就不会发现新的事物和规律，社会就会停止进步。

学会思考

思考令你感兴趣的事物，你会收获更多乐趣和灵感。如果思考时，觉得脑子里像塞了一团棉花，整个人昏昏沉沉的，你可以尝试和他人交谈，甚至辩论，就像伟大的古希腊哲学家苏格拉底一样。另外，还要多读书，书籍将会教你如何更好地思考。

智者说

学而不思则罔（wǎng），思而不学则殆（dài）。

——《论语》

我可以有欲望吗？

智者说

一个人如果能够控制自己的激情、欲望和恐惧，那他就胜过国王。——［英国］约翰·米尔顿

大大的欲望

什么是欲望？简单来说，就是你很想得到某个东西，或者达到某种目的。

你幻想自己成为班级第一名，拿到奖学金，考入理想的大学，获得诺贝尔奖；你幻想自己拥有亮晶晶的发卡、限量版的球鞋、昂贵的跑车和别墅……

真的越多越好吗？

你想顿顿吃超级大餐，可大餐吃多了，你的肚子会鼓得像塞进了一只肥鹅，衣服都要被撑破。

你想拥有一柜子的漂亮衣服，可衣服太多了，就会挑花眼，拿起哪一件都感觉不好看。

你想把全世界的动画片都看完，可动画片看多了，你的视力会越来越差，眼镜片也会越来越厚。

不过，假如你有多读书的欲望，当然多多益善，它会让你的小脑瓜里充满无限的智慧。

什么是最好的？

人们总是会羡慕别人拥有很多东西，但他们却懒得去想这些东西是否真的适合自己。

细长的脖子让天鹅看上去更完美，可它要是长在一只肥硕（shuò）的老母鸡身上，是不是很滑稽（jī）？

把欲望关进笼子里

每个人都有渴望得到的东西。有欲望，并不是一件坏事，合理的欲望得到满足会给人带来幸福感。可是过分的、无节制的欲望会变成贪婪（lán）的猛兽，吞掉人们的智慧和善良。

我为什么会嫉妒？

嫉妒是一种常见的情绪

嫉妒的滋味可不好受，它会让你的心里像长了霉菌似的，散发出酸溜溜的气味。

不过，嫉妒也是一种很正常的情绪，大人会有，小孩会有，甚至连动物都会有。

有时候，你也会被别人嫉妒。

嫉妒心是怎么来的？

有时，嫉妒是因为别人拥有的东西，你没有。

跑步比赛中，有个幸运的家伙首先冲过了终点线，而你却摔了很惨的一跤。他得到了金牌，你却被大家嘲笑。你的嫉妒之火开始燃烧。

有时，嫉妒是为了得到更多的爱和关心。

朋友突然告诉你，你不再是他最好的朋友了，最多排到第三名。你会不会对抢走你“位置”的家伙充满敌意？你的嫉妒之火开始燃烧。

嫉妒的味道又苦又涩

嫉妒像一只绿眼妖怪，每当你被它迷惑时，就会对自己拥有的东西视而不见。你不再相信自己是最棒的，你被失落和沮（jǔ）丧缠绕，你想躲到一个角落里，或者握紧拳头，给那个让你“不爽”的家伙狠狠一击。

再见，嫉妒！

学会欣赏别人的优点！如果老师更喜欢你同桌画的帆船，而不是你画的城堡，那你就大方地对同桌说：“真为你感到高兴！”

不要攀比！相信你拥有的玩具已经足够多、足够好。

不要一个人默默地伤心！你可以找亲近的人，说说你的感受。用不了多久，“绿眼妖怪”就会灰溜溜逃走。

智者说

嫉妒是绿眼的妖魔，谁做了他的俘（fú）虏（lǔ），谁就要受到愚弄。——［英国］莎士比亚

我为什么要乐观？

乐观是一种看待事物的态度

下雨天，你的鞋子湿了。你有两种选择，一种是觉得自己真倒霉，不停地抱怨；另一种是干脆痛痛快快地来一场“踩水游戏”。

同样一件事，关注它美好的一面，还是不好的一面，决定了你的感受。你的快乐主要取决于你如何看待事物，而不是事物本身。

保持积极向上的心态

天气太热，但空调坏了？没关系，你就当免费蒸了桑拿。

被同学嘲笑戴牙套？没关系，不久你就可以向他们炫耀整齐的牙齿。

生病休学在家？没关系，你正好有大把的时间，把喜欢的故事书看个够。

大雨让你的出游计划泡汤？没关系，和爸爸妈妈在家看一场电影也一样有趣。

不管出现什么状况，只要你往好处想，好心情就会回来！

乐观能帮你战胜很多困难

你转学到一个新学校，面对陌生的环境，如果你想象自己很受欢迎，那么乐观的心态就会帮你快速融入新集体，交到新朋友。

你为明天的钢琴表演紧张得发抖，生怕弹错一个音。可是，越紧张事情会越糟，不如乐观一些，想象一下自己表演成功后，台下的热烈掌声。保持乐观的心态，可以让你拥有更强的自信，战胜很多困难。

感恩当下的拥有

拥有一颗感恩的心，你将会收获更多的快乐。

列一个清单，把你已经拥有的东西写在上面：吉他、宠物狗狗、故事书、爸爸妈妈的爱、无话不谈的好朋友、健康的身体……你会发现，自己原来如此富有。

智者说

乐观是希望的明灯，它指引着你从危险峡谷中步向坦途，使你得到新的生命、新的希望，支持着你的理想永不泯（mǐn）灭。——［英国］达尔文

别人认为的“缺点”就一定是缺点吗？

是缺点，还是优点？

看到什么东西都想拆下来一探究竟，这一定是缺点吗？不一定，这也许说明你有出色的想象力和动手能力。

爱说话就一定是缺点吗？不一定，有些“小话痨（láo）”长大后就变成了优秀的主持人。

胆子小就一定是缺点吗？不一定，一个胆小的卡车司机总能更加安全地驾驶车辆。

别人眼里的缺点，也许正是你的优点呀！

不一样的眼光

一个古板严肃的人看到一个活泼吵闹的孩子，会觉得他好烦，心想：怎么一刻都不肯安静下来？可在另一些人眼里，这个孩子却是可爱的、充满活力的。用不一样的眼光看待同一个人，他的缺点有时也可能变成优点！

身体上的“不一样”，是我的缺点吗？

当你的身体和大家的不一样时，你可能会因此而感到苦恼。比如，脸上有疤痕，耳朵听不清声音，怎么使劲都跑不快，体重比别人重好多……不过，这些都不能算是你的缺点。因为这个世界上从来都没有完美的人。你不必为身体上的“不一样”而烦恼，也许正是它们的存在，才让你显得独一无二。

智者说

我能坚持我的不完美，它是我生命的本质。——［法国］法朗士

接受你的“缺点”

有人说，不合群真是个大缺点。可是，喜欢独处，喜欢一个人静静地思考问题，这有什么不好？

有人说，干什么都慢慢腾腾真是个大缺点。可是，遇事不急不躁，总能把问题妥善地处理好，这不是很好吗？

缺点不是由别人来定义的，是由你自己来评价和对待的。只要你能够接受它、认可它，并且没有妨碍他人，也没给谁带来伤害，这又有什么关系呢？

当然，如果你觉得你的“缺点”已经造成不小的麻烦，你也可以选择改掉它，这也是一种值得肯定的勇气。

怎样面对生活的不如意？

起风了怎么办？

起风了怎么办？起风了，总有风停的时候。

天黑了怎么办？天黑了，总有天亮的时候。

迷路了怎么办？迷路了，就停下来，回头看一看。

严寒来了怎么办？严寒来了，春天就不远了。

受伤了怎么办？

受伤了怎么办？受伤了也只是结一个痂（jiā），用不了多久痂就会掉。

没有朋友怎么办？没有朋友就去寻找，也许此时正好有人也在寻找你。

被欺负了怎么办？被欺负了就不客气地还回去，就像一个勇敢的人该做的那样。

狗狗永远闭上了眼怎么办？此时的狗狗就像睡去一样，好好和它道别，记住你们在一起的快乐日子。

智者说

假如生活欺骗了你，不要悲伤，不要心急！忧郁的日子里须要镇静，相信吧，快乐的日子将会来临！——［俄国］普希金

爸爸失业了怎么办？

爸爸失业了怎么办？爸爸失业了，就会有更多的时间陪你。再说，世上有那么多工作等着人去做，新的工作很快就会有。

爸爸妈妈争吵了怎么办？即使他们对很多问题的意见不一样，但在爱你这件事上，他们永远都是一致的。

贫穷怎么办？即使贫穷，也要微笑着面对生活，因为爱笑的孩子运气都不会差。

坐在轮椅上怎么办？即使坐在轮椅上，也可以让车轮代替你的双脚，走遍世间的路。

幸福的旅行箱

对任何人来说，生活都不是一帆风顺的。在长长的一生中，你会经历许许多多的事，这些事绝大多数都不像你认为的那般重要。无论如何，你的命运都不会取决于一场输惨了的足球赛，或者一次搞砸了的考试。

把幸福积攒起来，装进旅行箱。当生活不如意时，就打开它，让幸福帮你渡过难关。

我为什么控制不住坏情绪？

为什么愤怒？

让我们愤怒的事情多得数不过来：心爱的东西被别人抢走了，爸爸妈妈不同意买玩具，听到别人说自己的坏话，无缘无故被人踩了脚，被老师严厉地批评……

这时，藏在身体里的“愤怒怪兽”就会突然现身。

愤怒是坏事吗？

愤怒本身不是坏事。就像天气有阴晴雨雪的变化，人的感情也是多种多样的，有快乐、伤心、平静、害怕等，愤怒是其中一种。虽然愤怒很不一样，但我们还是要坦然地面对它。

愤怒的破坏力

如果你选择了不当的方式来表达自己的愤怒，结果就会变得更坏。

你的心跳会加快，血压会升高，有时甚至连呼吸都变得不再通畅……

藏在身体里的“愤怒怪兽”冲出来时，连你最好的朋友也会被吓跑。

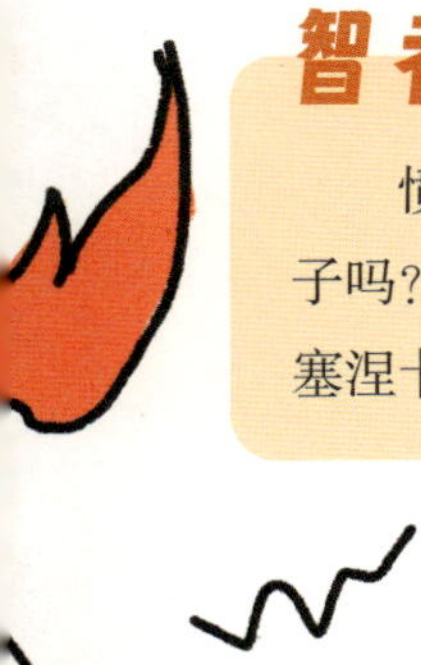

智者说

愤怒时你敢照镜子吗？——［古罗马］塞涅卡

我要强忍着愤怒吗？

我们要管理好身体里的“愤怒怪兽”，可这并不意味着要强忍愤怒。当你身体里的愤怒越积越多，又找不到合适的出口，它就会变成一把利刃，反过来伤害你自己。

如何赶走愤怒？

“愤怒怪兽”最容易跑出来的时间大约是在你生气后的六秒钟。这六秒钟内，你决定大吼大叫顺从它，还是想办法找到另一种途径去“驯服”它？

当然，选择后者是你最明智的做法。你可以做个深呼吸，或去另一个房间，转移下注意力。当然，你也可以把你的“愤怒怪兽”画出来，在它身上狠狠地打个叉。

你会慢慢发现，你没那么生气了，这个“愤怒怪兽”好像也变得可爱起来。

我为什么会害羞？

害羞的你

你不喜欢穿新衣服去上学，因为一旦引来众人的目光，就会浑身不自在。

你只要听到别人叫你的名字，脸就会“唰”地变红，像个西红柿。

你想要和大家玩耍，却不好意思打招呼，只能孤零零地一个人站在人群外。

你最喜欢待在家里，周围都是熟悉的人，这样你才觉得轻松自在。

害怕跟人打交道

家里有人来做客，你会躲得远远的。

在电梯口遇到邻居，你会拼命把帽檐压低，假装看不到。

至于聚会，你就更不愿意参加了。一想到周围有陌生人在，你就会手足无措。

害怕在大家面前讲话

上课回答问题时，你的声音小得像蚊子哼哼。你明明有不一样的想法，一张嘴却总是附和别人。

当众演讲对你来说简直就是一场噩（è）梦。你的脸变得越来越红，说话结结巴巴，甚至腿也在抖。此时的你真想当一个魔术师，赶紧把自己变没了！

害羞让你很受伤

害羞像一块绊脚石，阻止你说真正想说的话、做真正想做的事。

害羞像一面镜子，总能照出你不自信的一面。

害羞像一间小黑屋，你自己不想出来，也不愿意让别人进去。

害羞没什么大不了

害羞是人类最正常不过的一种情绪，有时连大人也会害羞，比如他们见某些大人物时，甚至在自己的婚礼上。

挑战害羞

回答老师问题时不要犹豫，要马上开口，答错也没关系，就是因为不懂才要学习啊。

台下有很多人，可他们不是为了挑你的错才坐在那里的。说话结巴也没关系，重要的是你能勇敢地站在那里。

参加一个社团，发展某项特长，比如唱歌、演话剧，只要坚持这么做，害羞就会慢慢消失。

智者说

害羞是畏惧或害怕羞辱的情绪，这种情绪可以阻止人不去犯某些卑鄙（bǐ）的行为。——［荷兰］斯宾诺莎

我为什么会自卑？

你不喜欢这样的自己

你认为自己长得很丑，别人总是背地里偷偷议论你；你认为自己的舞蹈很差，社团的老师和同学都不喜欢你；你认为自己很笨，别人都瞧不起你；你认为自己一无是处，没有人想和你做朋友……

于是，你不敢直视别人的眼睛，你总是站在大家的后面，你从来不敢发表自己的见解，你不敢主动和别人说话……你陷入了深深的自卑情绪里。

要是能成为别人就好了

你想，你要是像别人一样大眼睛、高个子就好了，要是像别人一样讨人喜欢就好了。

你想，你要是像别人一样经常受到老师表扬，像别人一样在球队大受欢迎，像别人一样想笑就笑，像别人一样敢于大胆表达就好了。

你想，你要是能成为别人就好了。

自卑让你受伤

你担心别人的目光和看法。你在脑海里一遍遍回放自己在派对上说过的“蠢话”，你决定下次不要开口说话。

你认为大家都不喜欢你，所以对周围的人也缺乏热情。你不喜欢学校，不喜欢社交，你讨厌参加任何集体活动，因为那会让你显得孤零零。

你认为自己遭到不公正的对待，所以心里委屈，会忍不住对最亲近的人发脾气。

赶走自卑的乌云

不要用放大镜来看自己的缺点或者别人的优点，不要太在意别人的目光。换个角度看，或许短处也能变成长处。

多发现自己身上的闪光点，相信自己也在被人羡慕着。

智者说

以自卑为借口逃避人生的胆小鬼不计其数，但也有不少以自卑为动因而功成名就的人。——［奥地利］阿德勒（lè）

自卑不全是坏事

认为自己不如别人，就会奋力去追赶，这让你有机会比别人走得更远。即便最优秀的人，有时也会自卑，不是因为他自认不如别人，而是因为他的前面还有目标没有实现。

我的秘密要不要告诉别人？

有秘密是坏事吗？

当你还是小孩子时，你喜欢把所有的话都说给爸爸妈妈听。可渐渐长大，你会发现，你的小世界里，开始贮（zhù）藏属于自己的“小秘密”了。

当然，这不是坏事，它说明你长大了，你开始具备独立思考、自己做决定和承担责任的能力了。秘密就像是一个贴在你心灵上的独特标志，证明你存在的独特性。

秘密花园

把“秘密宝物”藏在某个只有自己知道的地方，时不时去看一眼，会感到安全和满足。

对着流星许下一个秘密的愿望，心里是多么喜悦。

和朋友们建立一个大人不知道的“秘密基地”，设计一个很酷的标志，真的是妙不可言。

秘密要不要告诉别人？

如果把秘密告诉别人，秘密就不再是秘密了，那还有什么意思？可是守一个秘密太久，实在又很无聊。真是矛盾呀！

如果你觉得一个人独守一个秘密太可惜，不妨挑信得过的人，比如爸爸妈妈、兄弟姐妹，或者最亲密的朋友，把你的秘密分享给他。

智者说

世上不存在任何秘密，除非秘密能自动保守。——［爱尔兰］萧伯纳

需要说出来的秘密

有些藏在心底的秘密让人温暖和愉悦，每每想起来都感到快乐极了；而有些秘密却让人不安和痛苦，一想起来，心里就像扎了一根尖刺，甚至有时为了保守它们而不得不撒谎。

让人吃苦头的秘密，最好不要憋在心里，说给你信赖的朋友和大人听，他们或许会帮助你渡过难关。别担心，爱你的人不会拿你的弱点和不幸当笑话，更不会因此而轻视你。

我为什么总怕失去爱？

父母的爱

你需要父母爱你，更多更多地爱你。可是，妈妈的眼睛从不离开妹妹，对她总是笑容满面，对你却时不时板起脸。更过分的是，你不过让浴室充满泡泡，妈妈却说你在胡闹。

你想，妈妈会不会不爱你了？

如果是这样，谁来送你去上学？谁来听你诉说烦心事？谁来教你做那些你还没学会的事？

你感到担心和难过。

好朋友的爱

你需要好朋友喜欢你，更多更多地喜欢你。可是，他却说想自己一个人待会儿。

你想，也许是你惹他不高兴了，过不了多久，他就会把你从好友名单上除名。

如果失去了好朋友，谁来和你分享秘密？谁来和你一起大喊大叫地骑自行车？谁又会在你被欺负时挺身而出呢？

你感到担心和难过。

寻找爱的证据

你有多么渴望得到爱，就有多么害怕失去爱。即使爸爸妈妈说过永远爱你，你也会害怕他们忘记了自己说过的话，而一遍遍去求证。因为你无法确定爸爸妈妈到底有多爱你，是爱得不能再爱，还是只爱那么一点点？

当你找不见“爱的证据”时，你会非常难过，因为你需要被爱。

相信爱

爱不仅是拥抱和亲吻，有时责备、担忧也是爱。

爱不是每时每刻都要在一起，即便是你最好最好的朋友，有时他也想独自待一会儿。

相信爱，不要因为害怕失去，而错过了很多值得珍惜的时光。

智者说

爱，可以创造奇迹……被摧毁的爱，一旦重新修建好，就会比原来更宏伟、更美、更顽强。——［英国］莎士比亚

我为什么总觉得内疚？

你常常会感到内疚

你冲爸爸大发脾气，只是因为他没给你买想要的汽车模型。

你和弟弟在屋里玩打仗游戏，不小心打破了妈妈新买的壁灯。

你对朋友说了一句很粗鲁的话，伤了他的心。

你用树枝捅漏了蚁窝，一群小蚂蚁变得无家可归。

你知道自己做的这些事很糟糕。如果一切能重新来过，你不会再这样做。

你感到非常内疚（jiù）。

内疚是对自己行为的一种反思

正常的内疚能帮你认识自己的错误，并做出改变。

你承认爸爸说的对，你的玩具多得快塞满整个房间。你决定今后在其他方面也要认真考虑爸爸的建议。

你决定把游戏“战场”转移到院子里，这样就不会再破坏房间里的物品。

你认为说粗鲁的话其实很无聊，换一种语气，或许别人更容易接受。

你决定从此以后善待小动物，也绝不允许别人欺负它们。

其实不是你的错

妈妈每天辛苦工作，还要挤出时间来照料你。你想，妈妈这么辛苦都是为了你。

虽然你努力了，还是没能救活那只受伤的小鸟。你想，都怪自己没能早点发现它。

跑步比赛时，你没能取得好名次。你想，是你影响了班级荣誉。

善良的你，把责任都揽给了自己。

智者说

没有必要为眼前的错误怀疑自己，而应该直面错误，并在以后避免类似的错误。——［奥地利］阿德勒

过分的内疚，会伤害自己

有时候，事情没能尽如人意，并不是你做错了什么，而是你比别人更敏感、更有责任心。

父母照顾你，是因为他们爱你，你不是负担，也不是麻烦。实际上，不论是生活还是工作，大人们本来就有很多的责任需要承担。有时，他们也为自己做的事感到自豪。

帮助朋友，要在自己力所能及的范围内。你没法帮助所有需要帮助的人和动物。

不必遗憾，只要你拥有一颗善良的心，你的光芒便能把周围照亮。

图书在版编目（CIP）数据

让孩子读懂世界的通识大百科：人文素养第一课 / 梁芳等编著；星筠兔绘 . -- 太原 : 三晋出版社，2023.11
ISBN 978-7-5457-2850-7

Ⅰ . ①让… Ⅱ . ①梁… ②星… Ⅲ . ①人文素质教育—少儿读物 Ⅳ . ① G40-012

中国国家版本馆 CIP 数据核字 (2023) 第 225121 号

让孩子读懂世界的通识大百科：人文素养第一课

编　　著： 梁　芳等
绘　　者： 星筠兔
责任编辑： 解　瑞

出 版 者： 山西出版传媒集团 · 三晋出版社
地　　址： 太原市建设南路 21 号
电　　话： 0351—4956036（总编室）
0351—4922203（印制部）
网　　址： http://www.sjcbs.cn

经 销 者： 新华书店
承 印 者： 雅迪云印（天津）科技有限公司

开　　本： 787mm × 1092mm　1/16
印　　张： 24
字　　数： 268 千字
版　　次： 2023 年 11 月 第 1 版
印　　次： 2024 年 1 月 第 1 次印刷
书　　号： ISBN 978-7-5457-2850-7
定　　价： 256.00 元（全 8 册）

如有印装质量问题，请与本社发行部联系　电话：0351—4922268

让孩子读懂世界的

通识大百科

人文素养第一课

2 我和这个世界

梁芳 编著　　星筠兔 绘

山西出版传媒集团　三晋出版社

目录

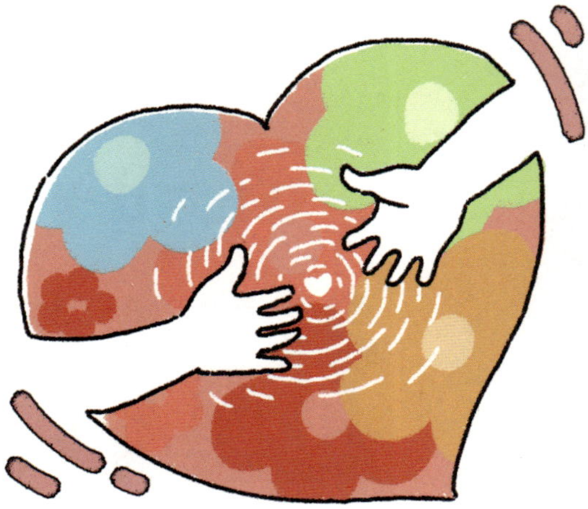

世界是由什么构成的？

实际存在的世界

有人认为，世界是由实际存在的物质构成的。那么，物质是什么呢？

先从你能看到的物质说起吧！比如你的身体、脚下的石头、门前的树、远处的田野、天上的云朵、奔腾的河流……

当然，你肉眼看不到的物质也很多，比如无边无际的宇宙，还有小小的微生物……它们都是世界的一部分。

即使你不去想、不去看、不去关注，这些物质也会一直存在下去。

头脑里想象出来的世界

有些西方哲学家认为，人类头脑中想象的事物，以及对所有实际存在的事物的想法，也是构成世界的一部分。它们看不到、摸不着，是以一种“无形”的状态存在于人的头脑中。

组成世界的“积木”

你一定玩过积木吧？你可以把手中的积木搭成宫殿、火车以及任何你喜欢的东西。在你的眼里，这些小木块可以组成一切。

有人认为，世界上的每一样物体虽然外表不同，但都是由同一种东西组成的。这就像“搭积木”似的，用一样的“积木”可以创造出无数不一样的东西。

哲学家眼里的世界

万物的本原是什么？这是最古老的哲学问题之一。

毕达哥拉斯认为，万物的本原是数，世上的一切事物都和数有着紧密的联系。

德谟（mó）克利特认为，万物的本原是原子和虚空，而原子是不可分割的最小微粒。

赫拉克利特认为，世界是一团永恒的活火，万物的本原是火。

泰勒斯认为，万物皆由水而生成，又复归于水，万物的本原是水。

中国古代先贤认为，金、木、水、火、土这五种物质是组成万物的基本元素。

智者说

当我们真正热爱这个世界时，我们才真正生活在这世上。——［印度］泰戈尔

我为什么要交朋友？

交朋友就是和不一样的人相处

你喜欢蓝色，他喜欢绿色。你喜欢踢着球跑来跑去，他喜欢静静地坐着听音乐。

每个人都是“不一样”的存在，你们有不同的喜好、不同的性格，但这并不妨碍你们成为朋友，互相喜欢。

有朋友真好

真正的好朋友会永远对你讲真话，从不欺骗你。

你取得成绩时，朋友会赞赏你；你难过时，朋友会拥抱你；你缺乏勇气时，朋友会鼓励你；你沮丧时，朋友会陪伴你……

假如你想吃蛋糕，就直奔朋友的家。对于你的到来，朋友会感到非常开心，他会为你准备最美味的食物，外加一枝漂亮的花。

怎样交朋友

没有谁天生就有朋友。如果想要交朋友，就要主动去寻找。

你要敞开心扉，向别人主动介绍自己，分享自己的兴趣爱好；尊重他人的不同观点和感受，学会接受和欣赏他人的差异；朋友有困难时，要伸出援手。

每个人都不是完美的，你的真诚和包容可以使你拥有真挚的友谊。

没有朋友，你会感到孤单

一个人去看电影，一个人去逛书店，一个人去餐厅吃饭……想想都觉得孤单，甚至有些害怕。如果有朋友在身边，做这些事的乐趣就会增加几倍。

珍惜友谊

一句粗鲁的话，一个谎言，都可能使友谊产生裂痕。

愤怒和谩（màn）骂，会让朋友远离你。

朋友之间需要彼此尊重、忠诚、信任、分享、鼓励、赞美、关心……

当然，有时只是对朋友说说心里话，也会让你们的友谊亲密无比。

智者说

如果你把快乐告诉一个朋友，你将得到两份快乐；而如果你把忧愁向一个朋友倾吐，你将被分掉一半忧愁。——［英国］培根

我为什么要上学？

如果没有学校

如果没有学校，就不用去上学了。如果没有老师和作业，就能每天尽情玩耍了。

听上去很不错。可要是没有固定地方去学习，小孩整天就只知道吵吵闹闹，那会给大人带来多少麻烦呀！所以，学校还是被“发明”出来了。

在古代很长一段时间里，只有家境富裕的男孩才可以去上学。不过，到了现在，无论家境好坏，无论是男孩还是女孩，只要到了上学的年纪，几乎所有孩子都可以去学校读书。

学校里的课程都有用吗？

不学数学，买东西就算不清楚账，你就会吃亏。

不识字，马路上大大小小的标识你不认识，连找路都很困难。

上体育课，可以让你长得更高、更强壮。

至于音乐课，只要你听上一首美妙的乐曲，就知道它是多么重要啦！

课程表

为了将来的生活而学习

如果你想成为一名医生，就要进入医学院，学习专业的医学知识。

如果你想成为一名舞蹈演员，就要进入专门的舞蹈学校，提高舞蹈技巧。

如果你想成为一名教师，就更需要好好学习了，不然怎么教别的孩子呢？

不管从事什么行业，都需要具备专业的知识和技能。

上学的乐趣

除了为将来的生活做准备，学习本身也是一件很有乐趣的事。

你不想了解宇宙是什么样子的吗？风力发电是怎么一回事？

你不想知道从古到今，人类社会都发生了哪些重大事件吗？

更何况，无论在哪里，你都不可能像在学校里这样，交到这么多同龄的朋友。

智者说

人而不学，其犹正墙面而立。——《尚书》

我长大后为什么要工作？

你需要赚钱养家

你长大后就不能再依靠爸爸妈妈了。如果不工作，挣不到足够的钱，你就没法过上正常的生活。尤其是，当你长大后，还会组建新的家庭。为了让家人吃饱穿暖，你也需要有足够的钱才行。这些钱都需要你用自己的劳动来换取。

证明你的独立

多数工作都要求你每天早起，因为你要处理许多事情。不过，能自己养活自己，就证明你真的长大了。你成了一个独立的人，自己能把自己照顾得很好，这是一件很了不起的事。

智者问

假如你中了巨额彩票，钱足够花一辈子，你还会继续工作吗？

为社会创造价值

努力工作，可以更好地帮助他人，为社会创造价值。

想想看，如果没有环卫工人的辛勤打扫，你每天走的马路会变成什么样子？

如果没有厨师的精心制作，你能吃上美味的餐点吗？

如果没有医生诊断治疗，你生病了该怎么办？

只有各行各业的人们都在自己的岗位上勤勤恳恳地工作，社会才能正常运转。

让生活更有意义

在工作中，可以交到很多朋友，大家为了同一个目标而努力，这种感觉一定棒极了。

工作还会激励你不停地学习，就像在学校里一样。

努力工作会得到他人的认可，这会增强你的自信心。

工作不仅仅是为了赚钱，也是为了让生活过得更有意义。

怎样才能快乐地工作？

工作是多种多样的，长大后做自己感兴趣的工作，乐趣会更多。

想一想你有什么技能、兴趣或者目标，然后考虑下长大后能不能把它们变成职业？

如果你喜欢植物，那就做一个园艺家，怎么样？

如果你喜欢动物，做一个宠物医生也不错。

如果你喜欢搭积木，将来说不定能成为建筑师，去建造摩天大楼。

想象力有多重要？

神奇的想象力

你有过这样的体验吗？脑袋里好像接连上演着一场又一场的“电影”？不错，这就是你的想象力在当“导演”呢。想象力可以赋予平凡事物以神奇和魔力，或者塑造出一个完全不存在的东西。在它的驱动下，你甚至能“看”到火山爆发或者外星人攻陷地球的情景！

想象力推动人类进步

没有想象力，人类就不会把石头打磨成工具，不会用骨针缝制兽皮；人类就造不出飞机，只能在地上仰望飞鸟；牛顿也不会因为一颗苹果掉下来而受到启发，提出著名的“万有引力定律”。

如果人类没有想象力，就无法创造出原先不存在的、新的东西，就会一直停留在原始状态。

想象力丰富生活

有想象力来帮忙，没什么是不可能发生的。

想象力能让你的吸尘器吸进去一头大狮子；能让你烤出一个金黄色的太阳面包；能把你自己变成隐形人；能让兔子裁缝来喝你的下午茶……

想去远方，却没有时间？没关系，在想象的世界里，你可以到达任何神奇的国度。

打开想象力大门

无聊时，想象你正穿过一座巧克力城堡，这里的所有房屋都是用巧克力做的。

睡不着时，想象自己正躺在夜空下，万千星辰照耀着你。

害怕黑暗时，想象你身边有一位披着斗篷的超级英雄，他随时准备对你伸出援手。

你可以无拘无束地在脑海里播放电影，不管是温情的、活泼的，还是幽默的、严肃的，想看什么都随你的便！因为想象的世界没有规则和界限。

智者说

想象力比知识更重要，因为知识是有限的，而想象力概括着世界上的一切，推动着社会进步，并且是知识进化的源泉。——［美国］爱因斯坦

什么是勇敢？

为什么我不够勇敢？

你感觉自己不够勇敢，很可能是“担忧”和“害怕”在给你使绊子。比如怕失败，怕被嘲笑，怕伸出友谊的手得不到回应，怕自己不如别人做得好……

其实没什么大不了，放下“担忧”和“害怕”的包袱，勇敢地接受挑战，你会发现，事情并没有你想得那么难。

勇敢是不害怕吗？

勇敢并不是不害怕，而是无论多难，你都选择去做了。

勇敢是在一个陌生环境里，主动和别人打招呼，结识新朋友。

勇敢是失败后不灰心，从哪里跌倒就从哪里爬起来。

勇敢是面对无理的人和无理的要求，敢于大声说“不”。

勇敢是做了错事后，主动承认错误，并虚心接受指正。

勇敢是敢于冲破偏见，尝试新的东西。

勇敢是不惧怕别人的偏见，坚信自己是独一无二的，为自己加油。

害怕一定是坏事吗？

有些害怕需要你用勇气去克服，有些害怕则可以使你远离伤害。比如，当你害怕火、电或者燃气时，就会自觉地远离它们，这会让你避免陷入危险。

同样，做危险的事也不意味着一定是勇敢。比如，为了证明自己有超能力而从特别高的地方往下跳，这就不是勇敢，而是莽撞和糊涂。

如何变得勇敢？

试着放松心态，不要那么在乎输赢。

相信自己能处理好和朋友之间的关系。

在困难面前，对自己说：“我能行！”

鼓励自己去迎接新的挑战。

不轻易放弃，从失败中积累经验。

爱是一种强大的力量，它会让你变勇敢。即使害怕，也要为爱的人勇往直前。

智者说

有德必有勇，正直的人绝不胆怯。——［英国］莎士比亚

什么是成功？

什么是成功？

有人认为成功就是变得有钱、有名。可是，有许多对社会作出杰出贡献的人，一生都过着低调而简单的生活。

一些大富翁或者大明星，受到追捧，他们所做的事情就一定有价值吗？

还有人认为成功就是成为领导者。可是，如果领导者做出错误的决定，从而导致严重后果，他能算是成功的吗？

智者说

如果你问一个善于溜冰的人怎样获得成功时，他会告诉你："跌倒了，爬起来。"这就是成功。——［英国］牛顿

成功，没有标准

有人认为成功就是实现理想和抱负。可是，如果你想做一名足球运动员而没能如愿，你的所有付出就没有意义了吗？

有人认为成功是过不平凡的生活，比如环游世界，见识更多新鲜的事物。可是，追求心灵的丰富与成长，即使每天过着平凡的生活，也能觉得新奇、获得满足。

怎样才能成功？

你一定羡慕那些被成功光环笼罩的人，但不要忽略他们背后的付出。你可以像他们一样，尝试找到自己喜欢和擅长做的事情，心存强烈的渴望，不要停止努力。有一天，你也会收获成功的喜悦，像他们一样棒。

成功由谁来评判？

每个人对成功都有自己的理解。

你开了一家糖果店，你感到非常自豪，你的朋友却不以为意。

你实现了梦想，成为了摇滚歌手，却没能满足爸爸妈妈对你的期待。

不管如何，你才是自己人生的主角，只有你自己才可以判断你的人生是否成功。

成功与失败

我们总是向往成功，可失败却似乎更容易光顾我们的生活。

骑自行车怎么也学不会，比赛大比分输给对手，考试没能取得好成绩……

这些都没什么大不了，我们要做的就是继续努力。

有时，失败会让你认清自己，说不定这反而会给你带来另一种意义上的成功。

什么是幸福?

什么是幸福?

人人都想过幸福的生活。有人认为努力学习、取得好成绩就是幸福；有人认为健健康康、活到一百岁就是幸福；有人认为挣很多很多钱、成为大富翁就是幸福；有人认为拥有亲情和友谊、平安度过每一天就是幸福；有人认为努力工作、让生命有意义就是幸福；有人认为写出优美诗句就是幸福；有人认为生活在一个美好的世界，人与人平等友善就是幸福……

什么是幸福？一千个人有一千个答案。

随时捕捉每一个幸福瞬间

拥有一颗善于感受幸福的心吧！这样，你才会随时随地发现并捕捉到幸福：

和爸爸妈妈一起享受温馨的假日；春天来了，走到太阳下，看看五彩缤纷的小花，听听清脆的鸟鸣；读一本喜爱的书，和主人公一起经历一场伟大的冒险；和朋友解除误会，重归于好……

拥有一颗善于感受幸福的心吧！这样，当这些幸福降临时，你才不会错过。

私欲的满足是幸福吗？

幸福是一个充满“魔力”的东西，有些人不惜一切代价想要得到它，哪怕做出损害他人的事。可是，如果一个人的幸福建立在别人的痛苦之上，这是真正的幸福吗？

也有人为他人着想，放弃了自己应得的东西，当他享受内心的安宁和满足时，这算不算是幸福呢？

幸福不是私欲的满足，不是占有，也不是享乐。真正的幸福永远都和高尚站在一起。

不要停止追求幸福的脚步

人的一生，难免会遇到挫折和不幸。不被父母理解，遭遇不公正的对待，失去拥有的东西，被别人欺负，甚至更糟糕的事……这些都会使你感到忧虑、难过。

想要获得幸福，你得有勇气去面对生活中的不如意。

永远不要停下追寻幸福的脚步，只有这样你才有获得幸福的希望。

智者说

幸福是把灵魂安放在最适当的位置。——［古希腊］亚里士多德

什么是时间？

时间是什么？

时间看不见、摸不着，却实实在在地存在着。为了方便计算时间，人类发明了钟表和各种计时器。人类还创造了许多表示时间单位的词，比如“秒”“分”“时”“日”“月”“年”“世纪”等，同样也创造了许多表示时间范围的词，比如“早”“中”“晚”“昨天”“今天”“明天”……

时间与生活

时间让我们的生活有了秩序。

如果没有时间，你就没法和朋友约定什么时候出去玩，不知道什么时候该吃午饭，不能准时放学，连生日也没法过。你的生活将陷入一片混乱。

有时候，就算迟到一分钟，事情也会变得麻烦起来。所以，不守时的人，经常会被别人讨厌。

时间逝去了，就再也回不来。

时间是相对的

时间好像在玩“变身术”，总会发生长长短短的变化。

做自己喜欢的事，时间会溜得飞快。做自己不喜欢的事，时间则显得慢腾腾。

一年前的事情依然清晰地留在你脑海里，但是早上刚和妈妈许诺收拾房间，一转头，你就忘了个精光。

同样的十分钟，有人觉得它转瞬即逝，有人却觉得它漫长得像一个世纪。

感受时间的流逝

时间在你身边不停地流动着。太阳东升西落，种子慢慢生根、发芽、开花，季节的变化，掉落的树叶，消融的积雪，一天天长高的你……是时间这只看不见的“手”，在推动世间万物的变化。

变陈旧的房屋，褪色的毛绒玩具，也都印刻着时间流逝的痕迹。

珍惜时间

时间就像河流一样，一刻不停地奔向前方。让时间白白流逝掉，是一种巨大的浪费，不如将它好好规划，让你的生活变得更加美好。

智者问

如果全世界的钟表都不再走动，时间会停止吗？

什么是美？

不一样的美

每个人眼中的美都不一样。

有人认为当下流行的是美，有人认为永恒的、经典的才是美。

有人认为优雅娴（xián）静是美，有人认为在球场上奔跑如飞才是美。

有人认为欧洲的哥特式建筑很美，有人认为中国的古典建筑才是美。

有人认为独特的、小众的很美，有人认为受大多数人喜爱的才是美。

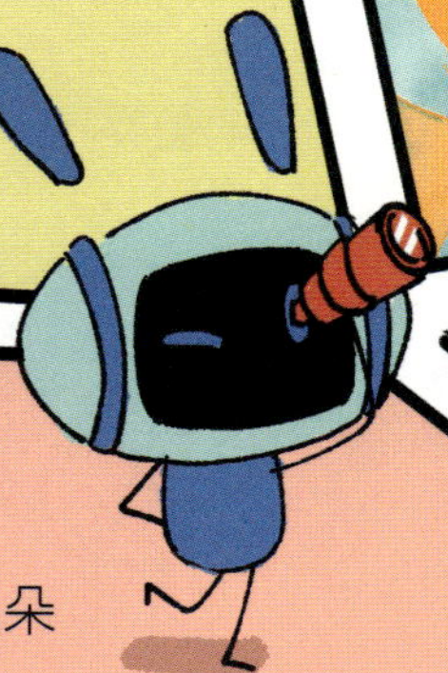

心灵的眼睛

有的美可以用眼睛看到、用耳朵听到，有的美则需要用心灵来体会。

比如，火热的太阳很美，布满皱纹的脸展露出的笑容很美，秋日里蟋蟀的叫声很美，麦田里劳作的人们很美，沧桑的古寺很美，妈妈温柔的呼唤声也很美……

发现周围的美

只要你仔细寻找，就能发现美。

比如，古朴的小瓷碗、胡同口的石狮子、门前的老槐树、脚下的鹅卵石。

比如，清晨的露珠、夜空中的萤火虫、遥远的星星、变幻的云朵。

比如，健美的人像雕塑、舞台上的孔雀舞、风中摇摆的风铃以及自信友善的你。

创造美的人

生活中处处都有创造美的人，比如播撒花种的园丁、把泥巴变成雕塑的艺术家、写出动人诗篇的诗人以及那些用善良和爱照亮世间的人们。

感受美的同时，你也可以创造美，比如画一幅有创意的画，弹一首优美的钢琴曲，拍一张落日余晖（huī）的照片……总之，去追寻美，就会拥有美丽的人生。

智者说

啊，美呀，在爱中找你自己吧，不要到你镜子的谄（chǎn）谀（yú）中去找寻。——［印度］泰戈尔

什么是爱？

什么是爱？

爱，是一种发自内心的、十分珍贵的感情。

爱，是妈妈给你的、睡前甜甜的吻，是清晨她为你准备的、美味可口的早餐。

爱，是爸爸把你举过头顶的、结实宽厚的大手，是你犯错误时他严厉的目光。

爱，是朋友为你精心制作的生日贺卡，是他们和你一起分享心爱的东西。

爱，是你小心地绕过花坛草坪（píng），不忍伤害小花小草。

爱，是你帮助菜叶上的一只蜗牛返回湿润的草地。

爱，是和喜欢的人在一起，彼此永不分离。

爱会永远存在吗？

有的爱会随着时间的流逝，变得更加坚定；有的爱会中途破碎，像雾一样消散不见。但只要爱存在过，就会像闪耀的星星，在记忆的星空里发出光亮。

爱是坚持，也是放手

彼此相爱的人生活在一起，也会因为一些小事而产生矛盾。

相爱的道路不会一帆风顺，困难到来时需要勇气、坚持、理解和宽容。

不要让爱变成束缚，要懂得放手，给所爱的人自由，让他成为真正的自己。

爱一个人该如何表达？

爱需要表达。表达爱是一种能力。

你可以大声说出来，每天说一万次“妈妈我爱你”。

你可以露出你的笑容，或者用拥抱来传递心中的爱。

你还可以用行动去表达爱，比如照顾生病的长辈，给劳累一天的爸爸妈妈递上一杯热茶，陪弟弟妹妹来一场疯狂的枕头大战……

爱有许多种表达方式。

做一个内心充满爱的人

爱能给人安全感，让人敞开心扉。

爱能给人力量，让人不再害怕和退缩。

爱会创造奇迹，让人获得难以想象的成就。

和爱的人在一起，不管去哪里，都会开心；不管做什么，都会觉得很有意义。

理解爱，感受爱，做一个心中充满爱的人吧！

智者问

“爱”和“被爱”，哪个更幸福呢？

一定要遵守规则吗？

家庭规则

妈妈规定你进屋要脱掉脏鞋子，房间乱了要整理，牙齿必须要认真刷，饭菜不能浪费。

爸爸规定你不许碰燃气灶，不许在家里玩水枪，不许欺负妹妹，乘车途中不许把头伸出车窗外。

遵守家庭规则会使家里更整洁，使生活更有序，使你养成好的生活习惯、更健康地成长。

学校规则

学校规定学生见到老师要问好，上课要认真听讲，别人回答问题时不能插嘴，在阅览室读书要保持安静，按照值日表做值日……

遵守学校规则使你养成良好的学习习惯，学会更好地与他人相处。同时，也保证你得到公平对待。

智者说

这个伟大的世界永远旋转，不断地改变陈规。——［英国］丁尼生

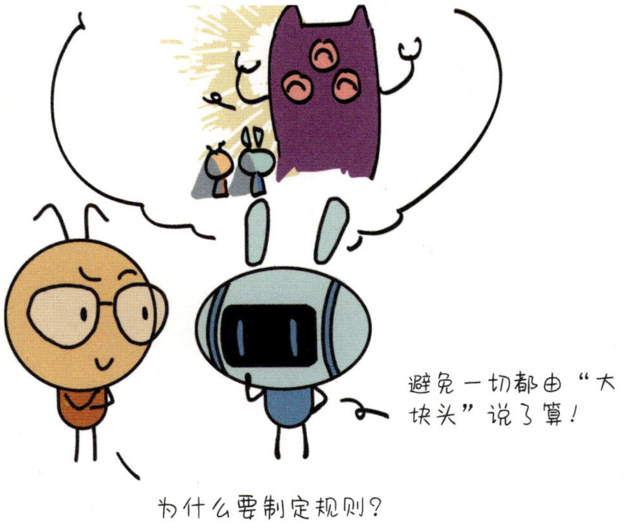

社会规则

法律保护大家的安全，让社会正常运转。不管你愿不愿意，都必须遵守它，否则就会受到相应的惩罚。

道德督促你成为更好的自己。想想看，一种是彬彬有礼、尊老爱幼的人，一种是粗鲁野蛮、欺负弱小的人，你更想成为哪一种呢？

合理？不合理？

爸爸说孩子必须听大人的话，不许顶嘴。可是，难道大人就不会犯错吗？难道孩子就不能说出自己的想法吗？

老师说必须完成作业。可是，如果作业太多了，即使是外星人也做不完，怎么办？

大家都说不能打断别人说话。可是，如果脚下突然蹿出来一只老鼠，你忍不住大叫起来，怎么办？

有时候，自己也要学会思考和判断：这条规则真的合理吗？

我的生活能离得开电子产品吗？

被电子产品包围的你

数数你周围的电子产品吧！电视、手机、电脑、游戏机……

你记得自己是从几岁起开始接触电子产品的吗？五岁，三岁，甚至更小？

你坐在客厅沙发上，眼睛盯着电视屏幕；你的小手在爸爸的手机上熟练地点来点去；你敲打着电脑键盘，听它发出噼啪声……你没法躲避，因为你进入了电子产品的包围圈。

电子产品改变了生活

想买衣服，可以网购；想听音乐，可以上音乐网站；想看新闻，可以浏览新闻网页；想付款，可以用手机支付；想阅读，可以看电子书；想写字、画画，可以用电脑软件；就连与人聊天，我们都习惯了用键盘打字，而非面对面地坐一会儿……

电子产品已经和现代社会捆绑在一起，想彻底离开它们真是太难了，就像已经掌握冶（yě）炼技术的人们，不可能再回到石器时代。

浏览新闻

刷视频

购物

看电子书

聊天

听音乐

拍照

画画

沉迷电子产品可不好

沉迷电子产品会带来很多的问题，比如视力下降、脖颈（gěng）儿酸痛，健康的生活习惯被丢到一边……

除了玩手机、看电脑，你什么事情都不想做，和之前相比，简直就像变了一个人。

因为经常被动地接收信息，久而久之，你就会缺乏积极思考的能力。

网上的信息有真有假，连大人都分不清，小小年纪的你，一不小心就会被引入歧（qí）途。

真实的生活更美好

比起冷冰冰的电子产品来，大自然难道不更可爱吗？鸟鸣声和泉水叮咚声难道不更悦耳吗？所以，放下手中的电子产品吧，请多花点儿时间，和大自然多多亲近！

多和爸爸妈妈聊聊天，和他们说说你的烦恼，他们比电子产品更能帮助到你。

从房间走出去，和小伙伴们一起愉快地玩耍，他们才是陪伴你成长的真正朋友。

智者问

有人认为，手机拉近了人们之间的距离。你也是这么想的吗？

为什么会有节日？

为什么有节日？

节日，是为了让生活更丰富多彩呀！如果一年到头都是普普通通的日子，生活该多没劲呀！

节日，是为了让大家可以开开心心地送出礼物、收到礼物。

节日，是为了让人们放一个轻松的假。

节日，是为了让你打扮得漂漂亮亮，快乐地玩耍！

节日就是重要的日子

一些人做了很有意义的事，大家心里非常崇敬他们，就定下一个日子来纪念他们。

国家建立的日子很重要，那就定一个节日吧！

一年之中月亮最圆的那天，象征着美好和团圆，就把这天当作一个节日吧！

为了纪念在战争中死难的儿童，让我们也为孩子们设立一个纪念日吧！

世界上有许多重要的节日，你还知道哪些呢？

奇奇怪怪的节日

在 UFO 节，人们穿着搞怪的外星人衣服，到大街上去聚会。

在番茄节，人们互相朝对方扔番茄，上演无数场“番茄大战”。

假如你穿着礼服，怀着庄重而期待的心情，去听一场钢琴音乐会，你也可以把这一天定为你自己的“音乐节”。

节日应该怎么过？

人们通常以吃大餐、聚会的方式来庆祝节日，这也是节日令人期待的重要原因之一。

人们穿上漂亮的衣服，举办各种有趣的活动，比如赛龙舟、赏花灯、举行嘉年华活动等。

当然，还有一些独特的方式，比如往对方的身上泼水、在袜子里面塞礼物、装扮成各种各样的怪物……

节日的意义

有的节日属于全人类，有的节日只属于某个国家、某个民族，或者某个特定区域。

但不管怎样，节日把人们联结在了一起。

节日到来时，人们可以暂时停下繁忙的工作和学习，大家相聚在一起，彼此问候、祝福。人与人之间变得更加亲切、友善，孤独也会被赶得远远的。

智者说

平时不劳动的人，一生没有节日过。——［俄国］涅（niè）克拉索夫

怎样看待贫穷和富有？

贫穷与富有

有的人在银行里有一大笔存款，一辈子都花不完。

有的人一无所有，流浪街头。

有的孩子乘坐轿车去上学，有的孩子却没钱上学。

有的孩子有昂贵的玩具，有的孩子却衣不蔽（bì）体。

这就是富有与贫穷的差别。

到底是好运气，还是坏运气？

有的人生在富裕的家庭，还继承了一大笔财产。但他从小懒散、挥霍，最终跌入贫穷。好运气变成了坏运气。

有的人生在贫穷的家庭，生活充满艰辛。但他从小发奋努力，最终用勤奋和智慧摆脱贫穷。坏运气变成了好运气。

所以，贫穷与富有，有时候不能完全靠运气。

有钱就是富有吗？

金钱的富有当然可以给人带来一定的满足感和幸福感，但是它并不是决定幸福的唯一因素。真正的富有，是精神、家庭、朋友、健康、理想等全方位的富有。

穷人好，还是富人好？

有的人有很多钱，却不愿意做帮助别人的事。有的人生活贫穷，却对需要帮助的人慷慨解囊。所以，评价一个人，不要依据贫富，而要看这个人的品性是好还是坏。

比财富更重要的事情

没必要因为贫穷感到难堪，生活中有比拥有财富更重要的事情。

园林工人浇灌花草，会感受到劳动带来的快乐；贫穷的画家即便画作卖不出去，也不会影响他作画时的快乐。也许他们拥有的财富并不多，但往往比那些只追逐财富的人更能感受到幸福。

平凡就是平庸吗？

平凡的人也可以很伟大

每个妈妈都有“超能力”，她们干起活儿来从不知疲惫。

当你需要她时，她就会出现在你的身边。

她是世界上最懂得爱的人。

每一个妈妈都是平凡的。可又有谁敢不承认，她们又都是伟大的呢？

平凡的人也可以是英雄

你想当英雄吗？什么样的人才是英雄呢？电影里拯救地球的“超人”、指挥作战的司令、登月的航天员？……可是，除了引人瞩（zhǔ）目的他们，世界上还有许多默默无闻的英雄，比如扑灭大火的消防员、挽救生命的医生、抢险救灾的军人……说不定有一天，你也能成为英雄。

平凡的人也可以很重要

生活中处处都有平凡人，如果没有他们，我们的生活会变成什么样？

环卫工人很平凡，可是如果没有他们，街道到处堆满垃圾，楼下的垃圾桶充斥着恶臭味，苍蝇到处乱嗡（wēng）嗡……

灯塔工很平凡，可是如果没有他们，海上来往的船没有“明灯”的指引，就很容易迷失方向。

农民伯伯很平凡，可是如果没有他们，我们吃的粮食和果蔬从哪儿来？我们又该怎样活下去呢？

这些人都很平凡，但又如此重要。

平凡的人也可以很幸福

平凡，是虽然普通，但辛勤劳动，有所追求。平庸，是庸庸碌（lù）碌，无所作为。

也许到目前为止，你从没做过什么特别的事，你从不冒险，从不旅行，甚至没有离开过你居住的城市或村庄。

你也许没有渊博的知识、超凡的技能，没有获得过众人的目光和掌声。但是，你和爸爸妈妈在一起，你们努力学习、工作，彼此深爱，生活得很幸福。

你也许是平凡的，但这不代表你平庸。

智者说

我用尽了全力，过着平凡的一生。——［英国］毛姆

信任有多重要？

信任你最亲近、最熟悉的人

你把在学校和同学闹别扭的事讲给爸爸妈妈听，你相信他们会给你出主意。

你把受到的委屈讲给哥哥、姐姐听，你相信他们会安慰你、帮助你。

你请朋友参观你的“秘密宝藏”，你相信他也会替你好好保守这个秘密。

你出远门时把狗狗寄养在邻居家，你相信他会像你一样善待小动物；你信任身边最亲近、最熟悉的人，因为你爱他们，他们也同样爱你。

信任另外一些人

你信任牙医，张大嘴巴，让他把可怕的器械放进你嘴里，是因为他有专业知识。

你相信修车师傅能帮你把自行车修好，是因为他比你更有修理经验。

你相信警察会把你安全送回家，是因为他特殊的身份。

你相信房东会让你和家人在租来的房子里安定地生活，是因为你们和他签订了协议。

你信任一些人，也许没有其他原因，只是因为他们足够值得你信任。

信任你自己

也许，你最需要信任的人是你自己。

你相信只要努力，你就能实现成为历史学家的梦想。

你相信只要努力，你就能很快学会五种泳姿。

不过，信任自己并不是那么容易。

你对自己说“只能再看十分钟电视”，但是半个小时后，你还手握着遥控器；你牙疼时发誓再也不吃巧克力，可你知道这很不容易，得需要很强的意志力才行。

不要轻信陌生人

信任把你和他人联系在一起，可有时也要擦亮眼睛，小心那些别有用心的人。不要随便相信陌生人，更不能把自己的信息透露给陌生人。你要提防那些假装热心的“狼先生”。你不知道藏在“善良”面具后的是怎样的一张脸。所以，对于陌生人，你不能轻易信任，更不能放松警惕。

智者说

失去了诚信，就等同于敌人毁灭了自己。——［英国］莎士比亚

世界上有真正的公平吗？

这很公平

农民伯伯在春天播撒种子，在夏天辛勤耕耘（yún），然后在秋天获得了大丰收。

运动员努力训练，不怕吃苦流汗，在比赛中取得了好名次。

你废寝（qǐn）忘食地努力学习，最终取得了好成绩。

付出就有回报，这很公平。

这不公平

有人出生在富裕、和平的国家，有人却出生在贫穷、战乱的国家。

有人住着豪华的大别墅，有人却无家可归，只能流落街头。

过去很长一段时间里，只有男性有选举权，而女性却没有。

为什么不是每个人都能从同一起跑线开始奔跑？这不公平。

真的和公平有关吗？

大人不用上学，你却要整天面对枯燥的知识。

父母总是指使你做这个、做那个，却从来不指使妹妹。

你和同桌成绩不相上下，可是“三好学生”的名誉却给了他……

你觉得遭到了不公平的对待，像一只小野兽，非要冲谁发一顿脾气才行。

可是，当你坐在宽敞的教室学习时，你的父母可能正顶着烈日，在挥汗如雨地工作。

当你站在穿衣镜前试新衣服时，妹妹还穿着你又肥又大的旧衣服。

当你在课间和同学说笑时，同桌却在帮助他人补习功课……

什么是公平？

一匹马和一只蚂蚁吃的东西一样多，是公平吗？不是。公平不是每个人得到的都一样多，而是每个人都得到自己最需要的。

十名专业足球运动员和十名足球爱好者一起比赛，是公平吗？不是。公平不是实力悬殊的对决，而是旗鼓相当的较量。

公平很重要

人类一直在思考如何维护社会公平，于是他们制定法律，开设法庭。人类通过努力学习，有能力公平地对待他人。不过，人类是不是也应该公平地对待地球上的其他生命呢？

智者说

生活是不公平的，不管你的境遇如何，你只能全力以赴。——［英国］霍金

我们要对所有人友善吗？

友善点亮你的世界

友善是一种美好的品质，对父母、朋友、同学以及身边的人，你要保持一颗友善之心。帮妈妈做房间大扫除，对小区的保安叔叔说谢谢，把你心爱的书借给朋友阅读，用笑脸去回应同学的问候……

你的友善，可以点亮你周围的世界。

伸出友善的手

对那些不认识的人，你也可以表现出善意。小心地绕过一座刚刚堆好的沙滩城堡；为一个迟到的人留出座位；帮助坐轮椅的人过马路；看到和自己不一样的人，不去指指点点。

设身处地地为别人着想，就是一种友善。

讨好不是友善

对人友善不是一味地满足别人的无理要求。

同桌借你的数学作业来抄，你要干脆地拒绝，因为抄作业是不正确的做法。

你也不需要假装友善，用讨好对方去换取加入篮球队的机会。

大声表达自己的不满

不是面对所有的人或事都要一味友善，你要记住，你的善良要有底线。比如，在学校里故意散布你谣言的家伙，把你的帽子扔到屋顶上的家伙，经常向你借钱却总是不归还的家伙，冷不防把你从秋千上推下来的家伙……面对这些心存坏心眼儿的家伙，你要收起善意，并大声警告他们——“我可不是好惹的”。

对霸凌要坚决反击

还有那些冷酷的目光、恶毒的话语、粗暴的行为，你不需要忍耐，更不需要友善，你要做的是坚决反击。如果自己力量不够，要学会寻求大人的帮助。

看到别人被霸凌时，也应该在保证自己安全的前提下，想办法帮助他。你要为正义勇敢发声。

智者说

爱人者人恒爱之，敬人者人恒敬之。——《孟子》

钱有什么用？

最好在商场里思考这个问题

如果你饿了，用钱可以买到面包。

如果你渴了，用钱可以买到一杯香甜的果汁。

即使你刚吃得饱饱的，对食物没兴趣，但如果你想要一个洋娃娃来做伴，你也需要钱才行。

看看商场高高的货架吧，摆在上边的任何一样东西，只有用钱买了，才能真正属于你。

钱使生活正常运转

问问大人，你们居住的房子，是不是需要付房租或贷款？

如果有一天你回到家，发现电视打不开了，洗衣机不再隆隆响，水龙头只有几滴水。你会疑问，到底发生了什么事，是世界末日到了吗？

不是，不过是大人忘记缴（jiǎo）水电费了。

如果不按规定数额向旅行社缴纳费用，你期待的暑假旅行也许会泡汤。

不用钱可以得到想要的东西吗？

如果你想要朋友的蛋糕，你可以不必付给他钱，而是用一个苹果去交换。在人类历史上的很长一段时期，人们就是用交换的方式得到想要的东西。那时，钱还不存在，农民用粮食交换，渔夫用鱼交换，工匠用手工制品交换。但这种方法很麻烦，因为你拥有的可能不是对方所需要的。所以，今天我们用钱来支付，这样更方便快捷。

钱从哪里来？

钱要是能从树上长出来就好了，可这只是异想天开，如果你想挣到钱，就要付出劳动。

大人们如果想挣到钱，就要辛苦上班。挣到的钱就叫作薪（xīn）水，有了足够的薪水，就可以购物或者支付生活开销。

钱买不到的东西

金钱像一根魔杖，只要轻轻一挥，一切你喜欢的东西，比如糖果、书、玩具、漂亮房子……就会出现在你眼前。可在爱、健康、时间、友谊、智慧等面前，这根魔杖便会失灵。所以，对于金钱，不要去盲目崇拜它。

智者说

如果你懂得使用，金钱是一个好奴仆。
如果你不懂得使用，它就变成你的主人。
——［美国］马克·吐温

为什么要保护环境？

如果砍倒最后一棵树

如果人类不停止挥舞手中的斧头，砍倒了最后一棵树，地球上只剩下光秃秃的树桩，你就没有树木可以乘凉；鸟儿就没有树枝可以栖息；沙尘暴就会长驱直入，吞噬（shì）蓝天白云，将你周围的一切都覆盖在灰尘下。

如果用光最后一滴水

如果人类不节约水资源，水资源严重匮乏，鱼儿就会无家可归，河床就会干涸（hé）。

你将看到“永久停水”的告示。水会变成昂贵的奢（shē）侈（chǐ）品，只有少数有钱人买得起。当然，就算你再脏，也没有办法洗澡了。

如果空气被彻底污染

如果工厂不停地向空中排放废气，塞满大街的汽车不停地排放污浊（zhuó）的尾气，你将很难呼吸到新鲜洁净的空气。

天空被浓烟遮住，地上下起“粉尘雨”。无论你躲到哪里，都会不停地咳嗽，眼睛疼痛，无法呼吸，即使戴着口罩也不管用。

如果动物灭绝

如果人类不停止对野生动物的猎杀，那么也许有一天，森林里、原野上、海洋中就再也找不到一只动物。如果所有的动物都从地球上消失，只剩下孤单的人类……

到那时，下一个消亡的会是谁呢？

我们怎么办？

如果不保护大自然，人类终将失去一切，只剩下既不能吃、也不能喝的钱和金子。你喜欢这样的世界吗？在只有钱和金子的世界，又该怎样生存呢？

所以，人类不该向大自然贪婪地索取，而是要去保护它，善待它。

智者问

地球上的资源是无穷无尽的吗？“向大自然宣战”“征服大自然”之类的口号是正确的吗？

战争会给人类带来什么？

战争是人类最糟糕的发明

从电视里，可以看到战争。

从报纸和新闻网站上，也可以看到战争。

有时，战争发生在一个风和日丽的日子。

有时，战争就发生在不那么遥远的地方。

战争对于人类究竟意味着什么呢？

战争的起因

战争往往是小部分人为了争夺利益而引发的。有时是为了争夺领土和权力，有时是为了争夺石油等资源。

有时候，为了发动战争，坏人会利用宗教来煽（shān）动人们互相敌对，使人变成冷酷、无情的怪物。

战争经常用正义的旗帜做伪装。

战争常常与谎言做伴。

战争带来什么？

战争破坏了人们熟悉的一切，房屋、商场、医院、学校……变成了废墟（xū），桥梁倒塌，大人不能正常工作，儿童不能继续上学，人们没有足够的食物，生病不能得到医治。

战争夺去亲人的生命，夺去孩子幸福的童年，只留下伤痛和仇恨。

战争中的人

战争中，有的人成了英雄，有的人成了战犯，更多的人成了一列统计数字。

珍惜和平

人类要珍惜和平，让天空中只有云朵，没有硝（xiāo）烟；让孩子们追逐欢笑，度过快乐的时光。

智者说

从来就不存在好的战争，也不存在坏的和平。——［美国］富兰克林

图书在版编目（CIP）数据

让孩子读懂世界的通识大百科：人文素养第一课 / 梁芳等编著；星筠兔绘 . -- 太原：三晋出版社，2023.11
ISBN 978-7-5457-2850-7

Ⅰ . ①让… Ⅱ . ①梁… ②星… Ⅲ . ①人文素质教育—少儿读物 Ⅳ . ① G40-012

中国国家版本馆 CIP 数据核字 (2023) 第 225121 号

让孩子读懂世界的通识大百科：人文素养第一课

编　　著：梁　芳等
绘　　者：星筠兔
责任编辑：解　瑞

出 版 者：山西出版传媒集团 · 三晋出版社
地　　址：太原市建设南路 21 号
电　　话：0351—4956036（总编室）
　　　　　0351—4922203（印制部）
网　　址：http://www.sjcbs.cn

经 销 者：新华书店
承 印 者：雅迪云印（天津）科技有限公司

开　　本：787mm × 1092mm　1/16
印　　张：24
字　　数：268 千字
版　　次：2023 年 11 月 第 1 版
印　　次：2024 年 1 月 第 1 次印刷
书　　号：ISBN 978-7-5457-2850-7
定　　价：256.00 元（全 8 册）

如有印装质量问题，请与本社发行部联系　电话：0351—4922268

让孩子读懂世界的

通识大百科

人文素养第一课

3 很久以前的中国

卢倩 编著　星筠兔 绘

山西出版传媒集团 三晋出版社

目录

天和地是怎么来的？

盘古开天辟地的传说

在我国上古神话中，有一位开天辟地的神明——盘古。那时候，宇宙一片混沌，看起来就像个巨大的鸡蛋，而盘古在里面沉睡了整整一万八千年。有一天，他突然在一片漆黑中醒来，随着他的一个翻身，“鸡蛋”竟然出现了一条裂缝，让一丝光亮照了进来。于是，他便抡起大斧向眼前的黑暗劈去。伴随着一声巨响，“鸡蛋”被一分为二。轻而清的东西，逐渐上升，变为天；重而浊（zhuó）的东西，逐渐下沉，变为地。从此，天和地就分开了。

宇宙大爆炸形成天和地？

在过往的千百年间，科学家们一直在探寻天和地形成的真正原因。目前，很多人相信：一开始，宇宙只是一个小到不起眼的“奇点”，直到发生了一场难以想象的大爆炸，它开始迅速地向外膨胀，于是数不清的星球出现了——这就是“宇宙大爆炸”理论。 大约在46亿年前，地球也出现了，它坚硬的表面就是最原始的“地”，而包裹它的那层气体——大气层就是最原始的“天”。

天和地之间有多远

关于天和地的距离，我们的祖先曾提出“扶摇直上九万里”的说法。不过，根据现代科学，“天”与“地”实际上没有明确的分界线。大气层可以分为散逸层、热层、中间层、平流层和对流层，其中对流层是大气层中最低、质量最大的一层，与地表相接。我们能看到的天气现象几乎都发生在这一层，比如雷电、暴雨、冰雹等。

你知道吗？

在我国古代，有很多含有“天”与“地”的诗词：

· 念天地之悠悠，独怆（chuàng）然而涕下。——陈子昂《登幽州台歌》

· 飘飘何所似，天地一沙鸥。——杜甫《旅夜书怀》

· 天长地久有时尽，此恨绵绵无绝期。——白居易《长恨歌》

……

古人心目中的“天和地”

在我国古代，很多人相信这样一种观点：天是圆的，它就像没有手柄的、张开的伞；地是方的，它就像一张四四方方的棋盘；天在上，地在下，天与地不相接，而是由位于地的边缘的八根柱子将天撑起来；从外面看，天可以将地完全笼罩住。这就是古老的“盖天说”。

为什么炎黄二帝被称为“人文初祖”？

远古时代的两个部落首领

“炎黄”不是姓名，也不是地名，而是我国神话传说中的两位帝王。“炎”指的是炎帝，即神农氏（一称烈山氏）；“黄”指的是黄帝，即轩辕氏（也称有熊氏）。相传，黄帝与炎帝是一对同胞兄弟，他们都是少典的儿子。后来，二人在阪（bǎn）泉交战，炎帝战败后，他的部落就与黄帝的部落结成了联盟。中国人将炎帝和黄帝奉为中华民族的祖先。

二人都是上古时期的“佼佼者”

炎帝和黄帝，既是杰出的部落首领，又是“发明家”。相传，炎帝曾亲自尝遍百草，为族人找到了能种植的五谷以及能治病的草药；发明耒（lěi）耜（sì），教族人垦荒种田；治麻为布，让族人穿上舒适的衣服；还率领族人制作出了陶器……黄帝同样也做出了许多贡献，他率领族人创造文字、制作衣冠、养蚕种桑、建造宫殿……

打败蚩尤

相传，蚩（chī）尤曾是黄帝的手下，但他发起了叛乱，并与黄帝在涿（zhuō）鹿展开了决战。战争中，蚩尤还招来了浓雾，使得黄帝的士兵无法找到进攻的方向。就在这危急关头，黄帝之臣风后发明了指南车，众人跟着指南车所指的方向，再次扑向了敌人。最终，黄帝打败了蚩尤。

上古神话里的那些“名人”

在上古神话中，除了黄帝和炎帝，还有很多传授人类生存本领的“名人”，比如教会人类结网捕鱼的伏羲（xī）氏；教会人类用木头在树上建造房屋的有巢氏；教会人类钻木取火的燧（suì）人氏……

你知道吗？

“三皇五帝”指的是我国上古神话中的哪几位帝王？相传，“三皇”即燧（suì）人、伏羲、神农；“五帝”即黄帝、颛（zhuān）顼（xū）、帝喾（kù）、唐尧（yáo）、虞（yú）舜。

远古时代的部落首领是怎样传位的？

远古时代的三位部落首领

在我国远古时期，自黄帝以后，黄河流域又先后出现三位部落首领——尧、舜、禹（yǔ）。尧，号陶唐氏，名放勋（xūn），又称唐尧，据说他生活简朴，爱民如子；舜，号有虞（yú）氏，名重华，又称虞舜，他孝顺贤德，品行极好；禹，姒（sì）姓，夏后氏，名文命，又称夏禹，相传他治水有功，造福万民。

部落首领怎样挑选继承人？

远古时期，每个部落都有自己的首领。那么，前任首领卸任后，由谁来当接班人呢？相传，当前任首领年老时，部落里的人就会通过推举的形式，选出一个德才兼备、行为高尚的人来成为他的继承人。不过，这个人还需要经历重重考核，才能真正成为部落的新首领。这种制度在历史上被称为“禅（shàn）让制”。

尧舜禅让的传说

相传，尧任部落首领多年，决定退位让贤（xián），这时候很多人都推举舜成为他的继承人。于是，尧将舜留在身边，让他帮着自己管理部落，而舜也不负众望，将部落管理得越来越好。于是，尧在年老时便把首领之位禅让给了舜。而舜在晚年，又以同样的方式将首领之位传给了治水有功的禹。

为什么禅让制变成了世袭制？

禹治水有功，深得民心，在他的治理下，部落发展得越来越好，规模也变得越来越大。起初，禹遵循禅让制，选定皋（gāo）陶作为自己的继承人，但因他早早去世，又决定传位于伯益。但当禹去世后，他的儿子启却受到众人拥戴，成为了新的首领。也是从这时候起，王位世袭制替代了禅让制。

你知道吗？

相传，禹在位时将中国分为九州，分别是：豫（yù）州、青州、徐州、扬州、荆州、梁州、雍（yōng）州、冀州、兖（yǎn）州。

为什么夏商周与诸侯国并存？

什么是天子？

天子指的是国王或皇帝。在古代，统治者们大多宣扬是神明给了他们无上的权力，因此他们被认为是“天的儿子”，也就是“天子”。一般认为，用“天子”称呼君王始于三千多年前的周朝。

诸侯真的是君王的“小跟班”吗？

西周到春秋时期，君王会分封给诸侯一些土地，而诸侯及其子孙后代对其封地内的所有事情有自主决策的权力。不过，与此同时，他们也要承担服从王命、定期朝贡和捍（hàn）卫王室等责任。并且，他们还可以再向下分封土地，但随着封地越来越小，掌管封地的人的地位也越来越低。据说，周朝时期，根据分封制度，诸侯会被从上到下分为公、侯、伯、子、男五等。

那么，什么人有资格成为诸侯呢？一般来说，同姓王族、功臣、归顺的前朝贵族和异族首领等都有机会成为诸侯。

夏、商、周的更迭

夏是我国史书记载的第一个世袭制朝代，商为第二个，周是第三个，但它们并不是以“一换一”的形式进行更迭（dié）的。商曾是夏的诸侯国，与夏并存了许多年，而周也曾是商的诸侯国，直到商被周武王所灭。

分封制，是对还是错？

分封制，是中国古代帝王分封诸侯的制度。从商代开始，已经有了侯、伯等称号。一方面，分封制稳定了社会秩序，巩固了天子统治；但另一方面，随着诸侯国的日益强大，王权必定走向衰落。比如，在西周后期，随着诸侯国互相兼并，分封制遭到了严重的破坏，周天子渐渐失去了管理诸侯的权力，国家变得分崩离析。这么看，分封制既有好的一面，也有坏的一面啊！

你知道吗？

周幽王有位妃子叫褒（bāo）姒（sì），她虽长得美却不爱笑。于是，周幽王为博美人一笑，命人点燃传递军情的烽火。各诸侯不知内情，带着兵马匆匆赶来救驾，却发现根本没有敌人，因此愤然离去。而褒姒见此情景，终于笑了起来。这就是著名的“烽火戏诸侯”。

为什么春秋战国时期那么乱？

“春秋”“战国”是怎么来的？

春秋战国并不是一个具体的朝代，而是我国古代历史上的一段大分裂时期。虽然“春秋”“战国”常常并称，但它们其实是前后两个不同的时期，春秋时期为公元前 770 年～公元前 476 年，战国时期为公元前 475 年～公元前 221 年，它们分别因《春秋》《战国策》二书而得名。

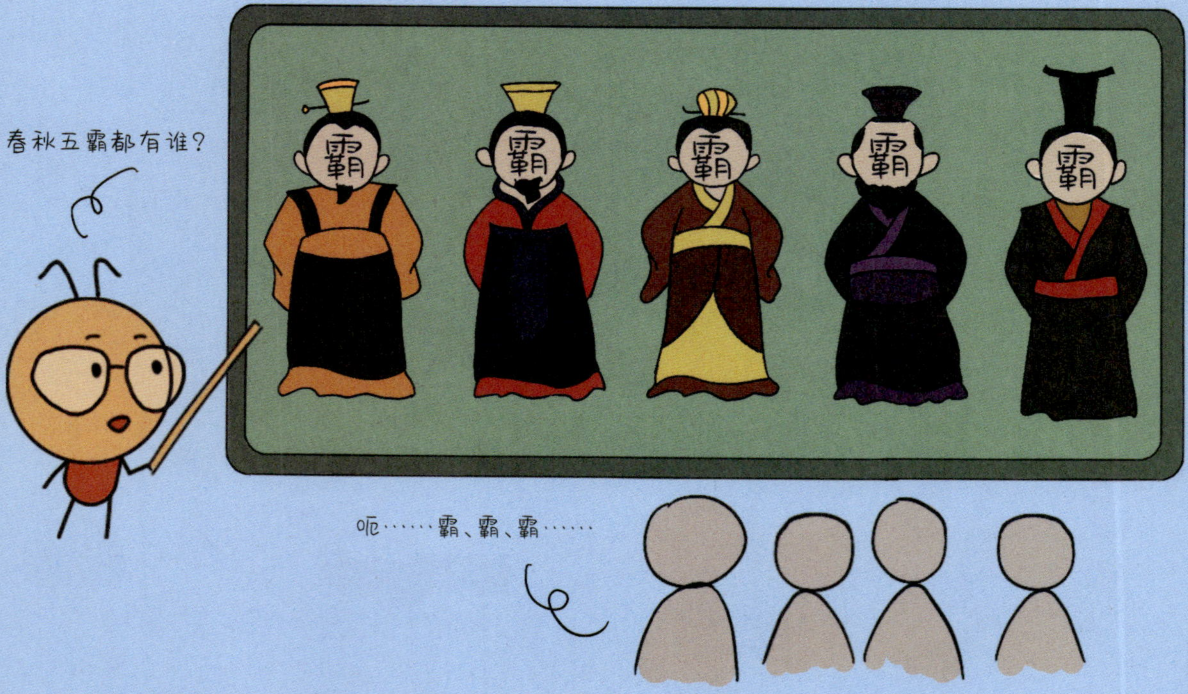

春秋时期，各国争霸

公元前 770 年，东周建立。当时，周天子势力微弱，诸侯国却日益强大，并开始互相吞并、扩张领土。表面上，诸侯国仍受命于周天子，但实际上诸侯才是掌控诸侯国的真正主人。最后，经过轮番角逐，春秋时期出现了五位霸主，他们分别是齐桓公、晋文公、楚庄王、宋襄公、秦穆公，史称“五霸”，也作“五伯（bà）”。

战国时期，互相吞并

到了战国时期，各诸侯之间的“生存竞赛”也开始了。依照“大鱼吃小鱼，小鱼吃虾米”的原则，强国歼（jiān）灭弱国，大国吞并小国，打到最后只剩下了实力强大的“战国七雄”：齐、楚、燕、秦、赵、韩、魏。

一边是纷争，一边是融合？

春秋战国时期，各国纷争不断，社会动荡不安，这是不可改变的事实。但在大国兼并小国、小国慢慢融入大国的过程中，不同地域的文化也开始相互融合。尤其是秦国，经过多次战争，它在政治、经济、军事、文化等各方面的实力都有所加强，这为它日后吞并六国奠（diàn）定了基础。

你知道吗？

春秋战国时期，学术蓬勃，百家争鸣，涌现出了很多杰出的思想家，如：孔子、孟子、荀（xún）子、老子、庄子、韩非子等，他们都是当时的思想先驱、风云人物。

为什么秦是中国历史上第一个“大一统”国家？

秦国是怎样灭掉六国的？

秦国原本是个弱国，因为经历两次变法而得到飞速发展，成为战国后期实力最强的诸侯国。其余六国见秦国强大起来，十分戒备，也曾想要联手来对抗秦国，但最后却因利益问题而决裂，甚至开始互相攻伐。于是，秦国采取“远交近攻”的策略，对其余国家次第蚕食，逐个击破，最终成功灭掉六国，统一天下。

中国历史上第一个“大一统”国家

为什么我们认为秦是中国历史上第一个“大一统”国家呢？公元前 221 年，秦王嬴（yíng）政统一六国，建立了中国历史上第一个中央集权的统一多民族国家——秦朝，并自称“始皇帝”。与过去相比，秦朝废除了诸侯，所有百姓都只听命于秦始皇一个人。同时，全国推行统一的法律、文字、车轨、货币和度量衡。这里补充一下，度量衡就是当时计算长度、容积、重量的标准。

废分封，行郡县

秦始皇统一天下后，力排众议，废除分封制，实行郡县制，这大大加强了朝廷对地方的控制。初时，他将全国分为三十六郡；后来，他又将郡的数量增加到四十多个，并在郡以下设置县。不过，管理郡（jùn）县的人一直都是由朝廷指派的。值得一提的是，郡县制实际上起源于春秋时期，并非由秦始皇创立。

统一文字

在秦朝颁布的众多政策中，有一项特别值得一说，那就是“书同文”。秦朝建立后，原本来自不同国家的百姓逐渐融入同一个“大家庭”，但由于他们之前使用的文字各不相同，所以交流起来十分困难。于是，秦始皇下令所有人都要使用统一的文字——小篆（zhuàn）。小篆，也叫作秦篆，由周朝时期所创的大篆省改而来，比大篆更加简洁、整齐。

你知道吗？

中国古代最早以“皇帝”自称的国家最高统治者就是秦王嬴政，即秦始皇。自他开始，“皇帝”就成为中国历代君王的专有称谓。

秦始皇为什么要修筑长城？

抵御匈奴侵扰

秦始皇统一天下后，北方的游牧民族仍会时不时侵扰秦朝的百姓。为了保护秦朝的领土，让后世子孙能安定地生活下去，秦始皇决定要修筑一座规模庞大的军事性防御（yù）工程。早在春秋战国时期，秦、赵、燕三国为了抵挡游牧民族的侵扰，就已经在他们的北方边境分别修筑过城墙。因此，秦始皇命人连接原有的城墙并加以修缮（shàn）增筑，最终形成了绵延北部边境的“万里长城”。

长城是怎么修筑的？

长城绵延不断，犹如一条东方巨龙，盘踞（jù）在地势险峻的山岭之上，这是因为当时采取的策略是“因地制宜，用险制塞”。秦朝时期，我们的祖先还没有先进的机械工具，建造长城全靠劳工的一双手。数以百万计的劳工先开山凿（záo）石，用泥土制砖，再靠人力搬运，将一块块泥砖砌成砖墙。就这样，日复一日，年复一年，雄伟的长城终于被建起来了。此后，又经过历代君王的多次修缮（shàn）增筑，长城才逐渐变成我们今天看到的模样。

长城到底有多长？

长城真的是“万里长”吗？据历史记载，秦长城西起临洮（táo）[今甘肃岷（mín）县]，东至辽东郡（jùn）（今辽宁辽阳县北），全长5000多千米。如今我们看到的长城，其实是明长城，总长8851.8千米，已远超万里了。

长城只是一道长长的城墙？

长城可不仅只有城墙，而是以城墙为主体，连接了大量的烽火台、敌楼、关城、卫所等防御建筑。1987年，长城作为珍贵的文化遗产，被列入《世界遗产名录》。它是中国古代文明的见证，更是世界建筑史上的奇迹。

你知道吗？

相传，秦始皇修筑长城时，孟姜女的新婚丈夫也被迫去修筑长城，但他没过多久便劳累过度而死。孟姜女万里寻夫，来到长城脚下，当她得知丈夫去世，且尸骨被埋进长城后，便放声大哭。她的哭声惊天地、泣鬼神，这段埋葬丈夫尸骨的长城也因此而倒塌。最后孟姜女也投江而死。虽然这只是个传说，但也反映了秦始皇强征百姓修建长城的暴政。

古代丝绸之路是怎样开辟出来的？

“丝绸之路”是什么路？

丝绸之路，简称“丝路”，一般指陆上丝绸之路，是我国古代一条通往西域的交通路线，起源自西汉时期。

自公元前约 2 世纪起，在千百年的时间里，大量来自中国的丝和丝织品经此路被送往中亚、波斯（今伊朗）、地中海沿岸的罗马等地，故此路被称为“丝绸之路”。如今的丝绸之路，不但是东西方重要的贸易通道，也是东西方进行文化交流的重要通道。

传统的丝绸之路要怎么走？

传统的丝绸之路，以汉朝的都城长安（今西安）为起点，先由河西走廊到达敦煌，再经中亚、西亚，最后抵达欧洲的地中海诸国，全长约 6500 千米。在历史上，因我国历代王朝的都城时有改变，丝绸之路的起点也会随着发生改变。

你知道吗？

丝绸之路的名字，最早由德国地理学家李希霍芬提出。19 世纪末，李希霍芬在《中国》一书中，将“从公元前 114 年至公元 127 年间，中国与中亚、中国与印度间以丝绸贸易为媒介的这条西域交通道路”命名为“丝绸之路”。

张骞出使西域

西汉时期，汉武帝想联合大月氏（zhī）夹击匈奴，便派张骞（qiān）出使西域。建元三年（公元前 138 年），张骞率 100 多人从长安出发，经陇（lǒng）西进入河西走廊，却不幸被匈奴抓住。在被困十一年后，张骞趁乱成功逃脱，西行至大宛（wǎn）、康居、大月氏、大夏，终于在元朔三年（公元前 126 年）重回长安。张骞的这次西域之行，使中原与西域第一次有了直接交往，为开辟丝绸之路奠定了基础，史称“张骞凿空”。

第二次出使西域

公元前 119 年，张骞奉命第二次出使西域，他带着 300 多人的使者团以及各种金银珠宝和丝织品，出使西域各国，与它们建立友好关系。这一次，张骞受到各国的热情招待，它们都表示愿意与汉朝往来。从此，汉朝与中亚各国的交往变得越来越密切。

为什么东汉末年出现三国鼎立之势？

东汉末年就一个字：乱！

东汉末年，政治腐败，天灾人祸接连不断。朝廷内有宦（huàn）官专权，外有反抗统治者暴政的农民起义。统治者自顾不暇（xiá），只能不断地下放兵权，让各地自行招兵买马，以此镇压层出不穷的叛乱。于是，很多地方豪强和官员的势力变得越来越大，反而使整个国家变得更乱了。

群雄割据，风云再起

自古以来，只要天下一乱，便会纷争四起。东汉末年，皇权已名存实亡，各方势力互相攻伐，开启兼并之战。曹操“挟（xié）天子以令诸侯”，打败袁绍，赢得官渡之战，为统一北方奠定了基础；孙家父子三人（孙坚、孙策、孙权）经过多次战争，最终打败其他势力，占据长江中下游地区；刘备立志匡（kuāng）扶汉室，三顾茅庐才请得卧龙先生诸葛亮出山相助，大败曹操后最终占领荆州。

赤壁之战是个转折点?

曹操占据北方后，开始筹划统一全国，于是率大军南下，这让身处江东的孙权十分担忧。在这危急关头，刘备带兵前来结盟，双方决定共抗曹操。建安十三年（208年），孙权和刘备的联军与曹军在长江赤壁相遇。利用曹军路途疲惫、不谙（ān）水性等弱点，他们采取火攻策略，大破曹军，史称“赤壁之战”。自此，曹操退守北方，而刘备、孙权继续各占各的地盘，奠定三国鼎（dǐng）立的基础。

三分天下

公元220年，曹操去世后，他的儿子曹丕（pī）逼迫汉献帝退位，自己“名正言顺”称帝，建立魏国，东汉由此彻底灭亡。接着，公元221年，刘备称帝，建立蜀国；公元222年，孙权称吴王，建立吴国。自此，魏、蜀、吴三分天下，正式形成了三国鼎立的局面。

你知道吗?

三国时期虽然比较短暂，却留下了不少著名的典故，比如桃园结义、三顾茅庐、望梅止渴、鞠（jū）躬尽瘁（cuì）、乐不思蜀……除了这些，你还知道哪些呢?

为什么司马家成了三国最后的赢家？

“栽树”的司马懿

三国时代，名人辈出，魏国就有这么一位“超级忍者”——司马懿(yì)。他出身士族，有勇有谋，年轻时被曹操强制征召为官，却得不到曹操的信任，无法大展拳脚。后来，他受到曹丕（pī）的器重，步步高升，通过出谋划策、带兵征战，渐渐为自己赢得了声望。司马懿虽是魏国重臣，又辅佐（zuǒ）了四位皇帝，甚至在后期手握国家大权，但直到去世，他都没有推翻曹魏政权。

前人栽树，后人乘凉

司马懿死后，他的儿子司马师、司马昭（zhāo）先后当政，继续把持曹魏大权。与父亲司马懿的隐忍不同，司马昭野心勃勃，专横（hèng）跋（bá）扈（hù），肆意妄为，那句“司马昭之心，路人皆知”便是最好的体现。司马昭原本计划先吞灭蜀国，后灭掉吴国，最后统一天下。但没想到的是，就在大业将成之际，他竟然生病去世了。

魏、蜀、吴三国去哪儿了？

三国时期终末，蜀国后主刘禅没有太大的才能。在诸葛亮死后，面对曹魏大军的强攻，他为求自保而选择了投降，自此蜀国灭亡；魏国看似实力最强，但朝政大权早已落入司马家手中，可谓名存实亡；吴国虽占据有利地形，但无奈统治者昏庸无能，最终也被司马家所灭。

三家归晋

公元 266 年，司马昭之子司马炎篡（cuàn）位称帝，改国号为“晋”，史称西晋。此时，蜀国、魏国已经灭亡，只剩下吴国仍占据江东一带。然而，司马炎称帝后并没有第一时间去讨伐吴国，而是继续韬（tāo）光养晦（huì）十余年。直到公元 279 年，司马炎出兵吴国，将其一举攻破，自此，曾经的魏、蜀、吴三国都变为司马家的囊中之物。

你知道吗？

在历史上，西晋只传了四代皇帝，历时五十一年。虽然西晋结束了三国鼎立的局面，但它的存在也不过是“昙（tán）花一现”。

中国历代王朝是怎样选拔人才的？

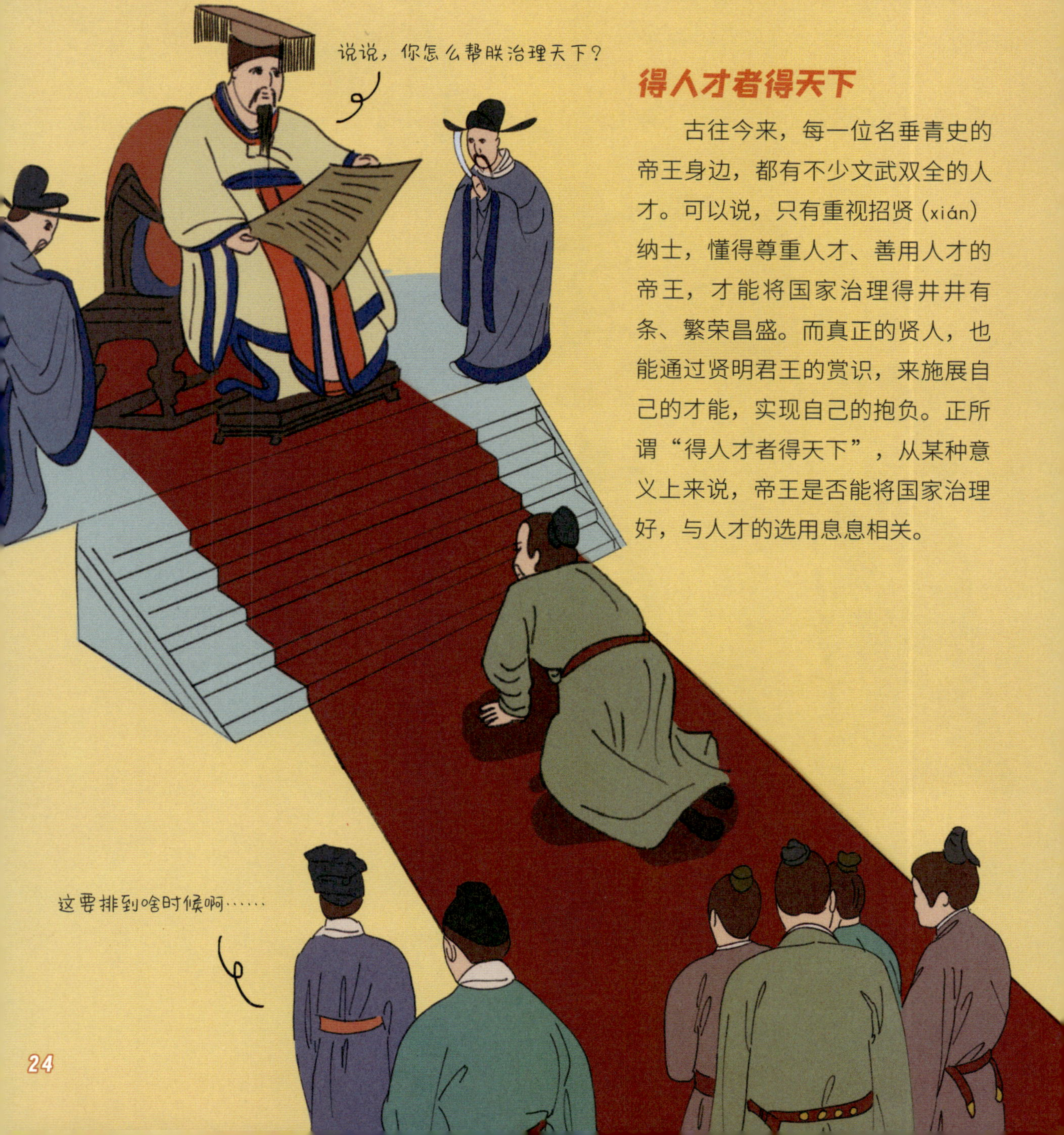

得人才者得天下

古往今来，每一位名垂青史的帝王身边，都有不少文武双全的人才。可以说，只有重视招贤（xián）纳士，懂得尊重人才、善用人才的帝王，才能将国家治理得井井有条、繁荣昌盛。而真正的贤人，也能通过贤明君王的赏识，来施展自己的才能，实现自己的抱负。正所谓“得人才者得天下”，从某种意义上来说，帝王是否能将国家治理好，与人才的选用息息相关。

早期的“世卿世禄”

在我国历史上，各个朝代都有自己的人才选拔制度。西周时期，主要盛行“世卿（qīng）世禄（lù）”制度，当时人们从事的职业都是世袭的，不出意外的话，贵族永远是贵族，奴隶永远是奴隶。如果一个人是高官，那他的子孙后代都能做高官，一直享受荣华富贵。通过这种制度选拔出来的人才，始终出自有钱有势的家族，权力愈加集中，导致严重的社会不公和腐败。

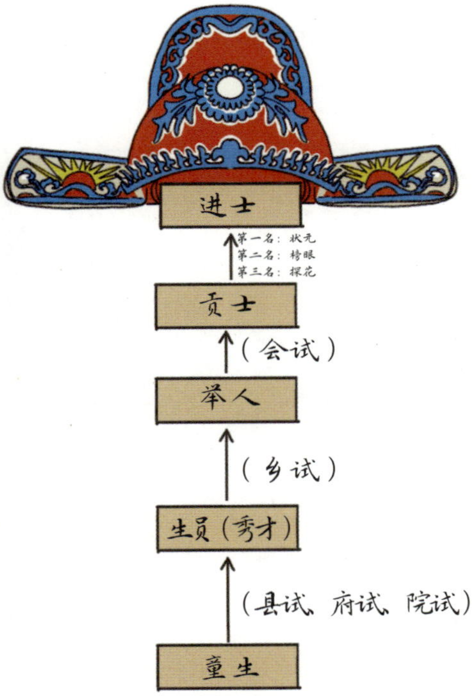

汉朝的察举制和征辟制

汉朝建立后，有了新的人才选拔制度——察举制和征辟制。察举制，就是由丞相、列侯、刺史、郡守等向朝廷推举人才，而这些人才通过考核后，就会被政府量才录用。征辟制，是指由皇帝（朝廷）或地方政府向社会征召人才，任用平民为官。这两种选拔制度，虽然相比“世卿世禄”制度进步不少，但因为没有公正客观的评判标准，也存在很多弊（bì）端。

隋唐的科举制

隋唐以来，出现了以分科考试来选拔人才的制度，称为“科举”。科举制的主要特点是，由朝廷设立考试科目和考试场所，定期举行考试；一般情况下，天下学子都可以自由报考；考试结束后，朝廷会公开考试结果，并通过成绩高低来决定考生是否被录取。科举制为平民学子踏入仕（shì）途打开了方便之门，也是封建时代最公平的人才选拔制度，它前后延续了一千多年，直到清朝末期才被彻底废除。

为什么隋炀帝要开凿大运河？

隋炀帝与大运河

隋炀（yáng）帝杨广，是隋朝的第二位皇帝。他从小聪明好学，善写诗文，能言善辩，很受父母喜欢，长大后更是文武双全，立下了很多功劳。但当上皇帝后，他仿佛变了一个人，不仅好大喜功、沉迷享受，还横施暴政、搜刮百姓。隋炀帝在位期间，把国都迁到了洛阳，并征发几百万劳工开凿了一条南北走向的大运河——后称为隋唐大运河。

虽然在今天来看，开凿大运河无疑是一项壮举，但这在当时却引发了极大的民愤，加速了隋朝的灭亡。

修建大运河，百姓做了多大的牺牲？

公元 605 年，隋炀帝下令修建大运河。开始时，朝廷征发了一百多万劳工；过了三年，朝廷再次征用了一百多万劳工；两年后，朝廷又动用大量人力，来疏通河道。至此，隋炀帝前后共动用了数百万的劳工，耗时六年时间，才修建完这条人工水道。当时，有大量劳役因过度劳累而死，同时大片庄稼荒芜（wú），导致当时饿殍（piǎo）遍野，百姓们苦不堪言。

隋朝修的大运河是哪一条？

大运河是我国古代南北交通的重要航道，可以根据修建年代的不同被分成几段。隋朝主要修建了五条河道：广通渠（qú）、通济渠、邗（hán）沟、永济渠、江南河，它们将海河、黄河、淮（huái）河、长江、钱塘江五大水系连接起来，形成一条沟通南北的交通“大动脉”。

开凿大运河，是好事还是坏事？

大运河开通后，从北方到南方的交通变得快捷许多，这既便于百姓日常出行，也让朝廷能更好地治理江南地区。同时，这也增加了南北方的商贸往来和文化交流，促进了隋朝经济的发展。当然，隋炀帝去江南地区游玩也更方便了。

你知道吗？

京杭大运河起于北京，终至杭州，途经北京、天津以及河北、山东、江苏、浙江。它始建于春秋时期，后经过隋朝和唐朝的两次大规模扩建，全长约为 1747 千米。

为什么唐太宗被尊称为“天可汗”？

什么是“天可汗”？

可汗（hán），是古代鲜卑、柔然、突厥（jué）、回纥（hé）、蒙古等民族中最高统治者的称号，又称“大汗”“汗王”“合罕”，类似于汉语中的“君主”“国王”。唐朝贞观年间，为了表示对唐太宗的拥戴，西北各族首领都尊称他为“天可汗”。顾名思义，“天可汗”就是统领天下所有人的王。唐太宗是第一位赢得此赞誉的中原帝王。

仁爱的君王

唐太宗李世民，是唐朝第二位皇帝，也是历史上杰出的政治家、战略家、军事家。在位期间，他虽然出兵战胜了侵犯唐朝领土的其他民族，却并没有将其赶尽杀绝，而是采取开明宽容的政策，用仁爱之心相待，使得各族首领对他心悦诚服。

文成公主入藏

公元 638 年，吐蕃（bō）王松赞干布派遣使者禄（lù）东赞来到长安，再次请求与唐朝和亲。唐太宗考虑再三，同意将文成公主嫁给松赞干布。公元 641 年，文成公主在吐蕃使者和唐朝使者的共同陪伴下前往吐蕃，而为了表示尊重，松赞干布更是亲自率领群臣前去迎接送亲的队伍。文成公主入藏，巩固了大唐与吐蕃的关系，也促进了汉藏两族人民的友好往来。

名留青史的“贞观之治”

唐太宗在位时期，政治清明，社会稳定，经济繁荣，国家昌盛，百姓安居乐业。因为唐太宗定年号为“贞观”，所以后人将这一时期称为“贞观之治”。当时，无论是生活在唐朝周边的其他民族，还是来自遥远国度的外国人，都能来唐朝做买卖，或者干脆生活在这里。唐朝的官员和百姓也不排斥这些人，反而对他们十分宽容友好。

武则天是怎样登上皇帝宝座的？

千古女帝——武则天

在古代，女子常被要求去服从她的父亲、丈夫甚至儿子。但是，在这样的环境下，有一个女子却登上了权力的巅（diān）峰，成为中国历史上唯一的女皇帝，她就是——武则天！其实，“武则天”并不是她的本名，而是一种尊号。实际上，她姓武，名曌（zhào），自立为帝后，被尊为“则天大圣皇帝”，后世才将她称为“武则天”。

“宫门”一入深如海

十四岁时，武则天被唐太宗选为才人。但是，进宫以后，她却一直没有得到晋升的机会。公元 649 年，唐太宗病逝，武则天因无儿无女，又没有任何特殊才能，所以被迫离开皇宫，搬到了皇家寺庙感业寺居住。

一步步走向巅峰

武则天在感业寺期间，李治即位，是为唐高宗。由于李治之前就一直偷偷喜欢武则天，于是自己当了皇帝后，便把她接回皇宫。在唐高宗的宠爱下，武则天一步步坐上了皇后的宝座。与此同时，她凭借过人的谋略笼络了一批支持自己的官员。自公元 655 年起，武则天逐渐把持朝政。也因此，人们将她与唐高宗并称为“二圣”。久而久之，武则天的眼界变得更加开阔，治国能力也越来越强，而这些都为她日后称帝积累了丰富的政治资源。

登基称帝

公元 683 年，唐高宗因病去世。7 年后（690 年），武则天自称“圣神皇帝”，改国号为“周”，建立武周王朝。在位期间，武则天重视科举，广纳贤才，劝耕农桑，但也任用酷吏（lì），大兴冤狱。公元 705 年，病重的武则天被迫退位，不久，便病逝于宫中，享年 82 岁。

你知道吗？

武则天作为中国历史上唯一一个得到普遍承认的女皇帝，死后却只留下一块无字碑，碑上什么都没有写，只有一片空白。这块无字碑位于陕西省咸阳市区外的乾（qián）陵，每年都会吸引很多游客前来参观。

唐朝诗人为何那么多？

诗人自古有，唐朝特别多

诗人，通常指创作诗歌的人。从战国时期开始，“诗人”一词就出现了。大多数学者认为，我国最早的诗人是战国时期的楚国人屈原。此后，历代王朝都有诗人出现，尤其在唐朝，诗人数量达到前所未有的顶峰。据记载，唐朝留下姓名的诗人超过两千位。

为啥唐朝有那么多诗人？

唐朝重视文化，鼓励诗歌创作，尊重诗人，给了诗人广阔的创作空间。唐朝的统治者也大多爱好文学创作，喜欢诗歌，愿意任用诗人为官。因此，唐朝涌现出了一大批优秀的诗人，比如：李白、杜甫、白居易、王维、王勃、刘禹锡（xī）、孟浩然、王昌龄、岑（cén）参、杜牧、李贺等。当时，上至王公贵族，下至黎民百姓，几乎人人读诗，人人赏诗，唐朝可以说是当之无愧的“诗的国度”。

唐朝人一言不合就作诗

一个文人要想在唐朝的文坛站稳脚跟，那他怎么都得写出几首令人称赞的诗来。若他还想立身扬名，那他的诗还要写得独树一帜（zhì）、字字珠玑（jī），让别人想模仿都模仿不了。唐朝的普通百姓在日常生活中也处处离不开诗，聚会时、为朋友送别时、游山玩水时、争吵斗气时，都要吟诗、唱诗、作诗、品诗……总之，唐朝人的生活与诗是分不开的。

其他朝代也有优秀的诗人吗？

唐朝以外的各个朝代，也有杰出的诗人存在，也常有优秀的作品问世。如：东晋诗人陶渊明、宋代诗人苏轼等，他们创作的诗歌也是优美的、令人回味的。不过，总体来说，唐朝的诗人之多，题材之广，作品之优秀，令其他朝代望尘莫及。

你知道吗？

《唐诗三百首》里真的有300首唐诗吗？

其实《唐诗三百首》可不止有300首哦，常见版本多选诗310首。《唐诗三百首》是一个总集名，由清乾隆年间的蘅（héng）塘退士孙洙（zhū）所编。它原本是为启蒙阶段的儿童学习诗歌而编的家塾课本，按照不同的体裁编排，比如五言古诗、七言古诗、五言律诗、七言律诗、五言绝句、七言绝句等。

宋朝为什么会重文轻武？

宋太祖“杯酒释兵权”

宋朝的开国皇帝赵匡胤（yìn）是一位优秀的政治家、军事家。北宋之前，全国处于“五代十国”的大分裂时期，那时藩（fān）镇割据，各地拥兵自重、互相攻伐。直到赵匡胤称帝，建立宋朝，才结束这种纷纷扰扰的局面。为防止历史重演，赵匡胤设宴款待朝中将领，并在席间迫使他们交出兵权。这就是历史上有名的“杯酒释兵权”。

“重文轻武”是怎么回事？

“重文轻武”，简单来说，就是提升文官的地位，降低武将的地位，重视文治，削弱武略。在宋太祖赵匡胤定下“重文轻武”的政策后，宋朝历代帝王也纷纷效仿，并以此为国策，将其长期推行了下去。

有利有弊，这是一把双刃剑

开国之初，“重文轻武”政策的推行，使经历多年战乱的百姓终于有机会休养生息，对维护社会稳定、促进经济发展起到了很大的作用，也使当时涌现出了很多出类拔萃（cuì）的文人学者，为宋朝带来了繁荣的文化和艺术。但与此同时，由于朝廷长期压制武将，甚至安排文官来戍（shù）守边疆，宋朝的军事实力日益衰减。在敌人的铁蹄之下，宋朝最终也难逃灭亡的命运。

富国强兵的变法？

宋神宗即位后，采纳王安石的建议，开始推行新法。他希望能通过变法来加强军队建设，提高宋朝军队的战斗力。但遗憾的是，当朝的很多官员都害怕自己的利益遭到损害，于是联起手来反对新法的推行。最终，王安石被逼辞官，这场变法也以失败告终。

为什么宋朝被称为“中国的文艺复兴”？

为什么说宋朝是一片“文艺沃土”？

宋朝有着高度发达的商品经济，当时来自世界各地的很多商人都会带着奇珍异宝，来到宋朝的都城做买卖。一方面，发达的经济不仅充实了高官贵族的荷包，也使百姓有钱可花，从而对文艺也有所追求；另一方面，南来北往的商人给宋朝带来了大量的新奇事物，为文人学者的创作提供了丰富的素材。同时，宋朝的皇帝大多喜欢书画，还会在宫中设置很多与文艺相关的职位。总之，宋朝就像一片生机勃勃的沃土，开出了数不清的文艺之花。

璀璨的文艺成就

宋朝在文艺上取得了亮眼的成就，这一时期，儒学复兴，理学蓬勃，史学丰富，文学发达，诗词、散文、书法、绘画、医学、建筑、园艺、科技等样样出彩，可谓百花齐放、春色满园。因此，历史学家陈寅（yín）恪（kè）曾评价：“华夏民族之文化，历数千载之演进，造极于赵宋之世。”

你知道吗？

很多宋词流芳后世，传诵千古，看看下面的佳作，你会背诵其中哪一首？

但愿人长久，千里共婵娟。——苏轼《水调歌头·明月几时有》

金风玉露一相逢，便胜却人间无数。——秦观《鹊桥仙·纤云弄巧》

花自飘零水自流，一种相思，两处闲愁。——李清照《一剪梅·红藕香残玉簟秋》

宋朝的国际地位有多高？

宋朝在历史上也曾是一个超级大国，在政治、经济、文化等方面，都达到了很多朝代难以企及的高度。你知道吗？北宋时期，汴（biàn）京作为宋朝的都城，成为当时世界上妥妥的“国际大都会”，每年都有大量的外国人涌入宋朝，到中原朝拜、经商或定居。

各行各业的“大咖”

当然，宋朝之所以能取得如此耀眼的成绩，还得感谢那些才华横溢（yì）的“大咖（kā）”们。比如：在科技方面，毕昇（shēng）发明了活字印刷术；在哲学方面，朱熹（xī）建立了一个完整的客观唯心主义的理学体系；在文学方面，欧阳修、王安石、苏轼都是名留青史的大文豪；在绘画方面，宋徽宗设立翰（hàn）林书画院，主持编写《宣和画谱》，创造了“瘦金体”……

成吉思汗为什么被称为“一代天骄”？

成吉思汗是什么人？

“成吉思汗”即“元太祖”，是大蒙古国的建立者铁木真的尊号，意思是“拥有四海的强大者”。他是人类历史上杰出的政治家、军事家。铁木真出生在漠北地区，很小就失去了父亲，跟着母亲在草原上长大。长大后，他继承了父亲的衣钵（bō），成为智勇双全、骁（xiāo）勇善战的部落首领。最终，经过一系列的战斗，他率领本族统一蒙古各部，并建立了大蒙古国。

一战成名

铁木真的父亲本是草原上一个部落的首领，但他很早就被敌人杀害，铁木真母子也因此常常受人欺负，生活得非常困苦。但是，这些苦难反而磨炼了铁木真的意志，让他养成了坚韧不拔、无所畏惧的性格。铁木真十八岁那年，杀父仇敌再次来袭，还将他的家人全都掳（lǔ）走。愤怒的铁木真带着援军对敌人的部落发起了进攻。这一战，他不仅救回家人，为父报了仇，还获得了大批的战利品。铁木真一战成名。

一代天骄，成吉思汗

公元 1206 年，铁木真被众人推举为大汗，还获得了“成吉思汗”的称号。接下来，他开始四处攻伐征讨，进行大规模扩张战争。公元 1219 年，他带兵西征，击败了许多强大的敌人，占领了中亚的大片土地，他的威名也因此远播亚欧大陆。成吉思汗的西征促进了东西方的交流，对世界产生了深远的影响。

为元朝的建立奠定基础

成吉思汗戎（róng）马一生，大部分时间都在征战四方、开疆拓土，但他并没有疏忽对国家的管理。他设置官职、建立军队、颁布法律、重用贤能、分封子弟，形成了一套完整的治国方略，为后代子孙建立元朝，打下了坚实的基础。

你知道吗？

“可汗”是什么意思？

可汗也叫“合罕”“可寒”等，是古代突厥、蒙古、柔然、回纥等部落最高首领的称号。早在公元 3 世纪时，鲜卑族就已有“可汗”的称号。而“可汗”真正作为最高首领的称号，是从公元 394 年或稍后一段时间，柔然部落的政权建立者社仑自称“丘豆伐可汗”开始的。

朱元璋为什么被称为“草根”皇帝？

从乞丐到开国皇帝

如果有人问，在中国历史上，谁的逆袭之路最成功？乞丐出身的明朝开国皇帝朱元璋（zhāng）一定榜上有名。元朝末年，他出生在一个穷苦人家，从小就要给地主家放牛，长大后还做过和尚和乞丐。不过，“英雄不问出处”，他最终建立了明朝，当上了皇帝，开创了“洪武之治”的繁荣盛世。

甩掉“乞丐装”，投身“红巾军”

为了谋生，出身社会底层的朱元璋，曾流浪过很多地方。直到二十五岁那年，他加入“红巾军”，走上了农民起义的道路。因为朱元璋精明能干、作战勇猛，所以他很快便在军中崭露头角，并得到将领郭子兴的赏识。郭子兴去世后，朱元璋因受到众人的拥戴，被任命为左副元帅，这为他日后称帝铺就了道路。

如何将队伍做大、做强？

朱元璋有了自己的队伍后，并未立刻称王称霸，而是奉行“高筑墙、广积粮、缓称王”的策略，开始在暗地里积蓄力量。为了获得百姓的拥护，他严禁士兵趁打仗时随意抢夺百姓的财物、伤害百姓的性命；为了打消降军的疑虑，他甘愿以身犯险，主动提出让他们替自己守夜；为了储备足够的军粮，他大力推行屯（tún）田法，鼓励军队在各地开垦良田、播种粮食，减轻百姓的负担……

灭掉对手，称霸天下

等到时机成熟时，朱元璋果断带兵攻打集庆，也就是后来的应天府，为自己赢得第一块稳定的地盘。之后，他用几年时间，先灭掉了盘踞（jù）在长江中游地区的陈友谅，接着又打败占据长江下游地区的张士诚，最后派人南征方国珍，再次大获全胜。公元 1368 年，40 岁的朱元璋正式称帝，建立明朝，并在此后十年里逐渐统一了全国。

你知道吗？

你知道腊八粥是怎么来的吗？相传，朱元璋小时候给地主放牛时常常吃不饱肚子，有一次他从老鼠洞里挖出米、豆、红枣等食物，就把这些东西合在一起煮成了粥，吃起来美味极了。做了皇帝后，他突然想起小时候的那种粥，就命御（yù）厨煮了一锅，正好那天是腊月初八，朱元璋就给它取名“腊八粥”。

为什么郑和下西洋是世界航海的壮举？

明朝的“航海达人”

明朝初年，航海业发展得非常迅速。尤其明成祖朱棣（dì）当政后，为了积极发展邦交关系，便派遣（qiǎn）使者郑和乘船远航，去宣扬明朝国威。郑和是云南人，他不仅从小就对航海有着浓厚的兴趣，还有勇有谋，具有十分出众的外交才能。永乐三年（1405年）到宣德八年（1433年）之间，郑和曾七次奉（fèng）命下“西洋”，到达30多个国家和地区，创下了古代世界航海史上的空前壮举。

这么大规模的船队，前所未有

众所周知，航海离不开船队。郑和下西洋时率领的远航船队，堪称当时世界上最大规模的船队。据记载，郑和下西洋规模最大的一次，他率领的船队由二百余艘大船和两万余名船员组成。此外，船上还载有不计其数的金银珠宝，用以赏赐船队途经的国家，提高明朝的威信。

先后七次下西洋，谁能比？

在二十多年间，郑和顺利完成了七次远航任务，带领庞大的船队几乎看遍南洋地区所有的国家和岛屿。在这个过程中，他还组织士兵抗击海盗，抓住了不少在海上为非作歹的坏人。直到 15 世纪末，无论在航行的距离上，还是在远航的次数上，世界上没有任何一个航海家可以超越郑和，也没有任何一支海上力量可以超越中国。

影响深远的七次航行

郑和七次率领船队出海，不但促进了中外文化、政治、经济、贸易各方面的交流，更大大提升了明朝在整个南洋的影响力。在郑和出访的那些国家中，愿意友好往来的，会被赐予奖赏；反之也不勉强。这种和平互利的关系，令南洋各国纷纷前来朝拜，明朝盛世，无限风光。

为什么康熙被称为“千古一帝”？

“超长待机”的皇帝

纵观我国历代王朝，在位时间最长的皇帝，当属清朝的第四位皇帝——爱新觉罗·玄烨（yè）了。不过，因为他的年号为“康熙”，所以大多数人都习惯直接叫他“康熙”。你知道吗？康熙8岁登基，14岁亲政，直到69岁去世，在位整整61年，真可谓“前无古人，后无来者”啊！

笃学不倦，展现非凡才华

康熙自小勤奋好学，五岁时便开始读书识字，每天都要不知疲倦地学习十多个小时。据说，他不但能将经史子集、名篇佳作背得滚瓜烂熟，而且在小时候就能对学到的文章提出自己的见解。同时，他的书法、诗词、绘画也没落下，都可以算是小有成就。

军事、政治才能顶呱呱

康熙是个文武双全的皇帝。少年时，他就巧妙设计，生擒（qín）了把控朝政的权臣鳌（áo）拜，并从他手中夺回大权。之后，他又平定三藩叛乱，收复台湾，驱逐盘踞在黑龙江流域的沙俄侵略军，平息准噶（gá）尔部叛乱，大力维护了清王朝的统一。同时，他重视农业生产，鼓励百姓垦荒，还曾颁布法令——“滋生人丁，永不加赋”，有效减轻了百姓的生活负担。

自然科学的爱好者

康熙博览群书，精通多民族语言，在位期间还曾广泛引进西学。据说，他是一位自然科学的爱好者，也是我国古代帝王中唯一一位认真学习科学知识的皇帝。比如，对数学、天文、地理、物理、化学、医学、工程技术等多个领域，他都曾研究学习，并将学到的知识应用于实践。

你知道吗？

康熙四十九年（1710年），三十位著名学者奉康熙的命令，开始《康熙字典》的编纂（zuǎn）工作。最终，历时六年，这部伟大的著作在康熙五十五年（1716年）正式完工。《康熙字典》是我国第一部以字典命名的汉字辞书，更是中国古代收字最多的字典。

林则徐为什么会成为“开眼看世界”的第一人？

林则徐是谁？

林则徐是我国近代史上赫赫有名的民族英雄。此外，他还有多种不同的身份——政治家、文学家、思想家……当时，清朝奉行“闭关锁国”政策，不与外国往来，但林则徐却主动派人翻译外国书报，推开了认识世界的大门。

虎门销烟，认识西方

清朝末年，大量鸦片被走私到中国，中国百姓深受其害，许多人因此家破人亡。1839 年，林则徐奉命到广州查禁鸦片。在百姓的大力拥护下，他带兵缴（jiǎo）获大量鸦片，并将其集中在虎门销毁，史称“虎门销烟”。这次销烟行动整整持续 23 天，共销毁两百多万斤鸦片，更是吸引无数当地居民和外国人到场参观。

在此期间，林则徐渐渐意识到自己对西方世界了解太少，便开始主动接触“洋务”，招募（mù）会英语的华侨（qiáo）和学生，想要更深入地认识西方。

“师夷长技以制夷”

林则徐对历史、地理、科技等方面都十分感兴趣。他赞同自己好友魏源提出的“师夷（yí）长技以制夷”的思想，认为清朝应该学习西方技术，造出自己的船和炮，才能真正保家卫国。但遗憾的是，林则徐的经世救国之志并未得到清政府的支持。1840 年，由于受到诬（wū）陷，他被革职，次年充军新疆。1850 年，他病死在赴广西督理军务的途中。

林则徐与《四洲志》

在广东禁烟时，林则徐组织了一个班子，派专人收集和翻译外国的书报，并亲自主持编汇了《四洲志》一书。《四洲志》记录了亚洲、欧洲、非洲、美洲等 4 大洲 30 多个国家的地理、历史和政治情况，是近代中国第一部相对完整、比较系统的世界地理志书，林则徐也因此被称为中国近代“开眼看世界”的第一人。

你知道吗？

林则徐不仅是一位杰出的政治家，还是一位大诗人和大书法家。我们熟知的“海纳百川，有容乃大；壁立千仞，无欲则刚”就是林则徐非常有名的自勉联之一。他的书法造诣也十分深厚，尤其是楷书、行书和草书，都自成一家，他的很多书法作品后人都评价甚高。

图书在版编目（CIP）数据

让孩子读懂世界的通识大百科：人文素养第一课 / 梁芳等编著；星筠兔绘 . -- 太原：三晋出版社，2023.11
ISBN 978-7-5457-2850-7

Ⅰ . ①让… Ⅱ . ①梁… ②星… Ⅲ . ①人文素质教育—少儿读物 Ⅳ . ① G40-012

中国国家版本馆 CIP 数据核字 (2023) 第 225121 号

让孩子读懂世界的通识大百科：人文素养第一课

编　　著：梁　芳等
绘　　者：星筠兔
责任编辑：解　瑞

出 版 者：山西出版传媒集团 · 三晋出版社
地　　址：太原市建设南路 21 号
电　　话：0351—4956036（总编室）
　　　　　0351—4922203（印制部）
网　　址：http://www.sjcbs.cn

经 销 者：新华书店
承 印 者：雅迪云印（天津）科技有限公司

开　　本：787mm × 1092mm　1/16
印　　张：24
字　　数：268 千字
版　　次：2023 年 11 月 第 1 版
印　　次：2024 年 1 月 第 1 次印刷
书　　号：ISBN 978-7-5457-2850-7
定　　价：256.00 元（全 8 册）

如有印装质量问题，请与本社发行部联系　电话：0351—4922268

让孩子读懂世界的

通识大百科

人文素养第一课

4 从远古走来的人类

李阳 编著　星筠兔 绘

山西出版传媒集团　三晋出版社

目录

地球上的原始生命是什么？

原始生命跟“火锅”有什么关系？

我们说的“火锅”可不是现代人吃的火锅，它是科学家们正在研究的“原始汤”。19世纪末，在写给一名植物学家的信中，进化论的奠基人达尔文提出了一个大胆的猜想：地球生命可能起源于一个温暖的小池子，而在这个小池子里面，有很多化学物质在不断地发生化学反应。达尔文所说的“温暖的小池子”指的就是“原始汤”。

地球是什么时候孕育出生命的？

地球孕育生命的过程神奇而又漫长。大约在46亿年以前，地球诞生了，但当时并没有生命的出现。又过了几亿年，地球上才有了原始生命——单细胞动物和藻类植物。你现在看到的地球多姿多彩，飞禽走兽、花鸟鱼虫都在这颗星球上一起生活，但原始生命的构造和种类却是相当简单的。

生命的诞生有多难？

在地球诞生的初期，环境是非常恶劣的，火山喷发、电闪雷鸣、倾盆大雨……说实话，光听着你都害怕了吧？不过，原始生命就是在这样的环境里诞生的。所以说啊，地球上能出现生命可真是太难得了！

为什么只在地球上诞生了生命？

在太阳系的八大行星中，只有地球存在生命，这多亏了它独一无二的生态环境：稳定的光照、能够使植物生长的土壤、富含氧气的大气层、丰富的水资源、适宜的温度……有科学家推测，金星和火星可能也孕育过生命，但是随着环境恶化，这些生命最终都消失了。

你知道吗？

20 世纪 70 年代，一群科学家乘坐阿尔文号深潜器探索太平洋时，在加拉帕戈斯群岛附近海域发现了一个奇异的景观：在两千多米深的海底，许多“黑烟囱”正往外喷着滚滚“浓烟”，看起来就像是一群迷你火山。后来，人们发现所谓的“浓烟”其实是热液水，而“黑烟囱”则是由热液水形成的堆积物。现在有很多科学家认为，原始生命就起源于海底的“黑烟囱”。

人类是如何诞生的？

地球上什么时候有了古人类？

地球自诞生已有大约 46 亿年的时间，但直到距今 180 万年～ 20 万年，地球上才出现了直立人（俗称猿人）。简单计算一下，其实人类存在的历史还不到地球年龄的万分之一，而地球的上一代霸主 —— 恐龙，它们可是存活了大约 1.7 亿年之久！如果不是一场灭顶之灾让恐龙成为历史，那古人类的诞生恐怕还得再推迟很多年。

古人类是怎么生活的？

古人类可没有我们现代人类的智慧和技能，他们的脑容量要比当今人类的脑容量小得多。你知道吗？一开始，猿人既不会说话，也不会写字，主要靠吃植物的块根和果实来填饱肚子。直到后来，他们逐渐学会了制造和使用工具，懂得了取火和保存火种，并依靠狩猎来获得肉类食物。

一颗陨石就能毁灭地球霸主？

据说，大约在 6600 万年前，一颗名叫希克苏鲁伯的陨（yǔn）石撞击了地球。很多人相信它就是恐龙灭绝的真凶。可是，地球的直径约有 12700 千米，来自陨石的一次撞击，真能对地球上的生物造成毁灭性的打击吗？其实，除了撞击带来的冲击波，更严重的是地球环境因此发生的剧变：喷发的火山、遮天蔽日的烟尘、食物的匮（kuì）乏……最终，恐龙这种大型动物走向了灭亡。

人类跟黑猩猩有什么关系？

黑猩猩是动物界最聪明的动物之一，它们四肢修长，两只手可以稳稳地握住物体，还能使用简单的工具。一般情况下，成年黑猩猩可以达到 3～4 岁孩子的智力水平。黑猩猩与人类的基因相似度高达 99%，它们是跟人类最相似的高等动物。大约 700 万年前，最早的古人类才与它们分离，并走上独特的演化道路。

你知道吗？

地球上还有恐龙的踪影吗？虽然恐龙已经消失，但地球上的很多地方都还保留着珍贵的恐龙化石。通过研究这些化石，我们可以想象出它们生活的地球是什么样的。

从猿人到智人要过几关？

第一关：时间的考验

作为最早用双足行走的原始人，南方古猿生活在距今约 440 万年到 150 万年前；而新人，也就是在解剖结构上与现代人类基本无二的晚期智人，则生活在距今约 4 万年到 1 万年前。猿人和新人，听上去只是一个字的变化，但从猿人演化成新人却用了数百万年的时间。也是在这个过程中，原始人学会了直立行走，并逐渐与其他动物有了不同的生存方式。

第二关：脑容量的考验

1960 年，在坦桑尼亚的奥杜瓦伊峡谷中，人们首次发现了能人的化石。能人介于南方古猿与直立人之间，是最早使用工具的人类，生活在距今约 260 万年到 150 万年前。南方古猿的脑容量为 404 ～ 530 毫升，能人的脑容量为 510 ～ 752 毫升，而早期现代人的脑容量则增大到 1500 毫升以上。脑容量的不断增加，意味着原始人的智力水平和认知能力也在不断提高。

第三关：工具的考验

人类显然不是自然界中最强壮的生物。我们论速度跑不过羚羊、猎豹，论力气比不过犀牛、大象，也没有能力抵御狮子、老虎等猛兽的袭击。所以，人类不得不学会制作工具，用工具来保护自己以及更有效地获取食物。你知道大名鼎鼎的阿舍利手斧吗？它一端尖锐，一端钝厚，代表了古人类进化到直立人时期石器加工制作的最高技术。

第四关：自然选择的考验

现今地球上所有的人类都拥有共同的祖先——智人，但和我们的祖先生活在同一时期的，还有其他的人属物种，比如尼安德特人、直立人等。他们同样拥有初级智慧，也具备制作与使用工具的能力，但科学家至今也无法准确解释，为什么他们全都在演化过程中灭绝了。

你知道吗？

元谋人是中国迄今发现的最早的猿人化石，距今 170 万年左右，因其发现地在中国云南省的元谋县上那蚌（bàng）村，因而得名“元谋人”。

除此之外，中国发现的猿人化石还有蓝田猿人（距今 115 万 ~ 65 万年）、郧（yún）县猿人（距今 90 万 ~ 80 万年）和北京猿人（距今约 70 万 ~ 23 万年）等。

原始人是怎样生存的？

原始人吃什么？

民以食为天，吃饱肚子始终是人类生存的第一需求。今天寻常的一碗鸡腿饭，对原始人来说都是饕（tāo）餮（tiè）大餐。在原始社会时期，原始人主要依靠采集果实以及挖掘植物的块根来填饱肚子。如果想吃肉，他们就得冒着生命危险去捕猎动物。从茹（rú）毛饮血到学会用火、耕作，原始人还得走很长的一段路，才能吃到一碗香喷喷的鸡腿饭。

原始人住在哪里？

对人类来说，盖房子曾是一项高级技能。直到距今 9000 多年前，在新石器时代，原始人才逐渐学会怎样修建房屋。而此前，在旧石器时代的几百万年里，人类为了躲避猛兽侵袭和雨雪风霜，只好模仿其他动物，找一个安全舒适的山洞来“穴居”，或者离开地面，爬到树上去“巢居”。

原始人穿什么？

不同于其他动物，人类在演化过程中既没有留下厚厚的皮毛，也没有长出丰富的羽毛，成了自然界中少见的、浑身光溜溜的生物。于是，人类想到可以利用树叶和兽皮来御寒和保护身体。在世界各地的众多古人类遗址中，我们都发现了骨针和穿孔的装饰品，这证明原始人至少在几万年前就学会了缝纫（rèn）。

原始人有交通工具吗？

在漫长的原始社会时期，我们并没有发现交通工具的踪影。这是因为原始人活动范围很小，需要搬运的重物也有限，所以他们对制造交通工具没有迫切的需求。船是最早出现的交通工具，不过因为时间久远，我们已无法得知到底是谁发明了它。

你知道吗？

大自然中的动物们都本能地害怕火，原始人也一样。但是，在独特的演化过程中，人类逐渐掌握了使用火的方法，吃上了更容易消化的熟食，学会了用火照明、取暖，同时把火当作对抗野兽的“武器”。试想一下，假如我们回到不会用火的时代，我们的生活该有多糟糕呢？

看看原始人的菜单里有什么？

原始人最开始是吃素的？

大约 400 多万年前，最原始的人类刚刚诞生，这时他们吃的主要是植物的果实和块根。后来，他们学会制造和使用工具、懂得用火，便扩充了自己的菜单，将肉也作为了自己的主要食物。简单地说，以前是“有什么吃什么”，后来是“想吃什么吃什么”。当然，也有学者认为，在学会狩猎之前，为了获取更多的能量，猿人就已经开始主动捡死去的动物来吃。

原始人最爱吃什么肉？

在贵州省的贵安新区，考古学家发现了一处古人类遗址——招果洞遗址，里面出土了大量的动物骨骼。这证明在整个旧石器时代晚期和新石器时代，古人类就已经拥有一份丰富的肉食菜单，其中包括鹿、麂（jǐ）、獐（zhāng）子、野猪、螺蛳（sī）、鱼、蚌（bàng）等。其中，陆生动物主要以鹿类为主，鹿肉算是当之无愧的“人气王”。

原始人学会用火烹制食物

原始人过了很长一段茹毛饮血的日子，那时，他们的牙齿和消化系统都适应了吃生食。约 78 万年前，原始人开始用火烹（pēng）制食物。据说，一些学者曾在以色列的一处古人类遗址中发现了用火痕迹以及某种鱼的遗骸（hái）。他们推断有人在这里烹制过鱼肉。熟食的出现，不仅让原始人吃得更香了，更重要的是延长了他们的寿命，加速了他们的演化。

你知道吗？

生活在高纬度地区的原始人，他们菜单里的肉食比例也会增加哦！这是因为纬度越高，气候会越冷，为了保证身体有充足的热量，当地的原始人就会吃更多的肉食。

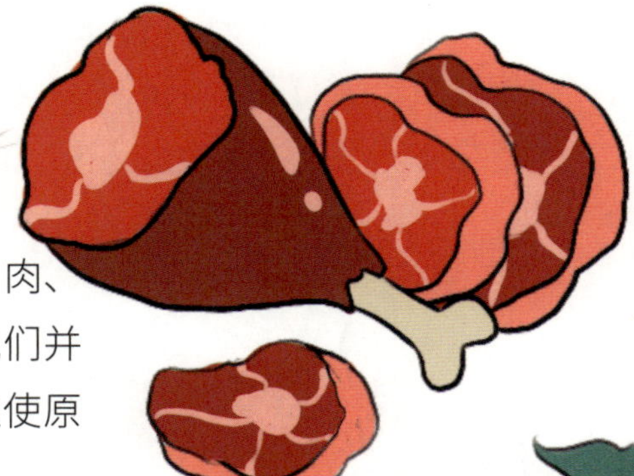

远古菜单更健康吗？

随着原始人的演化，他们的菜单也变得越来越丰富，有水果、蔬菜、坚果、野草、鱼、肉、贝等。听上去感觉荤素搭配很健康，但实际上他们并不能保证自己天天都能吃饱。恶劣的生存条件迫使原始人养成了不挑食的好习惯，有什么就吃什么。

人类为什么会有不同的肤色？

人类的祖先是什么肤色？

几百万年前，人类的祖先古猿和黑猩猩走上了不同的演化道路。那时，古猿除了面部、手脚等少量裸露的皮肤为粉红色，其他部位都因被浓密的毛发所覆盖而泛白。有学者认为，在距今大约 150 万年前，随着全球气候变暖，古猿的大部分体毛已经消失。与此同时，生活在非洲地区的古猿进化出了深色皮肤，因为黑色素能够帮助他们抵御紫外线的伤害。

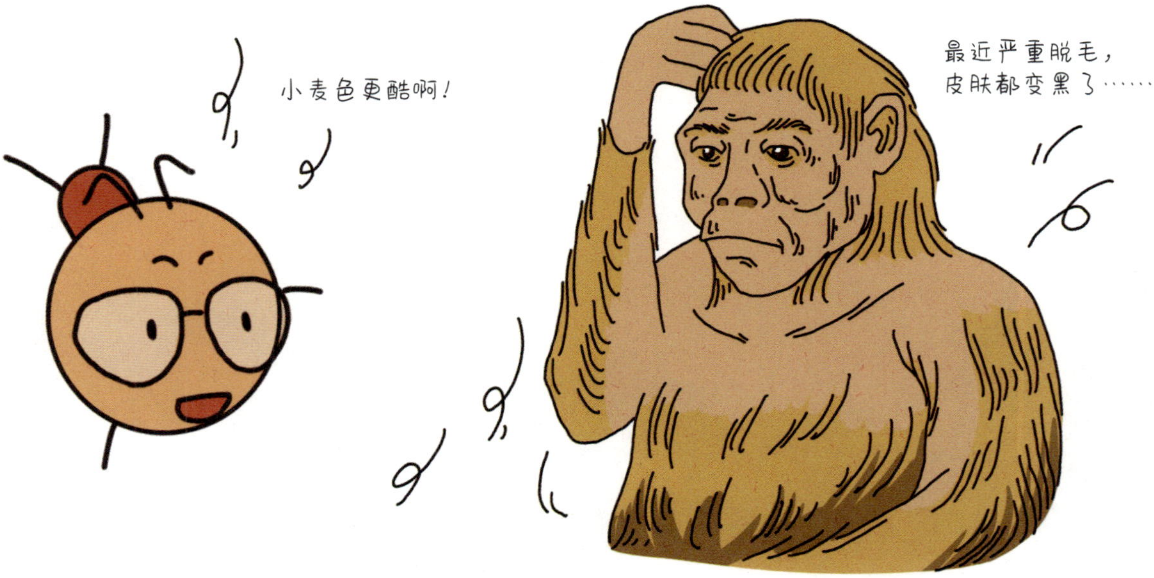

人类的肤色是由什么决定的？

人类肤色的深浅主要由皮肤表层的色素决定，而人类正是通过基因调控皮肤中黑色素的含量来平衡紫外线带来的益处和伤害。有学者认为，在大约 10 万年前，智人开始走出非洲，进入高纬度地区的那部分智人，需要穿上厚厚的衣物御寒，也因此远离了炙（zhì）热的阳光，使得人体对黑色素的需求变小，久而久之，他们的肤色就变浅了。

不同肤色的人有区别吗？

不论是黑色皮肤、黄色皮肤还是白色皮肤，所有人类的基因都是相似的。不同的肤色，只是不同地区的人类因为适应环境而自然选择的结果。因此热带地区多是黑种人、亚热带地区多是黄种人、温带及寒带地区多是白种人，他们各有特点，但都有同一种身份——地球人。

你知道吗？

人类的祖先其实最早生活在非洲。人类作为灵长类动物，对温度非常敏感。当地球处在极为寒冷的冰期时，原来遍布各大洲的灵长类动物几乎全部灭绝。只有非洲靠近赤道的地区，常年受太阳直射，还保留着适宜生存的条件，一些生活在这里的猿人才得以幸存并繁衍（yǎn）下去。

人类为什么要群居？

原始人为什么会群居？

人类在自然界中并不算是天赋突出的。在原始社会，人类作为杂食动物，论奔跑速度不如大部分食草动物，论捕猎能力不如食肉动物，他们不能像鸟一样在天上飞，不能像鱼一样在水中游……因此，单个人类的力量非常弱小，难以获取足够的食物，也无法保护自己的安全。于是，为了生存和繁衍，原始人保留了古猿的习性，选择继续成群结队地生活在一起。

群居为什么对人类有益？

群居这种生活方式能促进人类社会不断进步。通过群居，人类学会了分工协作以及建立秩序和规则的方法，在群体中新知识、新技能也得到了快速的传播。正是这样，人类整体的演化水平才会渐渐超过其他动物，最后站到了食物链的顶端。

群居对人类宝宝重要吗？

在自然界，很多食草动物的幼崽刚出生就能站立和奔跑，食肉动物的幼崽长到几个月就能跟随父母去追捕猎物。可是，婴幼儿时期的人类非常弱小，他们只能高度依赖成人的养育，这让本就缺衣少食的原始人不堪重负。群居的人类可以通过分工协作，来提高捕猎、采集的效率，获得更多的食物，从而有更多的精力去养育孩子。

你知道吗？

看上去十分凶狠的狼，其实也是一种群居动物。特别是在捕猎的时候，狼群会互相配合，集体作战。但同时，狼又有很强的领地意识，不会允许其他族群的狼侵犯自己的地盘。

只有人类群居吗？

当然不是啦！除了人类，自然界中还有很多喜欢群居的生物，既有像蜜蜂、蚂蚁这样的小家伙，也有像狮子、大象这样的大块头。群居让它们有力量去保护同伴，抵御外界的危险。不过，人类确实是群居生物中最聪明的那一类。

文字是怎样出现的？

文字是怎样被造出来的？

在文字出现之前，很多原始人都不约而同地想到用绳子打结、在墙上刻划痕、画图等方法来记录事情。不过渐渐地，他们发现结绳、刻划痕表达不了丰富的信息，画图又太费时、费力，于是想到用符号来表示特定的事物。久而久之，原始文字就形成了。不过，此时的文字还不能完整记录语言。

世界上最古老的文字是什么？

文字是记录语言的符号。世界上最早的象形文字就是利用图形来表达意思，因为这些文字与所代表的东西在形状上很像，所以叫象形文字。这也是一种原始的造字方法。

大约在公元前3200年，苏美尔人在象形的基础上创造了楔（xiē）形文字。这种文字通常被刻在泥版上，并因其笔画、形状酷似楔形而得名。楔形文字也是目前公认的最早的人类系统文字。

卡纳克神庙中的古埃及象形文字

世界上有哪些自源文字？

顾名思义，自源文字就是自己独立发展的文字，比如古代两河流域的苏美尔楔形文字、尼罗河流域的古埃及文字、拉丁美洲的玛雅文字和黄河流域的汉字。自源文字的一大特点就是拥有独创的文字形状和体系。

古人把汉字写在哪儿？

殷（yīn）商时期，我们的祖先将甲骨文刻在龟甲和兽骨上。后来，随着时代的发展，汉字出现在越来越多的地方，比如青铜器上、陶器上、竹简上、帛（bó）上、纸上等。东汉时期，蔡伦改进了造纸术，从而制作出了质量好、价格低的纸张，这不仅为中国，也为全世界带来使用更加便捷的书写载体。

你知道吗？

传说，在很久以前，黄帝的史官仓颉（jié）通过观察鸟兽鱼虫的痕迹、天上星宿（xiù）的分布、地上山川的脉络等，创造出了汉字。

人类的语言是怎样产生的？

最原始的语言是怎样诞生的？

大自然中的动物种类有千千万，但真正会说话的只有人类。语言将人类与其他动物区别开来。自从古人类学会直立行走和用火后，他们大脑的进化速度也加快了，每个人之间的交流也变得更加频繁。在这个过程中，原本没有意义的叫喊，逐渐变成了可以表达意思和情感的声音。于是，人类最原始的语言诞生了。

人类语言的起源地之谜

真正意义上的人类语言到底起源自哪里，这至今仍是个无法破解的谜题。有些人认为，人类语言可能全部起源于非洲；有些人认为，人类语言的起源地最有可能是在亚洲；还有人认为，人类语言应该有多个发源地。

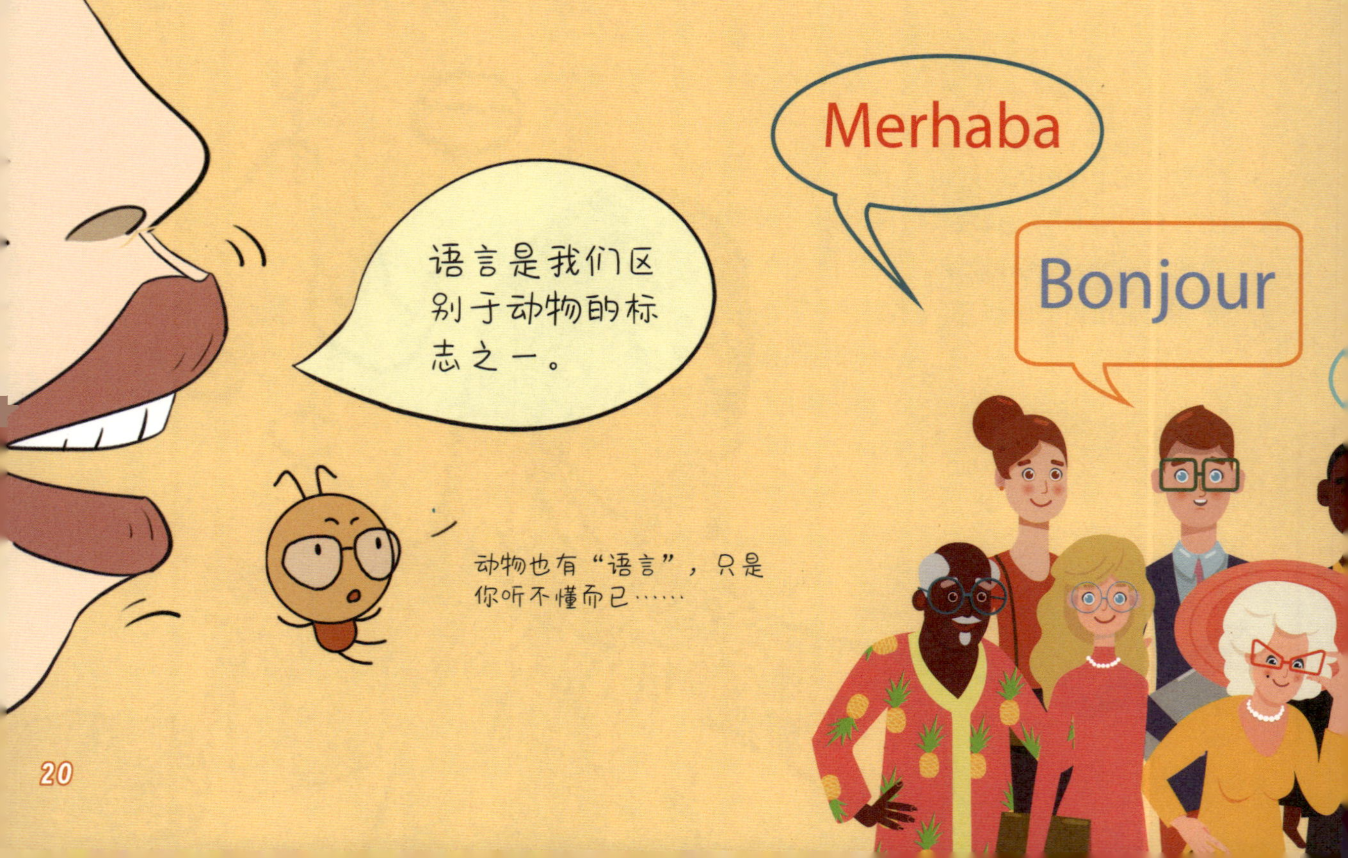

人类的发音器官是怎样进化的？

不论语言如何演化而来，发音器官一定是不可或缺的。研究发现，人类的喉部位置比其他近亲低得多，这不仅有助于人类发出不同的语音，还能让人说话的时候保持气流的畅通，因此人类发出的声音更为清晰。德国语言学家还发现，在人类演进的过程中，食谱的改变先是影响了牙齿的生长，进而导致上排牙齿比下排牙齿稍微靠前，这就让人类能发出“f”“v”的音节。

语言是怎么传播的？

语言一旦产生，就会凭借本民族的文化影响力而向外传播。比如，唐朝时期，随着丝绸之路的兴盛，很多外国人都通晓汉语；而在16世纪到20世纪初，由于英国对外进行了大规模的殖民扩张，很多地方的本土语言都遭到了严重的破坏，甚至被英语所取代。

你知道吗？

世界上现存的语言超过7000种，但由联合国评选的世界通用语言只有6种：英语、汉语、法语、俄语、西班牙语和阿拉伯语。英语是全世界使用范围最广的语言，而汉语是世界上使用人数最多的语言。

奴隶和贵族是怎样出现的？

什么样的人会成为奴隶呢？

在人类文明发展的早期，奴隶制度盛行，包括古埃及、古希腊、古罗马、古巴比伦等国家都存在大量的奴隶。因为破产、犯罪或者被俘虏，这些人失去了自由，成为“会说话的工具”，可以被自己的主人随意出卖或杀死。

到 17、18 世纪，随着大航海时代的来临，为了获得丰厚的利润，欧美商人将廉价工业品运到非洲换取奴隶，并将他们运到美洲卖掉。在这个过程中，无数奴隶死于非命。

奴隶主和奴隶的矛盾有多深？

古希腊和古罗马作为最典型的奴隶制国家，奴隶主常常使用暴力手段去强迫奴隶绝对服从自己，无偿为自己劳动，并掌握他们的生杀大权；而奴隶没有人身自由，他们被迫无偿劳动，生活极端困苦。为了发泄对奴隶主的仇恨情绪，奴隶们常常破坏生产工具，甚至杀死穷凶极恶的奴隶主。此外，奴隶成批逃亡也是常有的事。

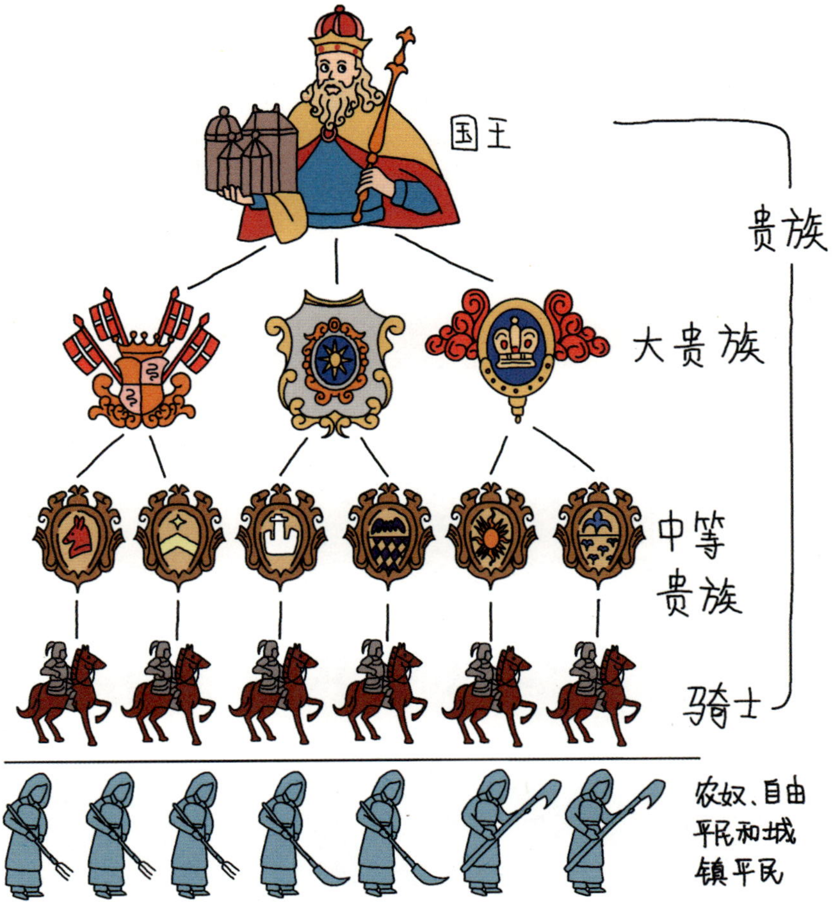

西欧封建等级图

什么样的人是贵族呢？

让我们先来明确一点：从奴隶社会开始到现在，贵族一直存在。在奴隶社会，奴隶主贵族掌握国家的统治权，并拥有大量的奴隶；在封建社会，贵族一般拥有世袭爵（jué）位，并在一个区域里掌握权力；到了今天，在一些君主国家仍有贵族存在，比如英国、日本、泰国等，不过他们的影响力已经远远不如从前了。

你知道吗？

巴西是西半球最早使用奴隶劳动并输入黑奴的地方之一，也是大西洋世界所有奴隶制社会中蓄奴规模最大且存续时间最长的国家。

欧洲封建贵族的等级

根据被授予的爵位，不同的贵族拥有不同的头衔，公爵、侯爵、伯爵、子爵、男爵。在西方封建社会，爵位通常代表了一个人的社会地位和权力。其中，公爵的等级最高，可以拥有世代相传的特权；而男爵的等级最低，在一些情况下不能拥有世代相传的特权。这些爵位的授予和传承方式都与当时的社会制度密切相关。

早期城市是怎样形成的？

早期城市是怎样出现的？

关于城市的起源有很多种说法。有的说，古代战争不断，人们为了保护自身安全而聚集在一起，因此有了早期的城市；有的说，随着原始农业发展得越来越好，人口开始迅速增长，久而久之，城市就出现了；还有的说，随着社会发展，除了捕猎、采集和种植，人们还学会了冶（yě）炼、纺织，大家聚集在一些地方交换用不完的东西，使得这些地方有了早期城市的雏（chú）形。

世界上最早的城市在哪里？

世界上最早的城市在哪里？人们至今尚未形成共识。不过，目前大多数学者都认为，约 5000 年前，苏美尔人在西亚两河流域南部建立了世界上最早的城邦——乌鲁克。你知道吗？城邦比城市大，它通常由一个中心城市和其周围的村镇组成。考古资料显示，乌鲁克的土地肥沃松软，利于种植，人们曾在这里修建了城墙、宫殿和神庙。

为什么早期城市都诞生于河流附近？

很久以前，人类的生产力水平低下，河流不仅能为人类提供生存必需的水源，它两岸的土壤也往往比较肥沃，适合种粮食，能让人类有机会获得更多食物。除此以外，河流附近的地势比较平坦，气候比较温和，有利于人类生存。所以，久而久之，越来越多的人围绕河流聚集，并在此建起了城市。

中国最早的城市在哪里？

位于湖南省常德市的城头山遗址，被誉为“中国最早的城市”，它是迄今我国唯一发现的时代最早、保存最完整的古城遗址。研究显示，城头山的城市存续了2000多年，最后可能是因为战争、洪水或城市居民的集体迁徙而被废弃。

你知道吗？

苏美尔文明是世界上最古老的文明之一，它出现在底格里斯河和幼发拉底河流域。中国也有“两河文明”，我们的祖先在黄河和长江流域也创造了辉煌的文明。

古埃及的国王为什么叫“法老”？

“法老”原本指的是宫殿？

“法老”是希腊语的音译，原本的意思是“大房子”“大宫殿”，后来才逐渐演变为对古埃及国王的尊称，好比中国古代称皇帝为“陛下”。法老作为古埃及最大的统治者，拥有至高无上的权力，他们称自己是“太阳之子”，要求所有臣民都要像崇拜神一样敬奉他们。

金字塔就是法老的陵墓？

金字塔是法老权力的象征。古埃及时期的人们普遍相信人有来世。于是，法老为了让自己来世还能继续享受荣华富贵，往往生前就开始动用大量人力、物力，为自己修建雄伟的金字塔作为陵墓。在埃及众多的金字塔中，以古埃及第四王朝法老胡夫的金字塔最大，它高达 146.5 米，据说用 230 万块巨石堆叠，历时约 30 年时间建造而成，被称为“世界七大奇迹之一”。

只有法老能被制成木乃伊吗？

把尸体制成木乃伊是古埃及人保存尸体的一种方法。法老死后，人们会用特殊的防腐药品和埋葬方法，将他的尸体制成干尸，令他能被长久地保存下来。当然，不只法老，贵族、平民甚至陪葬的动物也都有可能会被做成木乃伊。

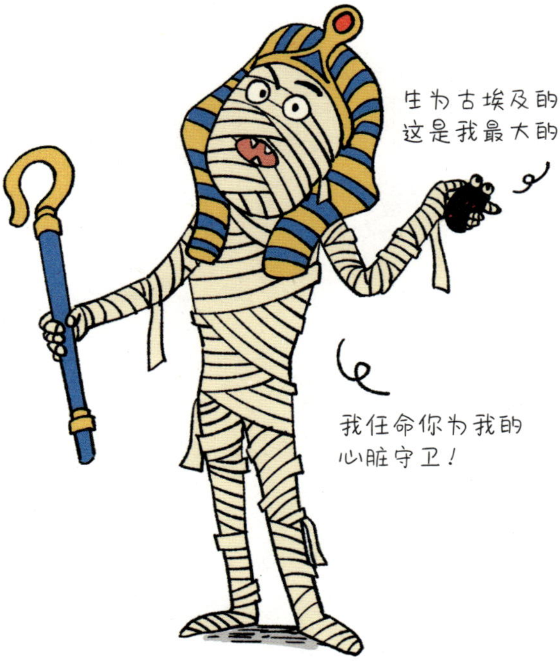

英年早逝的埃及法老——图坦卡蒙

提起埃及法老，很多人都会想到9岁登基、19岁便神秘离世的第十八王朝法老图坦卡蒙。这位英年早逝的法老，死后陵墓没有被任何盗墓者侵扰过，保存十分完好。在所有帝王谷的陵墓中，他的陵墓是最奢华的一个。他的棺材用黄金打造，脸上戴着黄金面具，身边有成千上万件珠宝和精美的手工艺品作为陪葬品。不过遗憾的是，截至目前，科学家还无法给图坦卡蒙的死因下定论。

你知道吗？

“谁要是干扰了法老的安宁，死亡就会降临到他的头上。”这是法老图坦卡蒙的陵墓上镌（juān）刻的话。当时参与陵墓发掘的人后来接连丢了性命，法老的“诅（zǔ）咒（zhòu）”是真的吗？

实际上，这些人的死亡原因是可以用科学解释的：墓葬中可能存在一些会致病的真菌，随处可见的壁画中可能含有剧毒成分，建造金字塔的石料也可能带有放射性物质……总之，所谓的“诅咒”，只是人类的想象和猜测罢了。

古巴比伦为什么被称为“泥堆上的文明”？

“泥堆上的文明”由何而来？

公元前 1894 年到公元前 1595 年，阿摩利人苏姆·阿布在美索不达米亚平原上建立了古巴比伦王国。“美索不达米亚”在古希腊语中表示“两条河中间的地方”，而这两条河指的是幼发拉底河和底格里斯河。当这两条河泛滥时，会在中下游地区留下厚厚的淤泥，使土壤变得肥沃。在两河流域文化中，人们最早使用的容器是用泥制造的，最早的书写材料是泥版，最早的建筑材料是泥，而最终埋葬这段文明的，还是泥。

泥版上诞生的楔形文字

由于两河流域盛产黏（nián）土，黏土晒干或用火烤干后又便于保存，古巴比伦人往往就地取材，把黏土制成一块块泥版，这就是他们的“纸张”了。这里的人们使用芦苇角或木棒在泥版上按压刻字，使得这些字的笔画看上去就像钉头或箭头的楔状，楔形文字因此得名。

这些泥版比起我们今天的纸张不知要重多少倍，但这种特殊书写材料也有好处，就是不怕发霉、不怕火烧，也不怕蛀虫啃噬（shì），这也使得它们能够长久保存。

刻在石柱上的《汉谟拉比法典》

古巴比伦王国的第六位国王汉谟（mó）拉比开创了一个黄金时代。公元前18世纪，他颁布了《汉谟拉比法典》，正文共有282条，包括了诉讼手续、财产权、租佃（diàn）关系、继承、买卖奴隶等各个方面的内容，是世界上迄今完整保存下来的最早的一部法典。由于这部法典用楔形文字刻在一根高约2.25米的黑色玄武岩圆柱上，所以又名“石柱法”。这部法典现存于法国卢浮宫博物馆。

古巴比伦为什么消失了？

大约在公元前16世纪，喀（kā）西特人对古巴比伦王国发起了侵略。这场残酷的战争给古巴比伦以沉重的打击，古巴比伦由此衰落。约公元前1595年，古巴比伦最终被赫梯王国所灭。

实际上，导致古巴比伦消失的间接原因很多，其中环境变化是一个重要诱因。原本，美索不达米亚平原土壤肥沃，利于种植，但随着人口增加，人类对自然资源的掠夺导致水土流失，粮食不足，进而引起国内动乱和外敌入侵，最终被新兴文明所取代。

你知道吗？

古代世界七大奇观之一的“空中花园”，是由新巴比伦王国国王尼布甲尼撒二世为爱妃所建。据说这个花园采用立体叠园手法，在高高的平台上，分层重叠，层层遍植奇花异草，并埋设灌溉用的水源。从远处望去，花园如悬在空中，故称“空中花园”。可惜的是，这座空中花园也随着巴比伦城的沦陷而最终倒塌了。

为什么罗马人那么爱打仗？

关于罗马城的传说

相传，一位国王的弟弟篡（cuàn）夺了王位，并将国王女儿生下的两个男婴扔进河里，让他们自生自灭。不料，一只在河边喝水的母狼衔走了兄弟俩，还用自己的乳汁喂养了他们。后来，兄弟俩又被一个好心的牧羊人抚养。他们长大后成功复仇，推翻了篡位者，并在老国王赏赐的土地上建立起一座新的城市。兄弟俩又经过一番争斗，哥哥最终杀死弟弟，并以自己的名字为新城命名。这就是罗马城的由来。

在不断扩张中变强大

公元前 5 世纪初，罗马共和国诞生了，这时它的领土面积还很小，人口也比较少。之后，罗马共和国开始东征西讨，四处侵略，在近 5 个世纪里不断地对外扩张。公元前 27 年，罗马共和国灭亡，屋大维当上罗马帝国的开国之君。公元 114 年，罗马帝国的面积约 650 万平方千米，人口可能达到 7000 万。

罗马是怎样成为地中海霸主的？

最初的罗马也面临外族侵扰的困境，曾经历过惨败。但在频繁的战争中，罗马不断地学习其他国家的军事技术，培养出一支强大的军队。公元前 146 年，在经历了三次大战后，罗马最终战胜了迦（jiā）太基人，攻陷了迦太基城，成为地中海霸主。

罗马人为什么爱打仗？

在古代，罗马贵族要通过军功来赢得荣誉、权势和影响力，罗马平民也同样渴望通过获得战利品来改善生活。为了创造更多的利益，罗马帝国自建立后仿佛一台加满油的战争机器，不断对外扩张领土，在地中海沿岸攫（jué）取了巨额的黄金和白银。

你知道吗？

斗兽场作为罗马最知名的景点之一，它原本叫弗拉维圆形剧场。因为过去这里经常举办各种庆典和竞技表演，而竞技表演中又以“人兽大战”出现的频率最高，所以久而久之，人们便把这里称为斗兽场了。

为什么玛雅文明如此神秘？

玛雅文明发祥于哪里？

玛雅文明因其为印第安玛雅人所创而得名，是发祥于中美洲地区的古代印第安人文明。玛雅文明大约存在于公元前 26 世纪至 15 世纪之间，在公元 3 到 9 世纪进入全盛期，10 世纪后期开始衰落，16 世纪时被西班牙殖民者毁灭。在这漫长的历史中，玛雅人从来没有建立起一个统一的国家，而是分散居住在大大小小的城邦里。玛雅文明曾覆盖如今的墨西哥东南部、危地马拉和洪都拉斯等国家。

玛雅文明如此神奇

玛雅文明处于新石器时代，那时候没有金属工具，没有运输工具，更没有先进的观测设备，玛雅人却凭借原始的生产工具创造出了伟大的文明。千年之前，玛雅人就掌握了日、月、金星的运动规律，还创造了精确的历法。不仅如此，他们还创造了自己的象形文字，修建了华美的神庙、宫殿和其他建筑物。

玛雅人也有自己的“金字塔”

奇琴伊察古城位于墨西哥南部的热带雨林中，是研究玛雅文明的重要遗址。这里散落着大量壮观的石砌“金字塔”，与埃及金字塔不同的是，它们四周都分别修建了楼梯，且每座楼梯的台阶数都是固定的。大多数学者认为，玛雅人的“金字塔”主要用于祭祀活动。

玛雅文明为什么衰落了？

虽然玛雅文明最后是被侵略者毁灭的，但它的衰落至今仍充满神秘色彩。对此，许多学者提出了自己的看法，比如各城邦之间的战争、生态环境的恶化、传染病的流行、自然气候的变迁等原因导致玛雅文明逐渐衰落。不过，相比这个，似乎地球人更关心的是——玛雅文明真是外星人创造的吗？但这个问题至今没有人能够回答。

你知道吗？

玛雅人数学思维高度发达，至少在公元元年前后便掌握了“0”这一数字概念，比阿拉伯人、中国人和欧洲人都要早得多。此外，他们还创造了20进位的计算法。

为什么古希腊是西方文明的摇篮？

令人着迷的古希腊神话

说到古希腊神话，它在西方国家可是拥有大批粉丝，宙斯、雅典娜、普罗米修斯都是人们耳熟能详的神灵。古希腊神话既有趣又深刻，我们现在熟知的很多著名比喻，比如斯芬克斯之谜、阿喀（kā）琉斯之踵（zhǒng）、潘多拉的盒子等，都出自这里。

辉煌灿烂的古希腊文明

大约在公元前 3000 年到公元前 2000 年，爱琴海地区诞生了爱琴文明。大约到了公元前 11 世纪，从北方迁来的其他民族，也就是古希腊人的祖先，将爱琴文化摧毁。

之后，在公元前 8 世纪到公元前 6 世纪之间，他们在这里建立起奴隶制城邦，开始广泛使用铁器，并进行海上贸易。这一时期，他们还通过改造腓尼基字母发明了自己的文字——希腊字母。

然而，在公元前 146 年，由于古罗马的入侵，古希腊最终走向了灭亡。

古希腊人用勇敢和智慧开创出了灿烂文明，尤其是在文学、艺术、哲学诸领域取得了非凡的成就，这对古罗马和后世的欧洲产生了深远的影响。

古希腊有哪些“名人”？

众神之王宙斯、智慧女神雅典娜、盗取火种的普罗米修斯、掌管艺术和科学的缪（miù）斯……希腊神话里的这些“名人”，你应该都不会陌生。在现实世界中，古希腊也同样涌现出很多名字如雷贯耳的人物：苏格拉底、柏拉图、亚里士多德、欧几里得、阿基米德……这些先贤不仅大大推动了西方文明的发展，也为人类文明的发展做出了贡献。

古希腊对西方文明的影响有多大？

英国著名诗人雪莱曾经说过：“我们都是希腊人，我们的法律、文学、宗教、艺术的根都在希腊。”不夸张地说，西方的艺术、宗教、文学、哲学乃至科学，几乎都可以追溯（sù）到古希腊。在罗马帝国攻陷古希腊后，这些征服者学习并继承了古希腊文化，并将它播撒在更广阔的土地上。

你知道吗？

公元前776年，古希腊举办了人类历史上的第一届奥林匹克运动会。之后，此盛会每四年举办一次，直到公元393年被罗马皇帝废止。1896年，在法国人顾拜旦的倡议下，第一届现代奥林匹克运动会在希腊雅典顺利拉开帷幕。而今天，这项体育盛会已经得到全世界的关注。

中国古代文明有多璀璨？

独一无二的原生型文明

人类历史上曾诞生过许多原生型文明，比如苏美尔文明、埃及文明、印第安文明、中华文明……但是，在时代的“大浪淘沙”下，唯独中华文明历经艰难，从新石器时代、青铜时代、铁器时代一路走来，未曾中断，延续至今。

不可不知的重要遗址

在漫漫历史长河中，中国古代文明留下了浩如烟海的文化遗产，不仅为中华文明的成长提供了肥沃的土壤，更为人类文明做出了不可磨灭的贡献。

现在，让我们来分享两个重要的历史遗址！

良渚（zhǔ）古城遗址：它发现于 1936 年，由此诞生的良渚文化属于中国古代文明的一部分。良渚文化存在于约公元前 3300 年—前 2200 年，也就是新石器时代的晚期，它的存在证实了中华文明的确已经延续了 5000 多年。

陶寺遗址：它发掘于 1978 年，由此诞生的陶寺文化也属于中国古代文明的一部分。陶寺遗址的存在表明，约公元前 2500 年—前 1900 年，早期国家和王权就已经出现。

远不止“四大发明”的科技成就

说起中国古代的发明创造，谁会不知道“四大发明”——造纸术、印刷术、指南针和火药呢？不过，它们可远远不足以概括中国古人在科技上取得的伟大成就。酿酒、养蚕、温室栽培、小孔成像、潮汐表、火箭……都是中国古代的重大科技发明创造。

各时期文明里的“优等生”

商朝时期，中国第一次详细记载了日食和月食；

春秋战国时期，中国发明了铸铁柔化技术，领先欧洲约2000年；

西汉时期，中国发明了铁犁壁——一种可以帮助农民耕地的装置，代表了当时先进的农业技术水平……

此外，在古代，中国还修建了世界上最长的城墙——万里长城、世界上最长的人工运河——京杭大运河、世界上最大的宫殿群——故宫……

中国古代文明是如此丰富多彩、灿烂辉煌，就算说上三天三夜也说不完！

工业革命是如何开始的？

当机器取代人力

18世纪60年代，英国的手工业发展得很快，光靠人力已经不能满足市场的需求了。怎么办呢？人们想到可以利用机器。后来，蒸汽机被发明出来，经过改良后广泛使用于各个领域。这也标志着机器取代了人力，第一次工业革命由此开始，人类从此进入蒸汽时代。

蒸汽机有多重要？

我们日常生活中很多不可或缺的现代化工具，比如飞驰在铁轨上的火车，就源于蒸汽机的推动。蒸汽机的发明和广泛应用最直接的影响，就是让当时的人们从依靠水力和人力转向机械动力，让大规模的工厂生产取代了过去的个体手工生产，从而大大推动了社会生产力的发展。

为什么是英国率先发生工业革命？

英国本来和其他国家一样处于农业社会，但“光荣革命”让英国建立了君主立宪制，因此先于其他国家形成了有利于工业发展的政治环境、军事环境和社会环境。大名鼎鼎的瓦特蒸汽机以及纺织业的重大突破——珍妮纺纱机，都是英国工业革命的产物。

工业革命还在继续

第一次工业革命早已结束，但人类社会的工业革命进程还远未终止。从蒸汽时代迈入电气时代，再到信息时代、智能时代；从蒸汽机到内燃机；从电子计算机到人工智能、清洁能源……今天的我们正在经历第四次工业革命。

社会生产力水平在不断要求进步，而生产力的每一次进步都会推动人类社会向前发展。

你知道吗？

珍妮纺纱机是由一名英国纺织工发明的，但这位纺织工并不叫珍妮，而是詹（zhān）姆士·哈格里夫斯。珍妮机是用他女儿的名字来命名的。珍妮机的发明和使用，极大地提高了当时的纺纱效率。

人类为什么要航海？

人类对海洋的痴迷

从太空看地球，它是一颗湛蓝色的星球。这是因为陆地只占地球表面积的29%，而海洋却占71%。从很久以前开始，人类就对海洋充满了兴趣，并想尽一切办法去探索海洋，而海洋也为人类的生存和发展提供了丰富的资源，孕育出了多姿多彩的海洋文化。海的那边有什么？这个问题曾深深地吸引着人类。

你知道吗？

在“地理大发现”以前，郑和七下西洋曾是世界历史上规模最大的一系列海上远航。2005 年 7 月 11 日，是郑和下西洋 600 周年的纪念日，我国决定将每年的 7 月 11 日定为“中国航海日”。

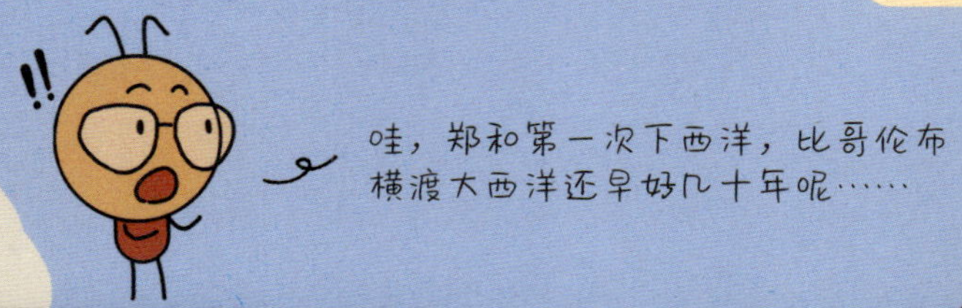

中国古代的航海有多牛？

远古时期，我们的祖先就先后制造出了独木舟和木筏（fá）。

殷商时期，据甲骨文记载，商王武丁曾派人乘船去海上追捕逃跑的奴隶。

汉武帝在位时，汉朝开辟了举世闻名的海上丝绸之路。

隋唐时期是中国航海发展的鼎（dǐng）盛时期，尤其在唐朝的全盛时期，中外商船频繁航行于中国、印度和阿拉伯之间。

宋元时期，罗盘开始应用于航海，那时的航线已经可以一路远航到东非沿岸。

进入明代以后，在永乐三年（1405 年）到宣德八年（1433 年）之间，郑和曾奉命率领船队七次下西洋，这也是中国古代航海事业的巅（diān）峰时期。

什么是“地理大发现”？

公元 15 世纪到 17 世纪，欧洲航海者不仅在海上开辟了新航路，还发现了海那边的新大陆。这一时期在历史上被称为“地理大发现”。而其中发生的很多历史事件至今仍被人津津乐道：1492 年，意大利航海家哥伦布横渡大西洋到达美洲；1498 年，葡萄牙航海家达·伽马绕过非洲好望角远航印度；1519 年到 1522 年，葡萄牙航海家麦哲伦曾经率领的船队中的一支“维多利亚”号，完成了第一次环球航行……对当时的欧洲而言，新航道的开辟和新大陆的发现不仅增加了人们的地理知识，还为许多国家创造了难以想象的巨额财富。

“地理大发现”对世界有什么影响？

一方面，“地理大发现”让东西方的贸易和文化交流变得更加频繁，大大促进了人类航海技术的发展；另一方面，欧洲也由此开始在世界各地建立起殖民地，进而疯狂掠夺当地的资源，给被殖民的国家带来了巨大而深重的苦难。

人类的“飞天梦”是怎样实现的？

飞天只是个梦？

人类一直憧（chōng）憬（jǐng）着能像鸟儿一样在空中自由飞翔，但对人类来说，长出一双真正的翅膀显然不可能。于是，古人便把飞行视为神的超能力之一，这在很多国家和民族的神话传说中都有所体现，比如长着翅膀的天使、佛教壁画或石刻中的飞天等。

自制翅膀的“飞行人”

在神话传说中，关于用自制人工翅膀飞行的故事不胜枚举。比如，在古希腊神话中，一个叫伊卡洛斯的人就用蜡和羽毛做了翅膀，从一个海岛上飞了出去。

可你知道吗？在真实的历史中，还真出现了不少戴着自制翅膀从高处跳下去的勇士。不过，他们的结局大多很惨，不是摔伤，就是身亡。即便有少数人成功完成了挑战，他们的行为也很难算真正意义上的“飞翔”。

用我们今天的眼光来看古人，那些想要通过“长”出翅膀而飞行的勇士固然荒唐可笑，但他们也为人类实现飞行梦迈出了第一步。

人类的第一次热气球之旅

人类第一次上天，乘坐的不是飞机，而是热气球。热气球的发明者是法国的孟格菲兄弟。1783 年 11 月 21 日，两名青年科学家乘坐孟格菲兄弟的热气球，成功在巴黎空中飞行约 25 分钟（亦有孟格菲兄弟亲自乘坐的说法）。自此，热气球成为人类最早的飞行工具。

世界上第一架动力飞机上天

在莱特兄弟发明世界上第一架动力飞机前，已经有无数科学家为之付出了巨大的努力，比如在试飞滑翔机时不幸遇难的德国科学家李林塔尔，被誉为“空气动力学之父”的乔治·凯利……

1903 年 12 月 17 日，莱特兄弟完成了人类历史上第一次飞机飞行，虽然飞机留空时间只有 12 秒，飞行距离仅约 36 米，却是人类飞行史上巨大的进步。

你知道吗？

意大利画家达·芬奇曾模仿小鸟、蝙蝠和翼龙等动物的飞行方法，设计出了扑翼机。扑翼机，就是机翼可以像鸟的翅膀那样扑动的飞机。不过，因为它的制造难度非常大，所以它至今仍只存在于人们的想象中。另外，达·芬奇还设计了一款能垂直起降的飞机，它与现在的直升飞机有着一些相似之处。

科技给人类带来了什么？

科技是什么？

科技就是科学加技术。有时，科技是可以被看见的，我们使用的电子产品、乘坐的交通工具都是它的产物，我们的日常生活离不开它的帮助。有时，科技又是摸不着的，它会变成晦涩的定义、复杂的公式，只有苦心钻研它的人才能掌握。科技能让我们的生活发生翻天覆地的变化，科技的进步对人类来说是意义非凡的。

人类为什么需要科技？

在古代，火药帮助人类抵御外敌入侵，指南针帮助人类畅行大海，造纸术和印刷术使先进的知识得以大范围传播。

到了近代的工业革命时期，蒸汽机、内燃机的发明让工厂能在短时间里生产出更多的商品。

而现在，随着电子信息技术的迅猛发展，新事物层出不穷，比如网购、外卖、高铁、快捷支付……我们的生活变得更便利、更舒适，人类文明也变得更加繁荣。

科技有可能反过来主宰人类吗？

科技的过度发展，例如克隆技术、人工智能的出现，令有些人感到怀疑、担心甚至恐惧。他们会想：万一科技的发展超出了人类的认知和理解，人类反而被未来的科技主宰怎么办？这个问题，你怎么看呢？

你知道吗？

猪蛋白能让人重见光明？2022 年，来自瑞典的一些科学家发明了猪蛋白角膜，即用猪皮肤的胶原蛋白制成的眼角膜。目前，全世界约有 1200 万人患有角膜盲症，急需眼角膜来帮助恢复健康。猪蛋白角膜的出现，将给饱受视力问题困扰的人们带来新的希望。

未来人类会变成什么样？

人类还会继续进化吗？

达尔文的进化论让我们知道，物种会为了生存而千方百计做出适应环境的改变。只要自然环境和生活环境在变，生命的进化就不会停止。科学家们对未来人类可能进化成的“新造型”进行了预测，比如：个子会变得更高，四肢会更长，手指的神经末梢会更灵敏，身上的毛发会变少或不存在，一些没有明显功能的身体器官也有可能会彻底消失……

人类会成为外星移民吗？

科幻作品中经常会出现这样的情节：在未来，人类搬到了其他星球甚至其他星系去居住。其实，不仅在艺术领域，如何让人类能移民外星也是当今无数科学家正在研究的课题。虽然人类已经在探索移民外星的可能性上投入了大量的时间和资源，但遗憾的是，直到现在，除了“出差”的航天员，地球人依然只能住在地球上。当然，也许在未来的某一天，人类说不定能掌握移民外星的技术，到时候你想住在哪个星球，就住在哪个星球。

人类会变成机器人吗？

随着科技的不断进步，人类运用科技改造自身的水平也越来越高。比如，我们现在已经能造出一些高科技辅具，来帮助残疾人重新站立、奔跑、蹦跳，甚至参加激烈的体育竞赛。不过，从本质上来说，即使我们的一部分器官或肢体被机器取代，人类与机器人还是不一样的。这是因为人类不仅拥有自主意识，还拥有相当复杂的人体结构。

不过，人类的演化是个没有结尾的故事，也许在未来，新的科技将会颠覆我们现有的观念。

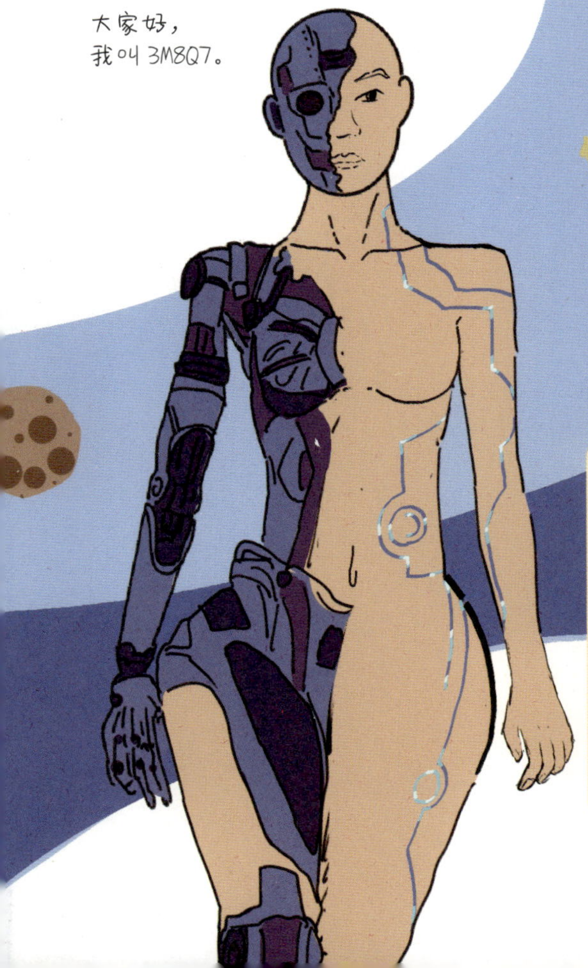

你知道吗？

地球是人类唯一的家园，对已经存在了大约46亿年的地球而言，人类是如此渺小，人类的历史是如此短暂。在遥远的未来，会不会有陨石再次撞击地球，让地球上的生命重新洗牌？人类对自然资源的攫（jué）取会不会引发严重的气候变化、导致环境恶化，并最终危及人类自身？人类最终将迎来怎样的结局，现在还没有人知道。

图书在版编目（CIP）数据

让孩子读懂世界的通识大百科：人文素养第一课 / 梁芳等编著；星筠兔绘 . -- 太原：三晋出版社，2023.11
ISBN 978-7-5457-2850-7

Ⅰ . ①让… Ⅱ . ①梁… ②星… Ⅲ . ①人文素质教育—少儿读物 Ⅳ . ① G40-012

中国国家版本馆 CIP 数据核字 (2023) 第 225121 号

让孩子读懂世界的通识大百科：人文素养第一课

编　　著：梁　芳等
绘　　者：星筠兔
责任编辑：解　瑞

出 版 者：山西出版传媒集团 · 三晋出版社
地　　址：太原市建设南路 21 号
电　　话：0351—4956036（总编室）
　　　　　0351—4922203（印制部）
网　　址：http://www.sjcbs.cn

经 销 者：新华书店
承 印 者：雅迪云印（天津）科技有限公司

开　　本：787mm × 1092mm　1/16
印　　张：24
字　　数：268 千字
版　　次：2023 年 11 月 第 1 版
印　　次：2024 年 1 月 第 1 次印刷
书　　号：ISBN 978-7-5457-2850-7
定　　价：256.00 元（全 8 册）

让孩子读懂世界的

通识大百科

人文素养第一课

5 了不起的中国文学

吴吉茜 编著　星筠兔 绘

山西出版传媒集团　三晋出版社

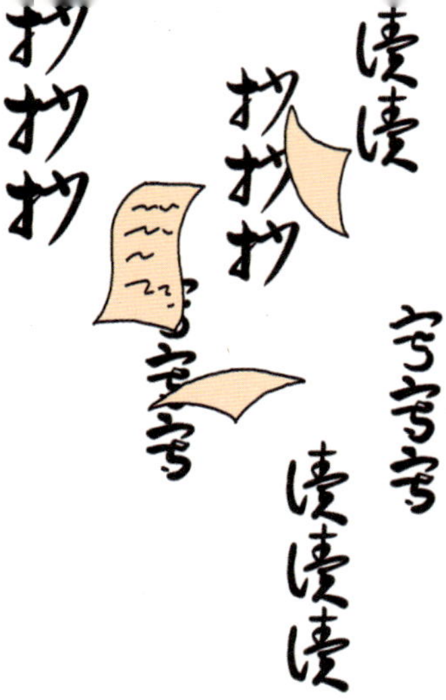

目录

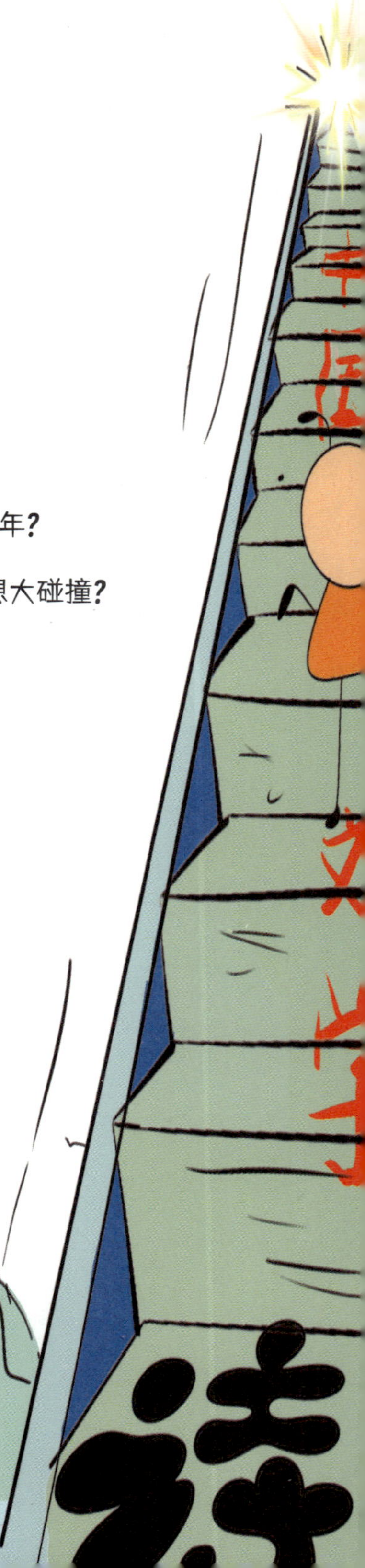

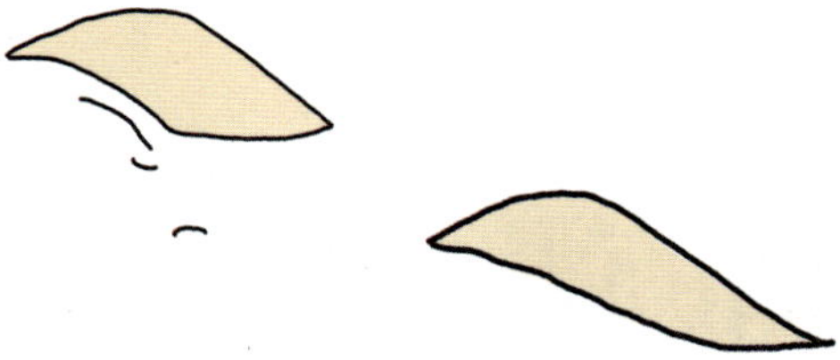

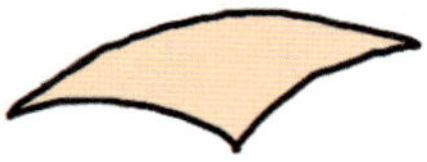
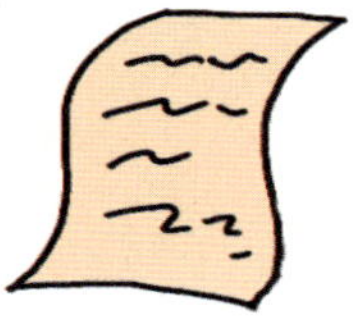

为什么说上古神话是后世文学的先驱？

上古神话是如何出现的？

神话，顾名思义，就是关于神仙或有神力的英雄的故事。“上古”意为“较早的古代”，一般多指商、周、秦、汉这一时期，有时也兼指史前时代。当时的先民对大自然的认知是极为有限的。天为什么会下雨和打闪？大地为什么会晃动？山为什么会喷火？他们难以理解这些“奇观”，就会不由自主地对大自然产生一种神秘感和敬畏之情，他们认为一定有一种超人力的神明在操控世间万物，于是便产生了各种幻想。由此，神话便应运而生了。

上古神话是如何流传下来的？

上古时期，我们的祖先还没有系统的神话著述，比如女娲（wā）补天、后羿（yì）射日、共工触山等我们耳熟能详的故事，基本都是靠人们口口相传才得以保存下来的。

当然，图像也在神话流传中起到了重要作用。比如，在距今已有五千多年的仰韶遗址中，考古学家发现了一件奇异的彩陶，有学者就认为它上面绘制了人首蛇身的伏羲（xī）——上古神话中的“三皇”之一。

你知道吗？

远古神话中的那些神鸟

在我们的远古神话中，曾出现过很多神鸟形象。下面这些神鸟的名字你听说过几个？

鲲（kūn）鹏、凤凰、三足金乌、大鹏金翅鸟、朱雀、重明鸟、毕方、青鸾（luán）、鬼车鸟、大风鸟。

上古神话对“后辈”的影响

其实，我们熟悉的很多中国文学作品都借鉴（jiàn）了上古神话，比如：《诗经·生民》中关于周部族起源的叙述，就带有浓厚的上古神话色彩；《庄子》中的鲲鹏之变、黄帝遗玄珠等故事，也都是在上古神话的基础上演变而来的；在《搜神记》《聊斋志异》中也出现了很多关于人与神仙、鬼怪的故事，并且志怪小说这种文学体裁本就承袭自上古神话；《红楼梦》作为中国古典小说四大名著之一，在开篇就讲述了女娲炼石补天这一神话……诸如此类，不胜枚举，这足以说明上古神话对后世文学产生的深远影响。

《山海经》为什么被称为“上古奇书”？

奇珍异兽的狂欢派对

你知道我国古代的两大图腾——龙和凤最早出自哪里吗？告诉你吧，它们都来自中国的志怪古籍《山海经》。在这部被很多学者认为“先有图、后有经”的古代奇书里，有 400 多种奇珍异兽的形象，比如一种叫“猼（bó）訑（yí）”的野兽，它长得像羊，却有着九条尾巴和四只耳朵，眼睛也是长在后背上；还有外形像虎、披着刺猬毛皮、长着翅膀、靠吃人为生的穷奇……这些异兽要么能逢凶化吉，要么会引来灾祸，要么在山川里当逍遥自在的“隐士”。如果把它们拉来开一场派对，不知道会有多热闹。

“上古奇书”名不虚传

《山海经》由《山经》和《海经》两部分组成，内容以民间传说的地理知识为主。全书分别介绍了五百多座山、三百多条水道、四百多个荒远地域中的神怪异兽及与这些内容相关的神话传说等，其中涉及山川、物产、动植物、人文、药物、医学、历史、宗教、神话、道里、祭（jì）祀（sì）、民俗等，简直可以称得上是上古时代的“大百科全书”。别以为来自上古时代的《山海经》离我们很遥远，我们耳熟能详的“精卫填海”“夸父逐日”“大禹治水”“嫦娥奔月”这些神话传说，就出自《山海经》哦。

写奇书的会是奇人吗？

很多人好奇，能写出奇书《山海经》的人到底是谁，可惜目前还无从考证。关于作者，历史上存在很多争议。有人认为《山海经》是由大禹的助手伯益通过口头传播的方式流传下来的；也有人从语言习惯上分析，认为《山海经》应该是战国时期的楚人创作的；还有人认为它并非出自一时和一人之手。但不管《山海经》作者是谁，它是我国古代先人智慧的结晶这一点，是毋（wú）庸置疑的。

中国志怪小说的灵感源泉

后人的很多文学创作都借鉴了《山海经》里的异兽形象，比如《封神演义》里蛊（gǔ）惑人心的九尾狐妲（dá）己就出自《山海经》；《西游记》里东海龙王的原型也是《山海经》里的龙。说《山海经》是中国志怪小说的灵感源泉，还是有一定道理的。

你知道吗？

上古三大奇书

除了《山海经》，《周易》和《黄帝内经》也同样拥有“上古奇书”的头衔。《周易》的内容与哲学相关，《黄帝内经》是我国最早的中医著作。

为什么说《诗经》是中国文学的起点？

四字一句，简约不等于简单

“关关雎（jū）鸠（jiū），在河之洲。窈（yǎo）窕（tiǎo）淑女，君子好（hǎo）逑（qiú）。”你一定很熟悉这两句朗朗上口的诗吧？它们都出自《诗经》哦！《诗经》里的大多数作品都是四言诗，它们韵律整齐，念着念着就很容易唱出来。别看这部诗集字少，其内容可是相当丰富的。《诗经》看似简约，却绝不简单。

《诗经》的几宗“最”

此“最”非彼“罪”，这里讲的是与《诗经》相关的几个称号：中国最早的诗歌总集、中国最早的哲理诗、中国最早的环保诗、中国最早的朦胧诗、中国最早的婚典乐歌……这么看，它的“履（lǚ）历”可真是了不得啊！

是孔家出品，还是乐师加工？

《诗经》现存的共有305首诗，你一定想问，到底是哪路“神仙”，能写出这么多佳作呢？其实，这部诗集是古人从西周初期到春秋中叶约五百年间积累下来的成果。据说，当时流传下来的诗有三千多首，但只有十分之一被《诗经》收录。西汉史学家司马迁认为《诗经》是由孔子他老人家删减而来的，也有人认为《诗经》是由周朝乐师整理加工而成的。但不管怎么说，我们都要感谢先人为我们留下了这部优秀的诗集。

中国文学的起点

你们知道什么是中国文学吗？有人会说，中国人写的小说、童话、散文都属于中国文学呀！这话虽说得没错，但不够全面。按照时间划分，中国文学可以被分为古典文学、现代文学与当代文学。《诗经》被认为是中国古典文学之巅、中国现实主义文学的第一座里程碑，它的出现对中国文学的定型与发展起到了巨大的作用。

你知道吗？

《诗经》是个大家族

《诗经》分为《风》《雅》《颂》三个部分。《风》包括十五国风，大多是古代民歌；《雅》分为《大雅》和《小雅》，是周朝宫廷宴会上演奏的乐歌；《颂》分为《周颂》《鲁颂》和《商颂》，是贵族祭祀时歌颂祖先的乐歌。

5000 多字的《道德经》为何能影响世人两千多年？

老子仅用 5000 多字，就超越了别人 50 万字的境界……

《老子》和老子啥关系？

《道德经》最早不叫《道德经》，而叫《老子》，也就是以作者“老子”的名字命名的。而老子本人，起初也并非叫“老子”。相传他姓李，名耳，字聃（dān），人称“老聃”。当时，学识渊博的人通常都被尊称为“子”，所以，“老聃”也就慢慢变成了“老子”。

老子是穿越者吗？

由于《道德经》阐述的思想太过高深，老子还一度被认为是神仙呢！老子的“脑洞”在两千多年以后的现在，也依旧不过时，难道你不觉得他更像一个“穿越者”，把现代思想带到古代去了吗？

在“逼迫”下诞生的千古大作

说起《道德经》的诞生，还有一个有趣的传说。随着周朝的衰败，看不到希望的老子想出世隐居，而当他来到函谷关时，却被一个叫尹喜的关令拦住了。尹喜知道老子不是一般人，便要求他留下毕生所学后再出关，被逼无奈的老子这才写下了《道德经》。没想到，尹喜当场被老子的才华所折服，立即辞去官职，跟随他一起出关归隐了。

短短 5000 多字，浓缩的都是精华

《道德经》分为《道经》和《德经》，全文仅有 5000 多字，放在今天可能连一篇论文的篇幅都不到。然而，它却有着能超越 50 万字作品的实力。作为中国古代哲学的开山之作，《道德经》包含了丰富的朴素辩证法思想，阐述了老子无为而治的政治主张。它以“道”来解释宇宙万物的演变，论述了关于修身、养生、治国、万物起源与归宿等思想，里面包含了由不同的人提出的形形色色的问题，而老子对这些问题都做了精辟独到的回答。

你知道吗？

能在全世界流行的“畅销书”

在古代，上到帝王将相，下到平民百姓，很多人都把《道德经》当成枕边书去读。据说，唐玄宗、宋徽宗、明太祖等帝王还给《道德经》做过注解呢！甚至在西方，一些哲学大师也把它当成宝贝去拜读。至今，《道德经》的外文译本已超过 50 种，其中不乏一些小语种版本。

为什么说“百家争鸣”是中国古代的第一次思想大碰撞？

百家争鸣的背后：阶级大乱斗

如果天下太平，谁又会争来争去呢？因此，百家争鸣是伴随着重大的社会变革出现的。春秋战国时期，诸侯们为了巩固自身实力，极力推行土地私有制，并由此催生出地主阶级。新的地主阶级与旧的奴隶主阶级产生了激烈的冲突，这让原有的社会制度受到了极大的破坏，并最终走向毁灭。

大放异彩的士阶层

春秋战国时期，由有学识的平民和没落的贵族组成的士阶层逐渐兴起，开始在历史的舞台上崭（zhǎn）露头角。士阶层介于大夫与庶（shù）民之间，其人数庞大，成分复杂，涌现出了很多德才兼备的人，他们各执己见，各有主张，并通过著书立说、周游讲学等方式向统治者“推销”自己的思想理论。

百家争鸣：“铁饭碗”争夺战

对于治国之道，不同的人有不同的想法，于是这一时期涌现出了很多新的政治主张。为了扩大影响力，有着相同主张的人们办学堂、立学派，推选领袖人物，希望能让自家的思想成为当时的主流。这一时期，在众多学派中表现得最突出的是儒、墨、道、法、名、阴阳这六家。百家争鸣推动了封建社会主流意识的形成，是中国古代第一次思想文化发展的高峰。

中国散文：坐收渔翁之利

实际上，不同学派之间的“角力”在无形中也拔高了先秦时期散文的创作水平。虽然《论语》《墨子》《荀（xún）子》《庄子》等书籍是为了宣扬学派思想而作的，但其在风格上各有特色，有的幽默老辣，有的生动活泼，有的慷慨激昂，可谓“百花齐放”，对后世的散文创作产生了极大的影响。

你知道吗？

百里挑一，儒家独大

西汉时期，为了加强中央集权，汉武帝刘彻实行了“罢黜（chù）百家，独尊儒术”的统治政策，专门推行儒家学说。后来，这一政策也被历代君王所沿用。自此，在这场持续了数百年的“拉力赛”中，以孔子为代表的儒家学派成为最终的“赢家”。

孔子为什么被推崇为“圣人”？

《论语》和孔子啥关系？

一提到《论语》，你肯定会想到孔子。孔子出生于春秋末期，他是思想家、教育家、儒家学派创始人，他的名句还被选进了课本，如“三人行，必有我师焉”“温故而知新，可以为师矣”等。可你知道吗？其实《论语》并不是孔子亲自写的，而是由孔子的弟子及其再传弟子整理而成的，里面主要记录了孔子及其弟子的言行。

孔子有多爱当老师？

据说，孔子在 37 岁时创办了中国历史上最早、最大的私学，当时吸引了不少人到此求学。直到去世，他都没有从老师的岗位上“退休”。不过，孔子当老师可不是为了“过瘾”，而是真心实意地想把毕生所学传授给弟子。据记载，他“弟子三千，贤者七十二”，得意门生有：颜回、冉（rǎn）求、曾子、子贡……真可谓“桃李满天下”呀！

一个非常牛的称号——“圣人”

在古代，“圣人”不仅指那些德高望重、智慧超群、已经达到人类道德至高境界的人，有时也被用来称呼君主，有时也专指孔子。你知道吗？在春秋末期，除了孔子，还涌现出了许多能被称为“圣人”的贤者，比如老子、墨子、孟子、庄子、荀子等。

“圣人”称号不能白叫

孔子的“圣人”称号并非虚名。他提倡“礼”，认为君王要有君王的样儿，大臣要干大臣的活儿，每个人都应恪（kè）守本分，社会才会稳定。同时，他又提倡“仁”，提出“有教无类”的教育观点，认为人人都享有接受教育的权利，平民百姓也有权接受教育。这样的“圣人”，谁能不爱呢？

孔子的经历有多坎坷？

为了施展自己的理想和抱负，孔子曾携弟子周游列国，但迎接他的并不是鲜花和掌声，而是栽了又栽的“跟头”。孔子壮年时曾去过齐国，并得到了齐国国君的赏识，但因受到当朝重臣的排挤，他最后只能无奈离开。十几年后，他好不容易在家乡鲁国做出点儿成绩，却又因触动权臣的利益，不得不再次“卷铺盖走人”。

你知道吗？

儒家学派的“四大天王”

儒家经典并不只有《论语》，还有《大学》《中庸（yōng）》《孟子》，它们并称为“四书”，是儒家学派的经典“教材”。

为什么很多古代皇帝都读《尚书》？

古人的政治、历史“教科书”

你们以为只有现代人才会学习政治和历史？错啦，其实古代人也要学，《尚书》就是他们非常喜欢阅读、研究的一部文献。相传，《尚书》是由孔子编定而成，它主要记载了虞（yú）、夏、商、周四个朝代的帝王有关政事和治国的言论，可以称得上是从上古时代流传下来的关于政治和历史的“教科书”。

为什么《尚书》被列入皇家书单？

所谓“前人栽树，后人乘凉”，《尚书》提倡“以德治国”，这种治理之道在上古时代实施得很好，后世的君王便取其精华，希望能借助先贤的经验来治理自己的国家。据说，古代的皇帝大多都研读过《尚书》，可见古代的皇室对这部书有多重视。

孔老先生再立大功

和《诗经》一样，《尚书》也是先秦时期众多学者智慧的结晶。据说，最初流传下来的有三千多篇文献，是孔子他老人家从中选取了一些优秀的篇目，将其整理成册后，作为“教科书”传授给了弟子。

《尚书》为什么叫“尚书”？

《尚书》讲的是治国之道，这跟“尚”字八竿子打不着，它为什么会叫这个名字呢？其实，《尚书》最早的时候被叫作“书”，也许后人觉得这个书名和其他书不好区分，便在书名上多加了个“尚”字。有人认为，“尚”是上古时代的意思；也有人认为，“尚”代表君王，因为这本书是臣子对君王言论的记录。当然，不管“尚”是什么意义，都不会影响《尚书》的价值。

你知道吗？

《尚书》的“江湖地位”

《尚书》中的内容涉及历史、政治、法律、哲学和文学等多个方面，这部书被称为我国最早的历史文献、最早的政治文献、最早的法律文献……它的“江湖地位”真是不一般啊！

为什么说《左传》开辟了编年体史书的新篇章？

为什么叫“左传”？

《左传》其实不“姓”左，它的全名叫《春秋左氏传》。西汉时，人们也叫它《左氏春秋》。看到这儿，你就应该知道了，它记录的是春秋时期的那些事儿。从公元前 722 年开始，到公元前 464 年结束，时间跨度约为二百五十年。《左传》记载了春秋时期鲁国在其十二代国君统治下所发生的历史事件以及当时的社会状况，是中国古代第一部叙事完备的编年体史书。

开辟编年史的新篇章

提到编年史，那得先说说《左传》的“好兄弟”——《春秋》。《春秋》是我国现存最早的编年体史书。不过，因为它所记载的内容太过简单，往往只有历史事件的结果，没有过程，所以看它就像在看一堆新闻标题，人们很难了解到事情的全貌。但《左传》就不一样了，为了尽可能把事情的因果讲得明明白白，它在记述史实时采用了多种叙事手法，比如追叙、补叙等。难怪说《左传》开辟了编年体史书的新篇章。

你知道吗？

什么是编年史？

编年史是一种历史记录方式，它以时间为顺序来编排史实，使我们能够按照事件发展的先后顺序来了解历史。它就像我们平时写的日记和周记，里面基本上会写明时间、天气、地点以及当时所发生的事情。

最强成语故事大全

我们现在使用的成语，很多都出自古代典籍，其中由《左传》衍（yǎn）生出来的成语就数不胜数，有些甚至是直接从原文里截取的，如“一鼓作气”“众叛亲离”；有些则是对原文稍作“加工”后产生的，如“数典忘祖”“毁家纾（shū）难”；还有些是从故事中提炼出来的，如“爱鹤失众”“退避三舍（shè）”。这么看，《左传》还真像是一列满载成语的历史列车呢！

为什么屈原把自己的诗歌命名为《离骚》？

被辜负的热血男儿

大家都知道，在端午节吃粽子是为了纪念屈原。当年屈原可是抱着石头跳入汨（mì）罗江中的，这是多么惨烈的一个场景啊！他为什么要这么做呢？

屈原是一位生于战国时期的政治家、诗人，他非常热爱自己的祖国，一直尽心尽力地辅佐（zuǒ）着楚王，可楚王却听信小人谗（chán）言，把他流放到了很远的地方。后来，楚国被攻破，悲痛的屈原便以身殉（xùn）国。

极具个人特色的浪漫主义诗歌

不同于《诗经》的集体创作，《离骚》是我国文学史上第一部独立创作的长篇诗歌，全诗共 2400 多字，可分为前后两部分。在这部诗歌中，屈原运用大量关于“香草美人”的优美比喻，来表现自己不愿与邪恶势力同流合污的高洁品德，抒发自己的理想抱负，表达自己宁死不屈的爱国心志。可以这么说，《离骚》是一篇极具个人特色的浪漫主义诗歌。

《离骚》之名的由来

《离骚》是我国古代篇幅最长的政治抒情诗，屈原在其中倾注了大量的个人情感。那么，为什么要将这首诗歌取名为《离骚》呢？虽然他本人没有解释，但后人根据他的遭遇，给出了两种猜测：一种说法是，将“离”译为“遭受”，将“骚”译为“忧患”，认为诗人意在表达自己遭受了困苦磨难；另一种说法是，将“离”译为“离开”，而“骚”仍是“忧患”的意思，认为诗人意在表达想要从痛苦中解脱出来的愿望。

东边不亮西边亮，是金子总会发光

虽然屈原没能在政坛上施展抱负，但他创作的《离骚》《九歌》《天问》等作品却开创了中国浪漫主义文学的先河。因为《楚辞》收录了《离骚》，所以“楚辞体”又被称为“骚体”。《诗经》和《楚辞》又被并称为“诗骚”。在屈原之后，很多文人创作的诗歌都或多或少带着“骚体”的影子，可见屈原的才华得到了后世的认可。

你知道吗？

端午节的由来

关于端午节的由来，其实说法不一，但流传最广的说法还是跟屈原之死有关。相传，在屈原投江后，百姓们都很悲痛，渔夫一边划船寻找他，一边往江里丢饭团和鸡蛋，希望鱼、虾、蟹吃饱后不要伤害他的遗体。后来，为了纪念这位爱国诗人，人们慢慢形成了在农历五月初五屈原投江的纪念日赛龙舟、吃粽子的习俗。

《孙子兵法》为什么被称为“世界第一兵书”？

孙武还是孙膑？傻傻分不清

大家都知道《孙子兵法》是孙子写的，可被问到孙子到底是孙武还是孙膑（bìn）时，有些同学就答不上来啦。其实，《孙子兵法》的真正作者是孙武，他出生于春秋时期的齐国，而孙膑是孙武的后人，他写的那部书叫《孙膑兵法》。虽然《孙子兵法》和《孙膑兵法》只差了一个字，但它们却是两部完全不同的书，你可千万不要记混淆（xiáo）了哦！

《孙子兵法》真有这么神？

所谓“实践出真知”，要知道《孙子兵法》到底好不好用，还得看战场上的情况。据《吴越春秋》记载，孙武曾带着《孙子兵法》向吴王求职，吴王觉得这部兵书写得很不错，也亲眼见识了孙武的军事才能，便任命他为将军。后来，孙武指挥三万吴兵，打败了二十万楚兵，成功让自己“一炮而红”。

浓缩即为精华

讲兵法的不止《孙子兵法》，但为什么它能得到“世界第一兵书”的称号呢？《孙子兵法》全文只有6000多字，却分为了十三篇，全面阐（chǎn）述了在不同条件下的作战方法，内容既有条理又有哲理。相比国外动辄（zhé）几十万字的军事理论著作，《孙子兵法》充分体现了“其文略而意深”的特色，因此“世界第一兵书”的称号它当之无愧（kuì）。

《三十六计》是《孙子兵法》的大众普及版？

“三十六计，走为上计”，想必大家对这句话都不陌生吧？很多人都以为它出自《孙子兵法》，这可是大错特错啦。其实，这句话出自《三十六计》。《三十六计》成书于明清时期，它是后人对前人军事思想的总结，全文通俗易懂，非常适合大众阅读。当然，这部书也参考了《孙子兵法》，比如“以逸待劳”这一计实际上最早就出自《孙子兵法·军争篇》。

你知道吗？

《孙子兵法》的大“粉丝”

东汉权臣曹操非常看重《孙子兵法》，他不光仔细研读这部兵书，还亲自给它作了详细的注解，并写了序。由此可见，《孙子兵法》在曹操心目中的分量是多么重啊！

汉代种地的农民都会写诗？

乐府——被解锁的新身份

我们的老祖宗可比我们想象的样子“时髦（máo）”多了，他们早在汉代就正式设立了乐府——一个以采集各地民间诗歌和乐曲为主要任务的机构。汉武帝在位时，乐府得到了空前的发展，并留下了许多脍（kuài）炙（zhì）人口的作品。后来，“乐府”逐渐演化成了一种诗体，人们把汉代乐府所采制的诗歌以及后人仿写的作品都统称为“乐府”。

用“采风”作掩护的“情报组织”

作为朝廷机构，乐府自然得为朝廷办事。西汉初期，乐府只负责提供皇帝在祭（jì）祀（sì）、宴会或出行时需要用到的音乐。后来，汉武帝为了解民情，便对乐府追加“投资”，派了很多人以“采风”的名义到民间收集歌谣，生生地把乐府变成了“情报组织”。

听到了吗？这是来自大地的歌声

为什么通过民歌能了解民情呢？因为很多民歌都真实反映了劳动人民的生活，它们有着很强的叙事性和强烈的情感色彩，仿佛是来自底层老百姓内心深处的呐喊。比如《妇病行》，它描述的就是丈夫在妻子过世后独自抚养孩子的辛苦。有些民歌虽然并不是某一位老百姓独立创作的，但句句都体现了百姓的真实心境，说他们是“半个作者”也不为过。

“无心插柳柳成荫”的典范

作为汉代乐府所采制的诗歌，汉乐府不仅描绘底层人民的苦难，还讲述婚姻和爱情，谈论政治和生活。它的题材非常丰富，灵感大都来自现实生活。因此，《汉书》评价汉乐府是“感于哀乐，缘事而发”。汉乐府开启了中国现实主义诗歌的新纪元，对后代诗歌的发展产生了极为深远的影响。估计汉武帝自己也想不到，汉乐府竟能有这么辉煌的成就吧！

你知道吗？

壮大汉乐府的另一位“大人物”

汉乐府的发展不光靠汉武帝，还有一个人也值得夸夸，他就是李延年。相传，李延年是汉武帝宠妃的哥哥，他能歌善舞，精通音律，在乐府供职时，他不仅组建了“童声合唱团”，还改编了许多民歌，堪称“全能型”音乐才子。

司马迁怎样忍辱负重，写下“史家之绝唱”？

被鲁迅点赞的《史记》有多牛？

《史记》是我国第一部纪传体通史，被鲁迅先生称为“史家之绝唱，无韵之《离骚》”。

我们都知道鲁迅先生是大文豪，能受到他盛赞的书自然也不简单。《史记》记录了自传说中的黄帝时代起，到汉武帝太初四年（前 101 年）止，共 3000 多年间的历史。这部史书将历代帝王的政绩、诸侯国的兴衰、名人事迹、大事年表、典章制度等“一网打尽”，且带有浓厚的文学色彩。

承载了两代人的心愿

别看现在人人称颂《史记》，当初司马迁在创作它时可掬（jū）了一把辛酸泪。司马迁早年游历各地，收集了大量的历史资料。在父亲去世后，司马迁继承了父亲的职位，成为编载史事、掌管天象历法的太史令，并遵照父亲的嘱托，续写了他留下的遗稿。自此，经过大约 14 年，司马迁阅览了大量的文献，写了 52 万多字，才终于完成这部旷世巨著。因为司马迁的太史令身份，《史记》最初也被称为《太史公书》。

司马迁完成《史记》之前有多惨？

司马迁虽是一介文人，却不畏权势，非常正直，为此他还差点儿丢了性命。当时，朝中大将李陵在战败后率军投降了匈奴，汉武帝知道后十分生气，然而司马迁却认为事出有因，坚持为其辩护。汉武帝一气之下把司马迁丢进大狱，准备择日杀了他。为了留下性命继续写书，司马迁只能接受残酷的宫刑，身心受到极大的摧残。但即便如此，他也没有放弃，在出狱后仍坚持写完了《史记》。

被“雪藏”的那些年

《史记》并没有一“出道”就火遍全国，在司马迁的有生之年，这部呕（ǒu）心沥（lì）血之作没能给他带来任何荣誉。直到汉宣帝继位，《史记》被当时的太史令给“挖”了出来，这部尘封20年之久的史学巨著才开始了“逆袭”之路。这么看来，不光作者司马迁时运不济，《史记》也是命运多舛（chuǎn）啊。

你知道吗？

纪传体是个什么体？

纪传体是我国传统史书的一种体裁（cái），由《史记》首创，以大量的人物传记为中心，把记言和记事相结合，来叙述当时的史实。《史记》分为本纪、世家、列传、表和书五部分，其中本纪和列传是主体，许多后人在编写正史时都参照了这种编撰（zhuàn）体例。

为什么陶渊明动不动就“裸辞”回家？

“裸辞”，冲动还是不得已？

别看“裸辞”听起来潇洒，其实陶渊明也是“哑巴吃黄连——有苦说不出”。在古代，有才华的人谁不想从政？陶渊明也不例外！他生于东晋时期，不到三十岁就在官场里摸爬滚打，结果他发现，如果想在当时的官场里混出个“人样儿”来，要么得有背景，要么得有钱，而他恰好两样都不沾。他空有一身抱负和才华，却无法施展，还要听无德无能的人差遣。于是，陶渊明一气之下就“扔”了朝廷给他的“铁饭碗”。

几进几出，他到底想干啥？

你们以为陶渊明一直都是这么洒脱？那可未必。出身官宦（huàn）之家的陶渊明，虽然在年幼时已家道中落，但从小接受的仍是传统的儒家教育，对建功立业充满了渴望。可惜残酷的官场容不下他的理想，在万般纠结中，他亦仕（shì）亦隐，在当官和退隐之间“反复横跳”，来来回回折腾了五次，才最终彻底放弃仕途，归隐田园。

官场失意，文坛得意

陶渊明的归隐，使得他的文学才华得到了进一步彰显。在乡下，他亲自参与劳作，过上了种田酿（niàng）酒的生活，真是好不自在！丰富的田园生活给了他很多灵感，他的诗歌现存 120 多首，其中有描写劳动场景的，有表现生活情趣的，还有写朋友之间的友情的。陶渊明也因此被誉为“隐逸（yì）诗人之宗”“田园诗派鼻祖”。

干农活儿，也能影响中国文学？

你可别小看陶渊明边干农活儿边写出来的诗歌！这些以田园生活和田园风光为主题的诗歌，反映了田园的美好、农耕的不易以及诗人的高尚情操，对中国古典文学的发展产生了巨大影响。陶渊明开创了“田园诗”一体，此后田园诗以他的诗歌为榜样不断地发展，到唐朝“山水田园诗派”已十分兴盛了。

你知道吗？

陶渊明跨行业的影响力

除了诗歌，陶渊明还留下了一篇描写他心中理想社会的散文——《桃花源记》。《桃花源记》对中国古代的园林文化影响很深，皇家园林圆明园中就有一片按照《桃花源记》意境修建的景观，名为“武陵（líng）春色”。

大诗人李白到底有多豪放？

“豪放”一词的代言人

要问谁是中国人最熟悉的诗人，我猜你的回答应该是——李白。作为大唐最优秀的浪漫主义诗人，李白的诗歌豪迈大气、热情奔放，无论是《将（qiāng）进酒》里的“天生我材必有用，千金散尽还（huán）复来”，还是《蜀道难》中的“尔来四万八千岁，不与秦塞（sài）通人烟”，字字铿（kēng）锵（qiāng）有力，让人热血沸腾。

酷爱游山玩水的“背包客”

李白有两个身份，一个是“诗仙”，一个是“游侠（xiá）”。他的大半辈子几乎都是在游山玩水中度过的，就如他自己所说：“五岳寻仙不辞远，一生好入名山游。”李白一生游历过 18 个地方（今省、自治区、直辖市），到访过 206 个州县，游览过 80 多座山峰和 60 多条河川。在饱览大好风光的同时，他也体会到了民间疾苦，因此在他的诗中，既有对祖国大好山河的热爱，又有对当权者的尖锐批判。

李白也有“围城”的困惑

外人都羡慕李白能活出自我，但这其实只是表象。为了能入朝为官、大展宏图，他也曾到处结交达官贵人，希望能得到这些人的引荐。几经周折后，他终于成了唐玄宗的御（yù）用文人。然而，日子一久，他又觉得这样的生活没意思，整天饮酒作乐，到处“惹是生非”。最终，唐玄宗听信小人谗（chán）言，将他“赐（cì）金放还”。

李白干过的最“不靠谱”的事？

说起李白干过的惊掉人下巴的事，那可是一桩接一桩，不过，其中最令人感到不可思议的，还属“高力士脱靴”事件。据说，李白曾让最得唐玄宗宠信的内侍（shì）高力士给自己脱靴子。有人认为这是杜撰（zhuàn）的故事，毕竟这事做得也太没分寸了，不过以李白的性格来看，他没准儿还真敢这么做。

你知道吗？

诗歌的全盛时代

唐朝只有不到三百年的历史，却涌现了两千八百多位能叫得出名字的诗人，而那些未曾被人记住的“无名诗人”又会有多少呢？如此庞大的诗人数量，足以证明唐朝的诗歌创作有多么繁荣！

为什么说杜甫是大唐最郁闷的诗人？

人生屡遭变故

在唐朝，能和李白齐名的诗人，一定非“诗圣”杜甫莫属。出生在官宦家庭的他，从小衣食无忧、饱读诗书，少年时又常游山玩水，到处结交社会名流。然而，来长安应试后，他的人生却急转直下，变得失意和困顿。“安史之乱”爆发后，杜甫带着全家老小到处躲避灾祸，吃了不少苦。直到晚年，他的生活依然过得非常凄（qī）楚。人生屡（lǚ）遭变故，又目睹老百姓在战乱中饱受疾苦，难怪忧国忧民的杜甫会变得这么郁闷。

诗词中的历史

作为唐代伟大的现实主义诗人，杜甫约有 1500 首诗歌被保留下来。这些诗歌大都具有强烈的典型性、写实性和叙事性，透露出沉郁顿挫（cuò）的风格，忠实地反映了唐朝由盛转衰的历史过程，因此它们又被称为“诗史”。

郁闷至极的发泄？

虽然“安史之乱”被平定，但当时的社会依旧动荡，老百姓的日子十分不好过。杜甫虽心里着急，却无力改变现状。与此同时，他的好友也相继去世，这让他苦闷的心情达到顶点。在这样的情况下，被誉（yù）为“七律之冠”的《登高》诞生了。这首诗在后来广为流传，每每读来都能让人体会到作者的忧国忧民之情。

性格决定命运？

据史料记载，杜甫的好友严武是个权势很大的武官，他虽然对杜甫很友好，但为人暴躁，喜欢享乐。相传，看到严武的奢（shē）靡（mí）生活，主张廉（lián）政的杜甫就去劝诫（jiè）他，然而严武并不领情，还对他动了杀心。好在严武的母亲替杜甫求情，这才使杜甫保住了性命。

你知道吗？

以杜甫命名的4A级景区

入蜀时，杜甫曾在成都修建了一处住所，并称其为“成都草堂”“江外草堂”。后来，杜甫舍宅离去，浣（huàn）花夫人搬来此处居住，因此这里又被人称作“浣花草堂”。杜甫虽然只在草堂住了不到4年的时间，却创作了240多首诗歌。现在，这里已经成了著名的旅游景点——“杜甫草堂”，每年都有许多游客前来追思这位伟大的“诗圣”。

“诗魔”白居易到底多疯狂？

中唐时期的高产诗人

唐朝的诗人多如牛毛，又有“李杜”坐镇，想要“杀出重围”并不是件容易的事——不过还好，白居易做到了。白居易生于中唐时期，他一生写了 3800 多首诗，这个“产量”相当惊人，足以见得他有多痴迷于写诗，难怪人们把他称为“诗魔”。

刻苦努力的典范

白居易天赋极高，三岁识字，五岁能诗。虽说可以靠天赋“吃饭”，但他偏偏比普通人还要刻苦。据说，他每天都会朗读和抄写诗文，久而久之，舌头长了脓（nóng）疮（chuāng），手指也长了老茧（jiǎn）。“退休”之后的他也没闲着，整日以酒会友，吟诗作对，甚至自嘲“酒狂又引诗魔发，日午悲吟到日西”，真是爱诗爱得痴狂呀！

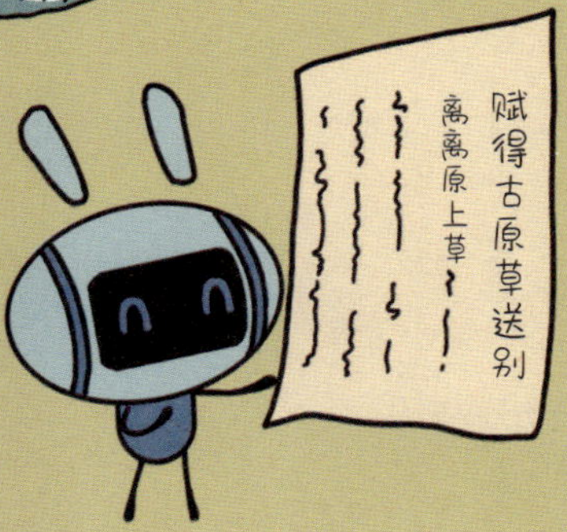

“神童”也有“神运”

从某些方面来讲，白居易要比李白和杜甫幸运多了。他出身官宦世家，从小接受良好的教育，十几岁就能写出“野火烧不尽，春风吹又生”这样精彩的诗句。考中进士后，他又一路平步青云，受皇帝重用，当上了大官。白居易虽然也经历过政治斗争，在官场浮浮沉沉，但是好在最终能顺利“退休”，过上了不错的晚年生活。他这一辈子也算是善始善终吧！

与酒相伴的“醉吟先生”

当白居易意识到自己的政治理想无法实现时，他选择独善其身，并将日子过得有滋有味。他对美食情有独钟，曾多次在诗歌里写自己吃了什么，比如《舟行》中的“炊稻烹（pēng）红鲤”；他喜欢喝酒，自号“醉吟先生”，他清晨饮酒的习惯引得其他文人纷纷效仿；他喜欢酿酒，自夸“酒库不曾空”，还把酿酒的技术和心得体会都当成写诗的素材。

你知道吗？

唐诗的“成长阶段”

唐诗的发展大致可分为四个阶段：初唐、盛唐、中唐和晚唐。通常来说，初唐指的是从唐高祖武德元年（618 年）到唐玄宗开元元年（713 年）；盛唐指的是从唐玄宗开元元年到唐代宗大历元年（766 年）；中唐指的是从唐代宗大历元年到唐文宗大和九年（835 年）；晚唐指的是从唐文宗大和九年到唐朝灭亡（907 年）。

“唐宋八大家”聚会会发生什么？

韩愈

集文学家、思想家、政治家于一身的唐朝诗人，唐代“古文运动”的主要发起人，位列“唐宋八大家”之首，世称“昌黎先生”。

柳宗元

和韩愈一样生在唐朝，与韩愈亦师亦友，关系匪（fěi）浅。他曾写过《永州八记》等六百多篇诗文作品，世称“河东先生”。

欧阳修

北宋政治家、文学家，宋代文学新文风开创者，著有《醉翁亭记》等文章，晚号“六一居士”。

你知道吗？

“唐宋八大家”是怎么“跨时空”相聚的？

生于不同朝代的八大文人是怎么“聚”在一起的呢？原来，到了明朝初年，有一个名叫朱右的史学家，根据唐宋时期诸多名家的散文成就，最先提出了“唐宋八大家”这一说法。后来，又经过多个学者的排定，“唐宋八大家”这才正式确立了下来。

苏轼

北宋文学家、书画家，宋词豪放派的代表人物之一，代表作《水调（diào）歌头·明月几时有》，世称“苏东坡”。

苏辙

北宋文学家，做过尚书右丞，相当于宰相，是苏轼的弟弟，虽然没有哥哥苏轼名气大，但也很有才华，写有《诗集传》《春秋集解》等。

王安石

北宋思想家、文学家、政治家，著有《泊船瓜洲》《伤仲永》等诗文作品，被公认为“临川文学”的代表作家之一。

苏洵

北宋文学家，苏轼和苏辙（zhé）的父亲，以散文著称，著有《嘉（jiā）祐（yòu）集》等。苏洵（xún）、苏轼、苏辙父子三人皆擅长文章，因而世人将父子三人合称为“三苏”。

曾巩

北宋政治家、散文家，“新古文运动”的积极分子，著有《道山亭记》等散文，世称“南丰先生”。

“千古词帝”李煜有多憋屈？

被皇位耽误的“文艺青年”

能在历史上留名千古的诗人，大多数都家境不错，但要说谁的身份最“炸裂”，那还得是“南唐后主”——李煜（yù）。他是南唐的最后一位皇帝，在位的 15 年间，他虽然没能取得辉煌的政治成就，但却留下了许多语言优美、意境深远的词作，还被后人赞誉为“千古词帝”。

人生短暂，词风多变

李煜只活了短短的 42 年。早年作为皇子的他锦（jǐn）衣玉食，没什么烦恼，所以这一时期他的词风比较欢快。“被迫”继承皇位后，随着原配妻子、次子的相继离世和国家的日益衰败，他的词风变得凄凉而伤感。而随着国破家亡，李煜也被囚禁，受尽屈辱。悲愤的他写下多篇词作，字里行间都充斥着国破家亡的悔恨与悲伤，给我们留下了《浪淘沙令》《相见欢》等佳作。

曾为强国努力过

李煜继位前，南唐就已经开始走向衰亡，皇位就像一个“烫手山芋（yù）”，谁拿到都头疼。李煜也曾努力过，想要把国家治理好，他采取了一系列强国政策，硬生生地把南唐的“寿命”延长了 15 年，无奈南唐的“底子”实在太差，最终还是被北宋攻陷，李煜也成了亡国之君。

因为热爱，所以丢了性命？

国家灭亡之后，写词便成为李煜的精神寄托。公元 978 年，当时正值“七夕”，又是李煜的生日，他便举办了一场小规模的宴会。为了助兴，乐工演唱了他写的《虞（yú）美人》，“问君能有几多愁，恰似一江春水向东流”，歌声中充满了哀怨之情。这个消息传到了宋太宗的耳朵里，他认为李煜这是在表达不满，一气之下便赐了他一壶毒酒。因为一首词而丢了性命，李煜这一生算不算戏剧性呢？

你知道吗？

南唐和唐朝并没有直接关系哦！唐朝灭亡后，当时存在很多地方割据政权，如前蜀、后蜀、南吴等，统称为“十国”。南唐就是这一时期在江南建立的政权。

宋词原来是歌词？

现代歌曲的“御用词库”

大家都喜欢听歌吧？听歌能让人心情舒畅，还能让人在疲惫的时候得到休息。“知否，知否？应是绿肥红瘦”“明月几时有，把酒问青天”……你熟悉这些歌词吗？其实，它们都出自宋词哦。借鉴宋词的歌词并不鲜见，现在很多古风歌曲的歌词中都有宋词的影子。

宝藏般的宋词

宋词本就是一种为演唱而生的文体。为了符合音乐的节奏，它的句式长短不一，并严格遵守音韵格律，因此它读起来朗朗上口。自宋代起，宋词就多次被其他的艺术形式借鉴，比如鼓子词、诸宫调、杂剧、散曲等。

数不胜数的词牌

宋词是站在前代诗歌的“肩膀”上的一种文学体裁，其特点之一就是：每首词都有一个词牌。那么，词牌是什么呢？简单来说，词牌就是填词用的曲调名，而不同的词牌有不同的规定格式。你知道吗？《全宋词》中可记录了1000多种词牌呢！一开始，作者一般会依据词的内容，去选择合适的词牌。但到了后来，词不再配合音乐歌唱，词牌与词的内容之间的联系也就慢慢减少了。

两宋的词区别有多大

虽然北宋和南宋的词都被叫作宋词，但它们之间的差别还是挺大的。北宋时期，国家比较安定，老百姓的生活也很富庶，这时候的宋词意境洒脱、自然真实。而到了南宋时期，山河破碎，战火连绵，词人对国家与自身的命运都充满了担忧，在情感表达上往往变得更为谨慎和含蓄。

你知道吗？

宋词的两大“门派”

宋词数量庞大，光《全宋词》就收录了一千三百三十余位词人的两万余首宋词。宋词主要分为两大“门派”：以苏轼、辛弃疾为代表的豪放派和以柳永、李清照为代表的婉约派。

为什么李清照被称为“千古第一才女”？

男人堆里的“一枝花”

在封建社会，女人想在文坛取得一席之地，简直比登天还难，可美貌与才气并存的北宋女词人李清照却偏偏做到了。李清照是婉约派的代表人物，她独创的“易安体”对后世影响极大，就连南宋词人辛弃疾都曾经模仿过这种词风。

轰轰烈烈的彪悍人生

李清照的父亲是苏轼的学生李格非，母亲也出身书香门第，在这样的家庭背景下成长起来的李清照，受到的教育自然也不会差。李清照生性自由洒脱，在早年间曾写了一篇《词论》，将之前的词坛大家“骂”了个遍，就连欧阳修、苏轼也未能幸免。不仅如此，她还喝酒、打马球，在婚后给出差的丈夫写“情书”。中年时，她曾在丧夫后再嫁，又为了离婚而坐牢，这样“彪（biāo）悍（hàn）”的经历在封建社会可是十分罕见的。

“千古第一才女”

李清照在文学史上的地位非常高，后人将她称为“千古第一才女”。她的词刚柔并济，会在不同的环境中展现出不同的风格，十分有感染力。年少时，她无忧无虑，于是写下“常记溪亭日暮，沉醉不知归路”；国破时，她不忘“生当作人杰，死亦为鬼雄”；思念亡夫时，她感叹“寻寻觅觅，冷冷清清，凄凄惨惨戚（qī）戚”。看到这些词，你有没有受到触动呢？

自我解放之路

李清照是个独立又清醒的女子，她不在意封建礼教的约束，在第一任丈夫去世后，顶着各种闲言碎语改了嫁。然而，她很快发现第二任丈夫是个伪（wěi）君子，于是她毅然决定离婚，并向衙（yá）门告发了他的所有罪行。在宋朝，妻子状告丈夫是要蹲大牢的。但即便如此，李清照也不愿放弃，这才重新获得了自由。

你知道吗？

《如梦令·昨夜雨疏风骤》是李清照的早期词作，虽然这首词篇幅短小，但含蓄蕴藉，意味深长。据说这首作品一出，当时汴（biàn）京的很多文人都忍不住“击节叹赏”。我们来一起欣赏下吧！

如梦令

昨夜雨疏风骤，浓睡不消残酒。
试问卷帘人，却道海棠依旧。
知否，知否，应是绿肥红瘦。

中国历史上最伟大的剧作家是谁？

中华五千年的“一枝独秀”

说到戏剧，你也许会说：“只有老年人才喜欢看戏剧，我们小孩子可不感兴趣。”但其实，皮影戏、木偶戏也属于戏剧，你是不是很喜欢看呢？

中国的戏剧早在商周时期就已初具雏（chú）形，发展到今天已有了多种多样的形式，在这个过程中，也出现了许许多多的剧作家，但能有资格被称为“最伟大的剧作家”的，当属“元曲四大家”之一的关汉卿（qīng）。

关汉卿的实力有多强？

关汉卿一生写了六十多部杂剧，在当时就非常有名气，还被元代文人熊梦祥称为“一时之冠”。他写的《窦（dòu）娥（é）冤》名列元杂剧四大悲剧之一，观众看后痛哭不已，其中“六月飞雪”的情节更是为人所津津乐道。同时，他对喜剧也很拿手，比如《救风尘》讲的就是两个女子智斗坏人的故事，深受当时老百姓的欢迎。

“副业”也能闯出一片天

据《录鬼簿（bù）》记载，关汉卿原本是太医院的一名医生。如此看来，写杂剧很可能曾是他的“副业”。关汉卿痛恨战争和统治阶级的无情，同情受难的百姓，所以他的作品大多都站在老百姓的角度，去诉说他们的遭遇和感情。能引起百姓共鸣的作品，怎么可能不受欢迎呢？

接地气的中国文学？

元杂剧一般都是通俗易懂的白话文，里面很少用到文绉（zhōu）绉的词。如果说前人所写的诗词歌赋（fù）可以被归类于“雅文学”，那元杂剧就是毫无争议的“俗文学”。当然，也会有人认为元杂剧拉低了中国文学的档次，显然这种说法是不对的。正是因为有元杂剧，才可以让许多没有受过教育的老百姓了解艺术、感受艺术，这反而使中国文学变得更接地气、更有生命力了。

你知道吗？

“元曲四大家”是元代四位杂剧作家的合称，一般是指关汉卿、白朴、郑光祖和马致远四人。他们代表了元代杂剧创作的最高成就。

四大名著里藏着多少秘密？

被全方位曝光的“大明星们”

说到《三国演义》《水浒（hǔ）传》《西游记》《红楼梦》这四部中国古典小说四大名著，你也许对里面的内容有所了解。但你知道吗？在这些精彩故事的背后，还暗藏很多更深刻的道理呢！快来看看吧！

《三国演义》：英雄扎堆的奇书

《三国演义》塑造了大家熟悉的诸葛亮、刘备、曹操、关羽、张飞等英雄人物的形象，这部小说将三国争霸（bà）描绘得波澜（lán）壮阔，其故事情节丰富，人物性格鲜明，每个角色身上都有“闪光点”，难怪它能位居“明代四大奇书”之首。这部小说还给我们透露出一个很重要的信息：团队合作，比单打独斗更容易成功。

《水浒传》：江湖故事中的大道理

说到《水浒传》，大家几乎都知道“梁山好汉”。在这部小说中，“武松打虎”“鲁智深拳打镇关西”等故事让我们看到了江湖儿女的豪迈与侠义。不过，《水浒传》可不光只有这些，它还真实反映了当时社会的各种矛盾，写出了农民起义的兴衰历程，并告诉我们一个道理：忍耐是有限度的，一味退让只会让自己陷入更大的麻烦中。

《西游记》：打的不只是妖怪

在四大名著里，你一定最喜欢《西游记》吧？孙悟空打妖怪的样子可太帅了！但这部书可不仅仅只讲了降妖伏魔（mó）的故事哦，那些妖怪也暗喻了人生路上的各种困难。在故事最后，师徒四人克服重（chóng）重困难，成功取得真经，这也告诉了我们：只有勇于拼搏和奋斗，才能实现人生理想，获得自由与尊重。等你长大后再读《西游记》时，一定会有不同的体会和感受。

《红楼梦》：性格决定命运

《红楼梦》是四大名著中最少被改编成儿童作品的，你知道这是为什么吗？因为很多人觉得这部小说讲的是爱情故事，不适合孩子阅读。其实，这种看法是片面的，《红楼梦》中的人物关系复杂，情节曲折，其背后所展现的家族兴衰和人生百态，处处影射着封建专制社会即将走向灭亡。

你知道吗？

错误的地名

《三国演义》里的地名是十分混乱的，地名错误不仅数量巨大，而且种类繁多。不过，虽然《三国演义》是以真实历史为基础而创作的，但它依然属于小说，里面肯定会有作者虚构的内容存在。

图书在版编目（CIP）数据

让孩子读懂世界的通识大百科：人文素养第一课 / 梁芳等编著；星�兔绘 . -- 太原：三晋出版社，2023.11
ISBN 978-7-5457-2850-7

Ⅰ．①让… Ⅱ．①梁… ②星… Ⅲ．①人文素质教育—少儿读物 Ⅳ．① G40-012

中国国家版本馆 CIP 数据核字 (2023) 第 225121 号

让孩子读懂世界的通识大百科：人文素养第一课

编　　著：梁　芳等
绘　　者：星筠兔
责任编辑：解　瑞

出 版 者：山西出版传媒集团・三晋出版社
地　　址：太原市建设南路 21 号
电　　话：0351—4956036（总编室）
　　　　　0351—4922203（印制部）
网　　址：http://www.sjcbs.cn

经 销 者：新华书店
承 印 者：雅迪云印（天津）科技有限公司

开　　本：787mm × 1092mm　1/16
印　　张：24
字　　数：268 千字
版　　次：2023 年 11 月 第 1 版
印　　次：2024 年 1 月 第 1 次印刷
书　　号：ISBN 978-7-5457-2850-7
定　　价：256.00 元（全 8 册）

如有印装质量问题，请与本社发行部联系　电话：0351—4922268

让孩子读懂世界的

通识大百科

人文素养第一课

6 绚丽的外国文学

吴吉茜 编著　星筠兔 绘

山西出版传媒集团　三晋出版社

目录

什么是古希腊神话？

古希腊神话讲的是什么？

你听过普罗米修斯盗取火种、潘多拉魔盒、金苹果之争的故事吗？这些都来自古老的希腊神话。作为西方文明的源头，希腊神话包含了古希腊民族关于神和英雄的传说和故事。它以想象中的奥林匹斯山上的众神之王宙斯和其他男女诸神为主要族系，赋予他们人的形体和性格，从而创造出一个现实生活与幻想交织在一起的包罗万象的神话世界。

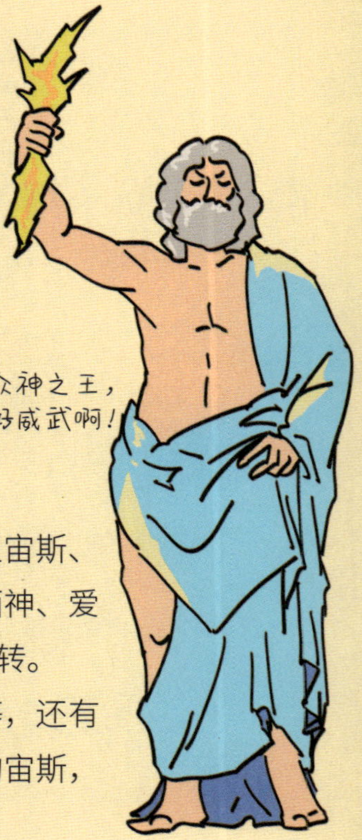

天上的“人间世界”？

在古希腊神话世界里，希腊东北部的奥林匹斯山上住着众神之王宙斯、天后赫拉、智慧女神雅典娜以及其他神灵，如战神、农神、火神、酒神、爱与美之神，甚至小偷之神。大家各司其职，共同维系神界和人间的运转。

古希腊神话不光讲述了诸神的诞生、人类的起源、英雄的冒险等，还有王位之争、最美女神之争、城邦命名权之争……就连作为众神之王的宙斯，在处理家务这件事上也和凡人一样会头疼。

为什么古希腊会有神话？

古希腊时期，人们还无法理解天上为什么会电闪雷鸣，庄稼为什么会成熟，月亮为什么会有阴晴圆缺……于是，他们幻想出能掌控世间万物的神明，神话的雏（chú）形也由此产生。而统治者们也利用人们对大自然的崇敬与畏惧，不断大肆宣传神明的存在与威力，甚至称自己是神明的使者或者子女，以此来拥有凌驾于普通人之上的特权。

古希腊神话对西方文学的影响

在古希腊神话里，每一个神明或英雄都有着十分鲜明的性格，他们有的爱发脾气，有的爱臭美，有的爱耍小聪明，有的嫉妒心很强，有的总自以为是……当然，神话里面也少不了反派，比如潘多拉就因不守信用打开了魔盒，而给人类带来了种种灾难。这些形形色色的人物对西方文学产生了很大的影响，莎士比亚、荷马、歌德等著名文学家都从中汲（jí）取创作灵感。

你知道吗？

有些英语单词就源自古希腊神话。比如，在现代英语中意为“巨人”的“titan”一词就源于神话中古老的泰坦巨人族；表示“混乱”的英语词汇“chaos”就源于神话中最早诞生的神明卡俄斯……

为什么《荷马史诗》被称为古希腊最伟大的著作？

荷马：一个人？还是许多人？

荷马到底是谁？是一个人？还是许多人？即使到了今天，人们也仍在为此争吵不休。关于《荷马史诗》的作者，历史上留下的信息极少，可谓“只闻其名，不见其人”。有人认为，荷马是一位失明的行吟（yín）诗人，他一边四处吟唱，一边搜罗诗歌，最终完成了这部史诗。也有人说，不止一人参与了这部作品的创作，只是最后的装订者名叫荷马，所以才有了“荷马史诗”这个名字。但是，无论荷马是谁，都不影响这部巨著在古希腊文学史上闪闪发光。

是荷马，不是河马

公元前 12 世纪末，古希腊人与特洛伊人展开大战，战争持续了十年，以古希腊人胜利而告终。这场“特洛伊之战”流传出很多歌颂英雄事迹的诗歌，这些诗歌经过整理、完善情节和统一风格之后，就诞生了《荷马史诗》。记住，是荷马，不是河马哦！

《荷马史诗》讲了什么？

《荷马史诗》分为《伊利亚特》和《奥德赛》两部分。

《伊利亚特》讲述的是特洛伊战争时期，海洋女神之子阿喀（kā）琉（liú）斯为替好友报仇，最终打败敌方主将的故事。

《奥德赛》讲述的是特洛伊战争结束后，奥德修斯带着船队历经千辛万苦，最终重返家园和妻儿团聚的故事。

奥德修斯和忠犬阿尔戈斯雕像

古希腊的“吟唱”

据说，古希腊人十分热衷于口头创作，这种创作通常采用固定的节奏和音调，现编现唱，来表达内容和核心。《荷马史诗》就是当时即兴创作的产物，它用特有的韵律吟唱了一个又一个恢宏大气的英雄故事。

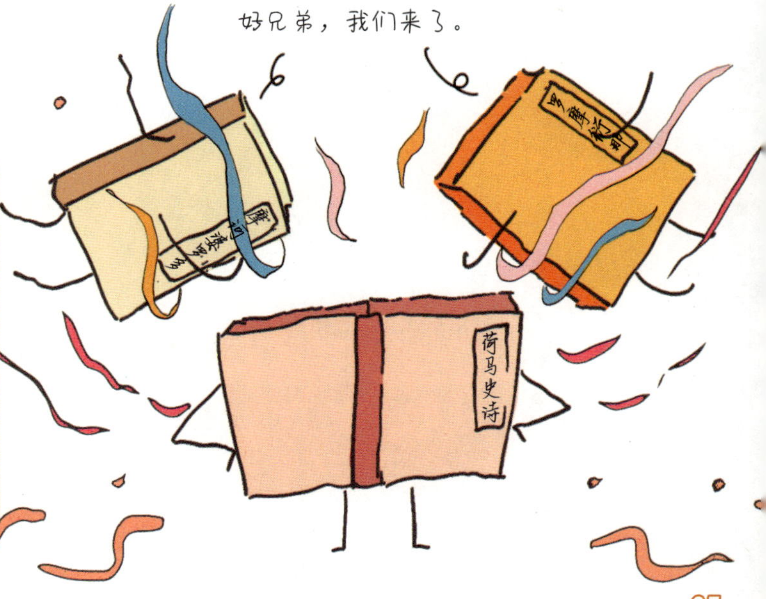

你知道吗？

体裁和篇幅与《荷马史诗》相类似的还有两大印度史诗，即《摩诃婆罗多》和《罗摩衍（yǎn）那》。它们都属于印度古代梵（fàn）文叙事诗，包含丰富的民间传说、神话故事、寓言等，对后世的印度文学产生了深远的影响。

但丁的《神曲》有多伟大？

从“喜剧”到“神圣的喜剧”

你知道吗？其实，这部意大利诗人但丁创作的伟大诗歌《神曲》，最初有一个低调而朴素的名字——喜剧。后来，意大利作家薄伽（jiā）丘为但丁撰（zhuàn）写传记时，出于对他的崇敬，便把“喜剧”改为了“神圣的喜剧”。而我们今天熟知的这个书名——神曲，实际上源于其最早的中译名“神曲一脔（luán）”。

梦中的游历

《神曲》属于叙事类长诗，一共有 14000 余行，由《地狱》《炼狱》和《天堂》三个部分组成。它以幻游文学的形式和隐喻象征的手法，讲述了但丁自己在梦中游历“地狱”“炼狱”，最后到达“天堂”的故事。但丁通过对不同幻境、不同著名人物的描写，广泛地描绘了 14 世纪意大利的社会生活，揭露了当时的社会黑暗。

《神曲》里的“地狱”“炼狱”“天堂”

但丁目睹当时社会的堕落和不堪，他无法找到让人类回归正义道路的途径，于是便借助“地狱”“炼狱”和“天堂”的震撼力，来引导人们积极向上、为善去恶，激励人们追求真理，回归正途。

深刻的隐喻

《神曲》里的隐喻有很多，比如，黑森林象征欧洲中世纪时期政局的黑暗，狮子象征残暴的封建统治者，豹子象征逸乐好财的政治野心家，等等。

终身流放的悲惨命运

但丁37岁时，由于政治原因，被迫终身流放，直到去世也没能返回故乡。而《神曲》正是在他流放时创作的，直到他去世前不久，作品才完稿。遗憾的是，但丁终其一生都没能亲眼看见自己的诗作成书。据说，在他去世之后，他的两个儿子才将他的手稿整理出版。

但丁——意大利的骄傲

但丁不仅擅长写诗，还精通绘画、音乐、哲学和天文地理，并且热衷于参加社会活动。他创作的《神曲》跨越七百多年，直到今天仍然被视作意大利文学史上的一颗明珠，但丁也被认为是足以代表意大利文学的伟大诗人。

意大利还将2020年3月25日定为首个“但丁日”，这足以证明《神曲》在人们心目中的地位有多崇高。

为什么《堂吉诃德》让人笑着翻开、哭着合上？

荒唐的“骑士梦”

说到《堂吉诃（hē）德》，你可能立刻会想到此书的主人公——那个举着矛、骑着马的瘦老头儿。堂吉诃德是个穷贵族，因为看骑士小说看得入迷，也想当一名行侠仗义的骑士，结果闹出了一系列荒唐可笑的事情。比如，他把旋转的风车当成敌人去搏杀，把羊群当成军队战斗，把抬着圣母像的人当成抢劫美女的强盗……虽然堂吉诃德是善良的，但他做事不切实际，只会一味地沉浸在自己的幻想当中，所以他总会把好事变成坏事，做出荒诞（dàn）搞笑的举动。

哭着看完的戏剧小说

堂吉诃德是个性格非常矛盾的人，他既勇敢、执着、乐观，又愚蠢、盲目、自大。一方面，他从不在意别人的目光，努力克服各种困难，一直坚守自己的信仰；另一方面，他又沉浸在自己的幻想当中，给别人造成了许多困扰。不过，正是这种强烈的反差才突显了堂吉诃德的魅力，让人既嘲笑他的愚蠢行为，又可怜他的不幸遭遇。难怪有人称《堂吉诃德》是部“笑着翻开、哭着合上”的小说。

塞万提斯千回百转的人生

《堂吉诃德》的作者、伟大的西班牙作家塞万提斯，拥有着堪比小说般曲折的人生。他早年参加过海外战争，不幸失去左臂，之后在回国路上又遇见海盗，被卖到阿尔及尔当了五年的奴隶。等他好不容易重获自由，又被人诬（wū）陷而进了好多次监狱……

虽然塞万提斯的生活并不如意，但他还是坚持写完了《堂吉诃德》。这部小说一经问世便大受欢迎，而塞万提斯得到的稿酬并不多，直到去世，他也没能摆脱贫困。

“塞万提斯的语言”

文艺复兴时期，欧洲流行的骑士小说大多内容雷同，没什么新意。塞万提斯另辟蹊（xī）径，塑造了堂吉诃德这样一个滑稽（jī）的骑士形象，以喜剧来反映当时西班牙的社会生活。因为塞万提斯对西班牙文学乃至世界文学都有着重要的影响，所以很多人还用“塞万提斯的语言”来指代西班牙语。

［西班牙］塞万提斯

你知道吗？

骑士是中世纪欧洲封建主阶级中的最低阶层，也是 14 世纪以前重要的军事力量，他们需要以服兵役为条件来获得上层贵族赐予的封地。

莎士比亚为什么被称为“最伟大的戏剧天才”？

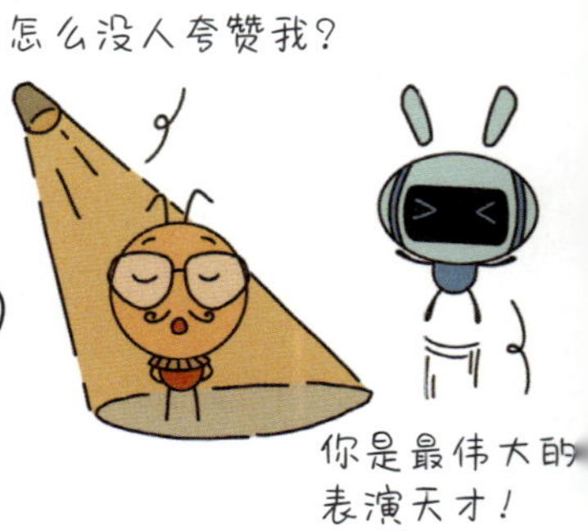

戏剧界的“泰斗”

说到戏剧，就不得不提文艺复兴时期的英国诗人、欧洲戏剧界的“泰斗”——威廉•莎士比亚。他一生中创作了很多作品，现存剧本更是多达 37 部，而其中《罗密欧与朱丽叶》《哈姆雷特》《仲夏夜之梦》《威尼斯商人》《暴风雨》等都是享誉（yù）世界的经典之作，即使在今天也常常被搬上舞台，连著名的思想家马克思也曾赞誉他是“人类最伟大的戏剧天才”。

从打杂、演戏到写剧本

1564 年，莎士比亚出生在英国一个富裕的商人家庭，但在他少年时家道中落，他不得不从中学辍（chuò）学开始谋生。后来，莎士比亚离开家乡，孤身一人去伦敦闯荡，在一家剧院工作。最初，他的主要工作是打杂和演戏，只有闲暇时才能尝试剧本创作。然而没想到的是，他的创作天赋很快就显现出来，自 1590 年起，几乎每年都会有莎士比亚的新作在伦敦举行首演。

莎士比亚牛在哪儿？

在创作生涯中，莎士比亚编织了很多曲折离奇的故事，写下了许多掷（zhì）地有声的对白，塑造了各种性格鲜明的人物，探索出新的戏剧结构，对欧洲文学和戏剧的发展都产生了重大影响。

莎士比亚的“四喜”与“四悲”

莎士比亚“四大喜剧”包括《威尼斯商人》《仲夏夜之梦》《皆大欢喜》和《第十二夜》，它们是莎士比亚的早期作品。当时的英国正处于政权稳固、社会安定的时期，因此这些故事虽有波折，但结局总是圆满的。

莎士比亚“四大悲剧”包括《哈姆雷特》《奥赛罗》《李尔王》和《麦克白》，它们是莎士比亚的中期作品。当时正值 16 世纪末和 17 世纪初，英国政权不稳、经济状况恶化，百姓生活在水深火热之中，因此这一时期莎士比亚的作品充满了阴郁和悲愤。

你知道吗？

法国作家雨果是这样评价莎士比亚的：“这种天才的降临，使得艺术、科学、哲学或者整个社会焕然一新。他的光辉照耀着全人类，从时代的这一个尽头到那一个尽头。”对了，雨果可被誉为“法兰西的莎士比亚”哦！

为什么莫里哀被称为“法兰西喜剧之父”？

谢谢，我更喜欢“跑江湖”！

莫里哀出生在法国巴黎一个富有的宫廷装饰商家庭。身为皇帝侍（shì）从的父亲一直希望莫里哀可以继承家业，或者当一名律师。可是，莫里哀更喜欢演戏，于是断然放弃了世袭的权力和头衔。中学毕业后，他和朋友组建了一个剧团，可惜由于缺乏资金，维持了短短几年便被迫解散了。莫里哀开始跟着流浪艺人四处“跑江湖”。这些经历使得莫里哀既对贵族阶层生活有所了解，又对底层社会老百姓的生活有了亲身体验，为他后来的喜剧创作提供了丰富的素材。

喜剧只是为逗人发笑？

对自己的人生这么有想法的莫里哀，当然不会只满足于当演员。在随着流浪艺人到处旅行的同时，他也开始尝试创作自己的剧本。莫里哀琢磨：全世界的喜剧都在绞尽脑汁逗观众笑，自己的剧本想要脱颖而出，除了逗乐，还应该展现真实的生活，塑造具有象征性的人物，让观众笑过之后，最好还能受到一些启发。就这样，他接连创作了多部引起较大社会反响的戏剧，而且受到大众欢迎。喜剧再也不是令人笑一笑这么简单了。

如有雷同，纯属巧合

莫里哀一生中创作了三十余部喜剧，他用文字针砭（biān）时弊（bì），对虚伪的上层社会进行辛辣的嘲讽，比如《伪君子》《唐璜（huáng）》《吝（lìn）啬（sè）鬼》《可笑的女才子》《太太学堂》《无病呻吟》《冒失鬼》等。

可能因为剧中这些人物的身上没贴“如有雷同，纯属巧合”的纸条，所以难免让当时的一些观众对号入座，心虚地认为莫里哀嘲讽的就是自己。虽然莫里哀的很多喜剧都遭受过抨击和禁演，但他依然我行我素，细腻地描绘着当时法国社会的全貌。

“莫里哀的语言”

如果一个法国人说：“我的母语是莫里哀的语言”，别奇怪，他的意思是“我的母语是法语”。他为什么会这么说呢？原来，莫里哀的作品写得实在是太棒了，它们不仅受到法国人的喜爱，也得到了全世界的认可。可以说，莫里哀是法国人最引以为豪的文学家之一。因此，他们常常将法语称为“莫里哀的语言”。

你知道吗？

身为“法兰西喜剧之父”，莫里哀终其一生都没能成为法兰西学院的院士，这或多或少有些遗憾。不过，今天的法兰西学院大厅的一尊雕像底座上写着的一句话——“他的光荣什么也不少，我们的光荣却少了他”，这似乎已经证明了莫里哀在人们心目中的崇高地位。

歌德花了 60 多年才写成《浮士德》？

少年歌德的“人生导师”

歌德成名比较早，年仅 25 岁，他便凭借《少年维特之烦恼》在德国文坛一举成名。而这，还要感谢他的“人生导师”——著名学者赫尔德。1770 年，21 岁的歌德在斯特拉斯堡结识了一位学识渊博的年轻人——赫尔德。虽然他只比歌德年长 5 岁，但歌德却十分崇拜他，并从他那里习得了丰富的文学知识。

耗尽毕生心血的“大制作”

虽然歌德年少成名，但他却并没有因此而自满，这部耗费 60 多年完成的《浮士德》便是最好的证明。《浮士德》是一部充满哲理和人生智慧的诗剧，全书分为两部，用长达 12000 余行的诗句，讲述了主人公浮士德为了寻求人生的意义，在魔鬼靡非斯特的诱惑下，历经了种种幻境，最终领悟到了人生的真谛（dì）。后来，人们把书中这种永不满足、不断进取的精神称为“浮士德精神”。

不朽的《浮士德》

《浮士德》是一部将现实主义和浪漫主义相融合的伟大诗剧，它不仅内容博大精深，包含了哲学、历史、科学、音乐等方面的知识，还运用了各种写作手法，措辞优美而富有韵律感。无论从思想深度还是文学价值上来说，《浮士德》都是当之无愧的不朽（xiǔ）杰作。

技多不压身的“文坛巨星”

歌德不光喜欢写诗歌和戏剧，还酷爱画画。他一生画了两千多幅画，产量相当惊人。除此之外，他还是一位自然科学家，对矿物、植物、动物、光和色彩等也很有研究。

“忘年交”因为让路而决裂？

你也许想不到，歌德和贝多芬曾是一对“忘年交”。虽然贝多芬比歌德小二十几岁，但这并不影响两人的友谊。有传闻说，因为歌德曾主动给贵族让路，使得贝多芬觉得他没有骨气，所以两人就决裂了。然而，这个传闻据考证多半是不靠谱的，听听就好。

拜伦为什么被称为“诗坛中的勇士”？

英国浪漫主义文学的兴起

18 世纪末到 19 世纪初，欧洲的社会、经济、思想和文化等方面都在经历激烈的变革。在历史的洪流中，很多英国作家出于对现实生活的不满和失望，创作出许多充满幻想、离奇和夸张色彩的诗歌，来表达自己对自由、个性和美的追求，浪漫主义文学也由此在英国兴起。

勇于反抗的拜伦

拜伦是英国最杰出的浪漫主义诗人之一，他出身于没落的贵族之家，因天生跛（bǒ）脚而性格自卑、敏感且忧郁。不过，他骨子里却似乎天生自带一种反抗精神。当他的处女作《慵（yōng）懒的时刻》受到评论杂志的批评和挖苦时，他马上写了一首讽刺长诗《英国诗人和苏格兰评论家》予以回敬。

在拜伦的作品中，比如《异教徒》《海盗》《莱拉》等，出现了很多性格和命运相似的英雄——“拜伦式英雄”，他们才华出众，但骄傲孤独、离群索居；他们敢于反抗不公平之事，但都无一例外地走向了毁灭。

在战斗中呐喊

拜伦不仅是位杰出的诗人，还是位勇敢而坚毅的战士。1812 年，他曾在英国国会公开发表演讲，谴责当权者的无情与冷酷。1823 年，他又亲身参与希腊独立战争。在其代表作《路德分子之歌》中，他坚定地呐喊道：“等我们把自己织的布织完，等我们把织梭（suō）换成了利剑，我们就要把布匹向脚下的暴君掷（zhì）去……”

拜伦在中国的“粉丝团”

拜伦不光在国外受追捧，在中国也有强大的“粉丝团”。到了 20 世纪初，拜伦的诗歌开始被大量地引入中国。有趣的是，当时有许多知名人士，比如梁启超、马君武、苏曼殊等，都曾争相以中国传统文学的形式去翻译拜伦的《哀希腊》。

你知道吗?

浪漫主义还可以分为积极浪漫主义和消极浪漫主义。积极浪漫主义提倡反抗和斗争，而消极浪漫主义主张向现实妥协或逃避现实。

《悲惨世界》被誉为“人类苦难的百科书”？

《悲惨世界》写了什么？

在一个非常寒冷的冬天，为了不让家里的孩子饿死，贫穷的工人冉·阿让被迫偷了一块面包。然而，就是这一块面包，让他坐了整整 19 年监狱。出狱后，冉·阿让遇到了一位好心人，立志从此尽力行善，但这残酷的社会却始终不愿接纳他……这就是《悲惨世界》的故事。通过冉·阿让的视角，我们看到了 19 世纪法国底层劳动者的悲惨与不幸。

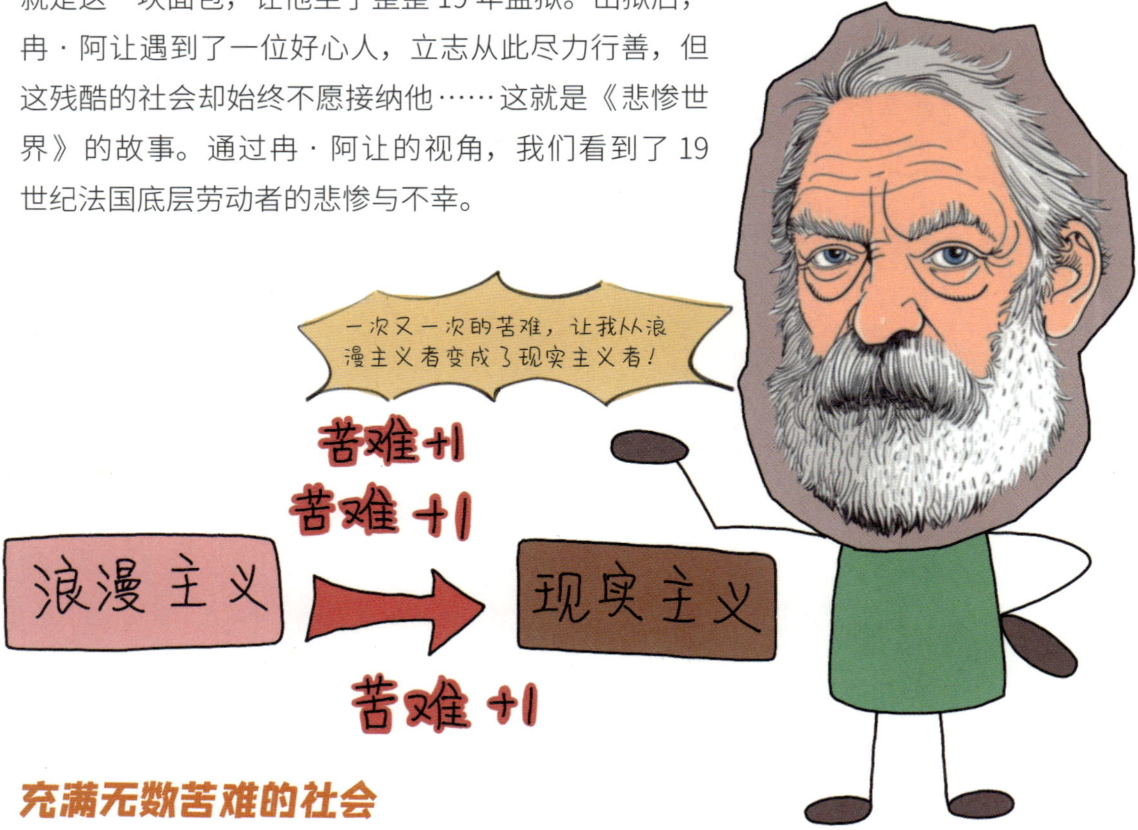

充满无数苦难的社会

法国作家维克多·雨果在这部小说中刻画了许多有着悲惨命运的穷人，他们中有人因为偷了一块面包而被判刑服苦役（yì）19 年，有人为了养活孩子而不得不卖掉头发和门牙，还有人整日做工仍吃不饱饭……因为他们生活在不公平的社会，所以无论他们如何挣扎，都摆脱不了自身的苦难。然而，书中的这些人物只是“冰山一角”，当时的法国社会还有更多遭受苦难的穷人。正因为这样，深刻揭露黑暗现实的《悲惨世界》才被称作“人类苦难的百科书”。

《悲惨世界》是如何诞生的？

据说，这本书的创作参考了当时发生的一个真实事件。一个贫苦的农民因饥饿偷了块儿面包，结果被判服五年苦役，出狱之后他受到了人们的歧（qí）视，在生活中处处碰壁。这件事让雨果深受触动，萌发了创作灵感。然而，从收集素材到动笔写作，这期间却相隔了几十年。1851 年，因为政治原因，雨果不得不流亡国外。在流亡期间，他对之前的手稿做了重大的调整和修改，最终将书名定为“悲惨世界”。

一颗美丽而高尚的心灵

雨果不只是关心法国人民，也心系全世界。1860 年，英法联军焚（fén）毁了圆明园，当时有一位法国将领特意给雨果写了一封信，询问他对这场“胜利”的看法。然而，雨果怀着无比愤慨（kǎi）的心情，在回信中斥责英国和法国都是强盗，一个大肆掠劫，另一个纵火焚烧。

你知道吗？

其实雨果最早是作为诗人成名的。他从中学时期就开始写诗，《颂歌与民谣集》是他正式出版的第一部诗集。据说他写诗的收入是按照行来计算的！

泰戈尔为什么被誉为印度的“诗圣”？

高产的文学巨匠

提到印度文学，人们一定会想到泰戈尔。这位被印度誉为“诗圣”的文学巨匠，一生创作了50多部诗集、100多部短篇小说、10多部中长篇小说、20多部剧本以及大量的散文、书信、游记等。他几乎把所有的文学体裁都写了个遍，创作能力可谓相当惊人。然而，你可能不知道的是，泰戈尔的母语其实是孟加拉语，他的多数作品都是用孟加拉语写成的。

泰戈尔对英国的“爱与恨”

泰戈尔在世时，印度一直都处在被英国殖民的阴影下。一方面，泰戈尔将殖民者的罪行看得明明白白，十分痛恨这些人肆意掠夺印度的资源，奴役印度的百姓。强烈的爱国心让他写下了很多作品来谴（qiǎn）责英国的所作所为。但另一方面，他又在英国留过学，深受英国文学的熏（xūn）陶，这在他的作品中同样也有所体现。

第一位获诺贝尔文学奖的亚洲人

1913 年，凭借诗集《吉檀迦（jiā）利》，泰戈尔一举拿下诺贝尔文学奖，也因此成为第一位获得诺贝尔文学奖的亚洲人。在这部诗集中，他用饱满的感情歌颂了生命和生活，表达了对祖国命运的关心。当然，除了《吉檀迦利》，他还有许多代表作，比如《园丁集》《新月集》《飞鸟集》等。

多才多艺的泰戈尔

泰戈尔不仅是个才华横溢的文豪，还是位画家、作曲家、旅行家、社会活动家。1921 年，他在印度创办了一所国际大学。1950 年，他所作的歌曲《人民的意志》被定为印度国歌。同时，他一生踏遍了亚洲、欧洲和美洲，曾亲自到访过很多著名的城市。

你知道吗？

1924 年 4 月 12 日，泰戈尔第一次乘船来到中国。当他一踏上中国的土地，就情不自禁地感慨道：“中国和印度是极老而又极亲爱的兄弟。”

《伊索寓言》为什么被誉为“西方寓言的始祖”？

奴隶出身的“寓言大师”？

相传，《伊索寓言》的作者伊索曾是古希腊时期的一个奴隶，但凭借渊博的知识和聪慧的头脑重获了自由。之后，他走遍古希腊城邦，用自己创作的寓言去讽刺当时的高官贵族，最终惨遭杀害。后人把他所编的寓言整理加工后，以诗或散文的形式集结成册，便有了我们今天看到的《伊索寓言》。

你知道吗？

大约在公元前300年，最早的伊索寓言集——《埃索波斯故事集成》问世。此后，又有多种版本流传于世界各地，各版本中的内容不尽相同，各有增减。

浓缩即精华

《伊索寓言》的主角多以动植物为主，但也有少部分写的是人、神或物。寓言虽短小简练，却往往能传达深刻的哲理。它们中有些揭露社会矛盾，有些抒发对人生的感悟，还有些总结生活经验。实际上，绝大多数寓言都具有一定的讽刺意义，是为了向读者说明某种道理而创作的。

《伊索寓言》的影响力有多大？

《伊索寓言》是西方文学史上一颗璀（cuǐ）璨（càn）的明珠，它启发了包括苏格拉底、柏拉图、亚里士多德在内的多位古希腊哲学家；世界上的许多大文豪，比如莎士比亚、拉·封丹、托尔斯泰等，都或多或少地借鉴了它里面的故事。并且，因为它对后来欧洲寓言的创作产生了深远的影响，所以它还被誉为“西方寓言的始祖”。

《伊索寓言》是怎么传入中国的？

《伊索寓言》早在明朝末年就通过传教士传入中国，但那时它的译名还叫“况义”。清朝时，《伊索寓言》的第二个译本《意拾蒙引》出版了。在这个版本中，译者对原有的故事进行了本土化的改写，还往里面加入了很多的中国俗语。1903 年，由我国翻译家林纾（shū）重新翻译的《伊索寓言》问世，此后，这个书名一直沿用到今天。

《一千零一夜》真的有一千零一个故事？

关于《一千零一夜》的诞生

《一千零一夜》又叫《天方夜谭》，是阿拉伯的一部民间故事集。相传，在很久以前，一位国王发现王后对自己不忠，于是怒火中烧，不但处决了王后，还要求人们每天都献上一位纯洁的少女与自己结婚，并在婚礼的第二天将她杀死。

为了阻止国王的暴行，一位宰相的女儿挺身而出。在婚礼当晚，她给国王讲起了故事。国王被这些精彩的故事深深吸引，天亮后决定暂时留下她的性命。于是，一个晚上接着一个晚上，在一千零一个夜晚过去后，国王终于幡（fān）然醒悟……后来，女孩讲过的故事被整理成册，便有了《一千零一夜》。

关于这部书由来的另一种说法

虽然在传说中女孩连续讲了一千零一个夜晚的故事，但《一千零一夜》里并没有一千零一个故事，而是一百三十四个故事。关于这部书的由来，还流行着另一种说法，即它是由阿拉伯及其附近地区的各国人民集体创作而成，里面包含了波斯、印度、古希腊、古埃及等多个地方的民间故事，但其主体是波斯故事集《赫佐尔·艾夫萨乃》（又称《一千个故事》）。

跨越时空的文学宝藏

出现在《一千零一夜》里的既有国王、官员、百姓、盗贼和动物，也有神明和妖魔。书中的故事既奇幻新颖，又富有哲理，其中很多都揭露了当时社会的黑暗，讽刺了权贵的愚昧与残忍，描述了下层百姓的疾苦，在某种程度上再现了古代阿拉伯的社会百态。《一千零一夜》可以称得上是跨越时空的文学宝藏。

无处不在的“中国元素”

《一千零一夜》中也有很多“中国元素”的存在。比如，《阿拉丁和神灯》中的阿拉丁原本生活在中国，《航海家辛巴达》中的辛巴达曾拜访过中国，《卡玛尔·宰曼王子和白都伦公主》中的美丽公主也来自中国……当然，书里的“中国元素”远不止这些，认真阅读的话，我们还能找到很多！

你知道吗？

这部阿拉伯古典文学名著传入欧洲后，很快就在当地掀起了一股“东方热”，就连歌德也被它的魅力所折服，不止一遍地阅读它，并在自己的作品中提到它。

《格林童话》最早来源于欧洲民间故事？

《格林童话》的原作是给大人看的？

很多孩子都是听着《格林童话》长大的！可你知道吗？它取材于欧洲民间故事，最早并不是写给儿童看的，而是给成人看的。

直到后来，一对热爱文学和民俗研究的德国兄弟——雅各布·格林和威廉·格林，搜集整理这些散落民间的故事素材，又进行多重的文化过滤、重组、删减、修订，才有了适合孩子阅读的《儿童与家庭童话集》，也就是我们现在熟知的《格林童话》。

威廉·格林

雅各布·格林

《格林童话》讲了什么？

《格林童话》浓缩了19世纪欧洲人民朴素的善恶观，它歌颂真善美，讽刺假恶丑。比如：《白雪公主》《灰姑娘》就告诉我们只有善良诚实的人才能得到幸福，《狼和七只小山羊》《小红帽》则告诉我们坏人会受到应有的惩罚。《格林童话》想要传达的思想，放在今天也不过时。孩子们在读这些有趣的故事时，往往能领悟到深刻的人生哲理。

超越时代的经典

在《格林童话》问世后的两百多年里，它被翻译成一百多种语言，书中的故事被传播到世界各地，受到了全世界孩子的喜爱。其中的很多名篇，如《青蛙王子》《白雪公主》《睡美人》等，还被搬上舞台和荧屏。时至今日，《格林童话》的影响力不仅超越了国家，也跨越了时代。或许当年的格林兄弟也没有想到，他们会给后世留下这样一笔宝贵的精神财富。

你知道吗？

为纪念童话大师格林兄弟，德国在 20 世纪 70 年代设计了一条旅游线路——“童话之路”，它将与格林兄弟和《格林童话》有关的一些地点串联在一起，从格林兄弟的出生地开始，到童话《不来梅的音乐师》的发生地结束。

为什么《安徒生童话》的魅力永不褪色？

贫穷又“富裕”的童年

被誉为“现代童话之父”的丹麦童话大师安徒生，他的童年生活十分贫困。幸运的是，安徒生拥有一对学识渊博的父母，身为鞋匠的父亲常常为他朗诵文学大师们的作品，身为洗衣妇的母亲也常常给他讲故事。虽然小时候的安徒生在物质上很贫乏，但在精神上却很富有，童年时听到的各种各样的故事在安徒生的内心埋下了童话想象的种子。

旅行就是生活

安徒生是“深度游”爱好者。青年时期，他通过对各地博物馆和艺术馆的深度参观，不断丰富自己的想象力，从而踏上了童话创作的道路。而在旅行中遇见的人、经历的事，也都变成了他的灵感来源和创作素材。旅行，让安徒生见到了更多底层人民的艰难生活，使他对人性、人生和现实生活有了更加深刻的思考。可以说，没有旅行，安徒生就不可能创作出这么多优秀的作品。

安徒生的贡献

安徒生一生创作了 160 多篇童话，比如《坚定的锡（xī）兵》《卖火柴的小女孩》《拇指姑娘》《海的女儿》《皇帝的新装》等。时光荏（rěn）苒（rǎn），这些精彩的故事已经陪伴无数孩子度过了他们的童年时光。相比于格林兄弟，安徒生将自己的身份从“搜集者”转变为“创作者”，他改变了欧洲童话故事都改编自民间传说的传统，大大丰富了童话创作的题材、创作手法和表达技巧，对世界儿童文学创作的发展产生了深远影响。

我，就是我的作品

安徒生写的童话故事是十分深刻的，我们能从中感受到人类复杂多变的情感，比如爱、同情、关怀、善意、希望、悲伤、怀疑、忧郁、失望……1855 年，安徒生为自己写了最后一部传记——《我的童话人生》。在这本书中，他似乎想要告诉世界——他这一辈子就是为童话而生的。

你知道吗？

1956 年，在丹麦女王玛格丽特二世的资助下，国际少年儿童读物联盟成功设立国际安徒生奖。这个奖项面向全世界的童书作家，被誉为世界儿童文学的最高奖项。值得一提的是，不管写了多少作品，每个作家一生只能获得一次国际安徒生奖。

《鲁滨逊漂流记》里的荒野求生是真的吗？

荒岛求生有多刺激？

在荒岛生活28年是什么滋味？大概只有《鲁滨逊漂流记》里的主人公鲁滨逊知道了。这个一直梦想当水手的商人在一次航海中不幸遭遇了风暴，虽然全船只有他一人幸免于难，但他却漂流到了一座无人荒岛。为了生存，他逐渐学会制作陶器、搭建房屋、种植粮食、驯养动物……在这个过程中，鲁滨逊还救下了一个野人，并为他取名“星期五”，将他当成自己的仆人和朋友。最终，在荒岛上生存了28年后，鲁滨逊被路过的船只救下，他带着“星期五”回到了文明社会。

带着“殖民主义”的味道？

《鲁滨逊漂流记》的作者丹尼尔·笛福生活在工业革命前夕的英国。当时正值英国对外扩张殖民时期，很多英国人来到一些不发达的国家或地区，用暴力手段掠夺和奴役当地的人民。笛福也深受当时英国社会的影响，这在他的作品里就有所体现，比如鲁滨逊把荒岛当作自己的私有财产，就算不能待在这儿生活，也要立下字据来证明这座荒岛是他的。

“鲁滨逊”是真实存在的人物吗？

“鲁滨逊”的确非作者虚构，而是确有原型。当时，有一个叫亚历山大·赛尔柯（kē）克的水手，因与船长发生冲突，而被放逐到一个荒无人烟的小岛上。此后，他独自一人在那里生活了四年零四个月之久。在他被解救回英国后，这件事情立刻引起了轰动，大家都十分好奇他是如何活下来的。而当时，就是笛福作为记者采访了这位“幸运儿”。后来，笛福以此为灵感，创作出了享誉世界的名作——《鲁滨逊漂流记》。

笛福的作品有多接地气？

在笛福的小说“横空出世”之前，几乎没有作家会以很长的篇幅来描写真实的社会事件，大多数人还是更喜欢创作虚构的故事。而笛福偏偏反其道而行之，他笔下的主人公都是不会魔法、没有超能力的普通人，并且多数可以在生活中找到原型。笛福的作品是英国文学史上的一座里程碑，笛福也被誉为“欧洲小说之父”。

你知道吗？

除了我们熟知的《鲁滨逊漂流记》，笛福还写过《摩尔·弗兰德斯》《辛格顿船长》《杰克上校》和《瘟（wēn）疫（yì）年纪事》等。这些作品你看过几部？

《海底两万里》的科幻故事有多迷人？

华丽的海底大冒险

在海底旅行两万里，是一种什么样的体验？在《海底两万里》中，法国生物学家阿龙纳斯就带着他的仆人以及一位捕鲸手，有幸参与了这一冒险之旅。他们与“鹦鹉螺号”的尼摩船长一起观赏最深邃（suì）的海沟，见识海底火山的喷发，探索“失落的大陆”——亚特兰蒂斯，寻找海底的宝藏，研究奇异的水生动植物……当然，他们还与章鱼、鲨鱼、敌人展开了激烈的搏斗！

“鹦鹉螺号”有多牛？

除了惊心动魄的冒险故事，《海底两万里》更令人着迷的，是这艘名叫“鹦鹉螺号”的巨型潜水艇。它是由尼摩船长从全世界搜集来的零件组装而成的，依靠海水发电运行。在小说中，这艘潜艇既能快速前进，又能潜入数万米深的海底，而它的内部也十分宽敞舒适，图书馆、博物馆一应俱全，甚至还能藏得下 12000 册书籍以及各种各样的奇珍异宝。当然，“鹦鹉螺号”的撞击能力也是无敌的，它头部的钢铁冲角可以轻松穿透战舰的船身。

在科幻中实现探险梦

凡尔纳出生在法国的一个海港城市，他从小家境优渥（wò），受到了良好的教育。由于向往海上冒险，凡尔纳写了三部关于海洋探险的科幻小说：《格兰特船长的儿女》《海底两万里》和《神秘岛》。当然，他的其他题材的作品同样也取得了巨大的成功，比如《地心游记》《八十天环游地球》等。凡尔纳被誉为“现代科幻小说之父”“科学时代的预言家”，他的作品处处洋溢着英勇无畏的探险精神。

带有悲剧色彩的科幻故事

虽为科幻小说，但《海底两万里》的故事充满了悲剧色彩。尼摩船长原本过着衣食无忧的生活，不幸的是他的家人惨遭当时英国殖民者的杀害，心怀仇恨的他也曾试图反抗，但最后却以失败告终。之后，心灰意冷的他发誓永不踏上陆地。然而，即使远离陆地，下潜到海洋深处，他内心的仇恨之火也从未熄灭过。

为什么《昆虫记》被誉为“昆虫的史诗”？

昆虫世界约等于人类社会？

说到昆虫，你肯定会想到法国昆虫学家法布尔的《昆虫记》。这部描写昆虫的科学著作历经一百多年，依然受到孩子们的喜爱。它到底有着怎样的魅力呢？

《昆虫记》与传统科普著作不同，这里的小昆虫们都被赋（fù）予了思想，拥有鲜活的性格，它们的“衣食住行”“喜怒哀乐”和“爱恨情仇”都那么活灵活现。当你看《昆虫记》时，很自然地就会把昆虫世界和人类社会联系在一起。

痴迷在昆虫的世界里

作者法布尔从小就喜欢观察昆虫，长大之后也一直从事相关的研究。他常常拿着一个放大镜，趴在草地上一连几个小时，观察来来往往的小昆虫，看蚂蚁如何建造巢穴和寻找食物，研究蟋蟀的翅膀、触角和口器等构造。他会把狼蛛和蝎（xiē）子关在一起，观察它们是如何争斗的；他会详细记录昆虫们的“食谱”，了解它们的饮食结构……法布尔把对昆虫的观察和研究做到了极致。这不仅为《昆虫记》提供了丰富的素材，也为后来的昆虫学家们提供了重要的参考。

为小昆虫们购置“生活乐园”

为了能拥有一个观察和研究这些昆虫及其生态环境的场所，法布尔在完成《昆虫记》第一卷后，便用积蓄购买了一个荒芜的老宅子。这片老宅中的一大片荒地便成了螳（táng）螂（láng）、蝴蝶、金龟子、萤火虫等各种小昆虫的“生活乐园”，法布尔给它起了一个有趣的名字——“荒石园”。在这里，法布尔可以长时间地观察并研究昆虫们的习性、生命周期、社会结构以及与周围环境的互动关系。此后，法布尔的余生都在这里度过。

“昆虫的史诗”

《昆虫记》总共十卷，花费了法布尔二十多年的心血。在这部著作中，法布尔结合自身经历，用优美而风趣的语言记录了一百多种昆虫从出生到死亡的整个过程，比如蜣（qiāng）螂、蚂蚁、萤火虫、蟋蟀等。书里细腻地描绘了大自然的美丽与残酷，使得读者可以沉浸式地体验昆虫的生活，就像能亲眼见证这些小生灵的生与死一样。怪不得人们都说《昆虫记》是“昆虫的史诗”。

为什么《爱的教育》被认为是儿童成长的必读书？

日记里流淌的“爱”

提到意大利儿童文学，《爱的教育》绝对是绕不开的一部经典著作。这部荣获世界儿童文学最高奖项——国际安徒生奖的小说，是意大利作家亚米契（qì）斯专门写给小学生看的。作品以日记的形式，记录了发生在四年级男生安利柯（kē）身边的各种故事。书中不仅包含他在学校的点点滴滴，还有父母给予他的爱的叮咛以及老师在课堂上分享的感人故事，字里行间充满了爱的味道。

故事中的真实世界

《爱的教育》里有聪明的代洛西、正义的卡隆、爱耍无赖的勿兰谛（dì）……当你阅读这部作品时，会发现里面塑造的人物都很亲切，好像你的周围就有这样的同学，你甚至能在他们身上找到自己的影子。亚米契斯不仅想用故事启迪孩子，也努力尝试帮助大人去了解孩子的心理，学会如何跟孩子沟通。

用小小的文字“挖”出大大的道理

别看《爱的教育》是以小学生的口吻来讲故事，但在它充满纯真和童趣的文字里却蕴含着很多为人处世的大道理。比如，它告诉孩子们，学习文化知识固然重要，但也要热爱祖国、家乡，尊敬父母、师长，爱护同学，要学会思考，要勇于尝试，要做一个正直的、有责任感的人，等等。

灵感之源

这么真实的日记体小说是作者虚构出来的吗？当然不是！这部历经百年仍受大家欢迎的《爱的教育》是作家亚米契斯根据儿子的日记改编而成的，里面的故事并非完全虚构，许多都来源于真实的生活。所以说，我们今天有幸能读到如此优秀的儿童文学作品，亚米契斯的儿子也功不可没哦！

你知道吗？

日记体小说一般由几篇内容有关联的日记连缀而成。在这种文体中，每篇日记的写作时间可以是不连续的，但它们的内容需要包含一定的线索，可以将文中主人公的经历串联起来。如果你只是把一些前后毫无关系的日记拼凑在一起，那可不能算是日记体小说哦！

假如海伦·凯勒拥有“三天光明”，她会做什么？

在逆境中活成传奇

如果你看不见、听不见，也说不出话，你会有怎样的感受呢？是不是对未来都失去了信心？可就有这样一个女孩，不到两岁就被一场大病夺走视力和听力，这意味着她学会说话的可能性也变得微乎其微。可是她却没有自暴自弃，而是以超乎寻常的毅力，克服重重困难，学会了读书、写字、说话、绘画、弹钢琴和写作，还掌握了多门语言，并最终实现了自己的大学梦。这个小女孩就是《假如给我三天光明》的作者——海伦·凯勒（lè）。

一部充满爱与希望的自传

《假如给我三天光明》是一部散文体自传，它讲述的是作者海伦·凯勒在遭遇失明和失聪后，如何在忧郁沮（jǔ）丧中重拾对生活的希望，并一步步“逆袭”，最终实现自己梦想的故事。海伦·凯勒感恩每一个曾帮助过自己的人，尤其是她的家庭教师——安妮·沙利文。安妮老师给予了她极大的爱与鼓励，这份深厚的师生情在作品里被刻画得尤为感人。

这部自传，处处流淌着爱与希望，也处处彰（zhāng）显着作者与命运抗争的不屈不挠的精神。每一个读过它的人，都能从中获得力量。

“三天光明”的美丽幻想

如果海伦·凯勒真能拥有“三天光明”，她会做什么事情呢？在这部自传中，她有三个美丽的愿望：

第一天，她要看到所有鼓励她活下去的、善良友好的人们，并把他们的脸庞铭记在心；

第二天，她要伴着曙（shǔ）光起床，去看太阳初升、黑夜变成白天的壮丽景色；

第三天，她会用心体验现实世界，看看普通人是怎样平凡地生活着的……

如果是你，你会怎么利用这三天呢？

忘我，就是快乐

海伦·凯勒是怎样克服生理缺陷所带来的痛苦的呢？在《假如给我三天光明》中，我们或许能够找到这个问题的答案——“我要把别人的眼睛所看见的光明当作我的太阳，别人耳朵所听见的音乐当作我的乐曲，别人嘴角的微笑当作我的快乐。”这种“忘我就是快乐”的超越自身苦难的精神，深深地鼓舞着我们每一个人。

你知道吗？

海伦·凯勒是美国第一位获得文学学士学位的聋盲人，也是美国著名的慈善家和教育家。她一生创作了 14 部文学作品，并一直致力于推动帮扶盲人的公益事业。

《尼尔斯骑鹅旅行记》为什么能成为百年经典？

一位了不起的女性作家

1885 年，拉格洛夫从师范学院毕业后，来到一所女子中学当老师，并在这里开始了她的文学创作生涯。

1904 年，已经获奖无数的拉格洛夫决定：要为孩子们创作一部能展现瑞典地域风情，兼具趣味性和教育意义，适合在校园阅读的童话作品。在《尼尔斯骑鹅旅行记》创作之初，为了给孩子们普及更多的地理、生物和民俗文化知识，身患腿疾的她强忍疼痛，跋（bá）山涉水，走遍了瑞典的城镇和乡村，只为研究飞禽走兽的习性、了解各地的风俗人情和自然环境以及搜集更多的神话传说。

骑鹅旅行中的蜕变

骑着大白鹅去旅行是一件多么酷的事情呀！在瑞典女作家塞尔玛·拉格洛夫创作的《尼尔斯骑鹅旅行记》里，一个名叫尼尔斯的小男孩就幸运地经历了一场“骑鹅之旅”。

最初，尼尔斯是个喜欢恶作剧、爱欺负小动物的捣蛋鬼。然而有一次，他被生气的小精灵用魔法变成了拇指小人儿。这时，恰好家里的一只大白鹅追着大雁飞上了天，他便阴差阳错地骑着这只大白鹅，开始了一场奇幻的长途旅行。

在旅途中，尼尔斯见到了很多自然风光，增长了见识，获得了友谊，也明白了许多道理。故事的最后，他彻底蜕（tuì）变为一个善良勇敢、助人为乐、有爱心、有担当的小男子汉。

最高的赞誉

《尼尔斯骑鹅旅行记》强调了勇气、责任、友谊和自我成长等主题。它通过小男孩尼尔斯的成长和蜕变，鼓励孩子们要勇敢面对困难和挑战，同时也要珍惜友谊，保护自然环境。故事里还涉及诚实守信、团结友爱、勤劳自律等道德品质，孩子们可以从中汲取到满满的正能量。拉格洛夫正是凭借这部童话作品获得了诺贝尔文学奖！同时她也是唯一一位凭借一部长篇童话获此殊荣的作家。

人与动物、自然的思考

19 世纪末到 20 世纪初，正值欧洲经历第二次工业革命，当时的人们加剧了对大自然的掠夺，使得很多动物失去了自己的家园。生活在这样的时代，故事的小主人公尼尔斯最初想当然地认为动物的生命并不重要，直到他与越来越多的动物相处之后，他开始反思自己过去犯下的错误。

看完《尼尔斯骑鹅旅行记》后，你有没有思考人与动物、人与自然之间该如何相处的问题呢？

你知道吗？

拉格洛夫是一位非常善良和勇敢的女性。二战时期，在她的多方周旋下，一名作家幸运地从敌人的手中逃脱。为了纪念这位伟大的作家，瑞典还曾发行过以她为主题的邮票和纸币。

为什么《夏洛的网》是一部生命和友谊的礼赞？

一只蜘蛛的生命启示

生命是什么？我们又为了什么而活着？当你正在为这些问题困惑时，一只不起眼的蜘蛛给出了答案——如果一辈子只是织网和捕捉蚊蝇，那一生是毫无意义的。做有意义的事情来提升自己的生命价值，活着才有意义。这只充满智慧的蜘蛛名叫夏洛（luò），它来自被誉为“美国最伟大的十部儿童文学名著”之一的《夏洛的网》。

蜘蛛和落脚猪的友谊

《夏洛的网》写的是发生在一只蜘蛛和一头落脚猪之间的友谊故事。蜘蛛夏洛和小猪威尔伯以及一群小动物共同生活在一个农场的谷仓里。因为威尔伯天生就是一只发育迟缓的落脚猪，所以它看起来又弱又小。有一天，当它得知自己将要被做成熏火腿时，忍不住尖叫起来，而看似渺小的夏洛却坚定地告诉它：“我会救你。”于是，夏洛在自己的蛛网上先后织出被人类视为奇迹的四个词——“some pig”（王牌猪）、“terrific”（了不起的）、“radiant”（光彩照人的）、“humble”（谦卑的），而这也真的改变了威尔伯的命运——是的，它被一只蜘蛛拯救了。

在悲伤中蕴含希望

然而，随着时间的流逝，夏洛的生命也走到了尽头……不过，别担心，故事的结局并不是以悲伤收场，在生命的最后，夏洛把它一生中最重要的作品——一个装满 514 个孩子的卵袋托付给了威尔伯。而威尔伯怀着一颗感恩的心，尽心尽力地抚养夏洛的孩子们，直到它们长大、离开……

夏洛和威尔伯彼此信任、相互扶持，成就了一段传奇的友谊。如果没有夏洛，威尔伯也许早就成为人类餐桌上的熏火腿；而如果没有威尔伯，夏洛也不会编织出独一无二的网，它的生命也不会变得那么有意义。

探讨生死、成长和生命的价值

虽然“披着”童话的外衣，但《夏洛的网》其实是一部探讨生死、成长和生命价值的文学作品。作家 E.B. 怀特将现实世界与想象世界相互交融，谱写了一首温情而令人感动的生命赞歌。虽然书中有对死亡的描写，但相信每个读过这部作品的孩子，内心不但不会感受到阴冷和灰暗，反而会被一束温暖而明亮的光芒照亮。夏洛和威尔伯之间至死不渝（yú）的友谊，也会让孩子领悟生命的意义——虽然生命的消亡是一种自然规律，但每一个生命都有力量，每一段友谊都值得珍藏。

你知道吗？

作家 E.B. 怀特曾用“4000 打鸡蛋、10 头猪和 9000 磅牛奶”来形容自己在缅因州四年半的农场生活。也正是这段经历，成就了他人生中仅有的三部举世闻名的童话著作——《精灵鼠小弟》《夏洛的网》与《吹小号的天鹅》。

为什么《小王子》能成为永恒的经典？

一场说走就走的星际旅行

如果有人问，哪部作品能让人始终保持一份童心，并值得用一生去体会，那么一定非《小王子》莫属。这个站在宇宙高度观察人类的法国作家圣埃克苏佩里，以一个落难的飞行员的视角，讲述了本来生活在 B-612 星球上的小王子，在与骄傲的玫瑰发生矛盾后，来了一场说走就走的宇宙旅行的故事。小王子作为整个故事的中心，代表着童真世界里的孩子，《小王子》正是用纯粹的孩子的目光，对成人世界展开了深刻的审视。

前六个星球上的居民——形形色色的成年人

小王子在整个星际旅行中，先后去过七个星球，在前六个星球上，他遇到了形形色色的人：专横的国王、虚荣的自恋狂、自我麻痹（bì）的酒鬼、贪婪的商人、固执的点灯人、无知的地理学家。这些人代表了生活在成人世界里的、各种各样的成年人，而对成人世界一无所知的小王子，也在旅途中陷入了深深的孤独和思考中。

得到心灵的治愈

在旅行的最后一站——地球，小王子与一位迫降在撒哈拉沙漠的飞行员结下了深厚的友谊，这位飞行员象征着本书的作者。飞行员是书中唯一一个能和小王子说上话的人。不过，在遇见他之前，小王子还结识了一只充满智慧的小狐狸。这只渴望被驯养的小狐狸让小王子懂得：肉眼无法看清事物的本质，只有用心才能真正看清。此时，小王子也终于明白，自己为之付出过爱的玫瑰和玫瑰园里的玫瑰是不同的。最终，他决定返回自己的星球，去找回曾经属于他的、独一无二的玫瑰。

饱含深刻含义

《小王子》既是给孩子看的，也是给大人看的。故事中的小王子有着对理想的追求和对爱的坚持。他只交自己想交的朋友，从不会考虑利益问题。他仿佛是作者派往成人世界的天使，用他纯洁高尚的心灵，帮助成人重新思考和感受人生。

在这部富有诗意和淡淡哀愁的童话里，处处都藏着隐晦而深刻的象征，无论是大人还是孩子，都能从中得到不一样的感受和启发。这也让《小王子》在面世的八十多年里，一直是大人和孩子心中永恒的经典。

你知道吗？

《小王子》的作者圣埃克苏佩里的一生非常传奇，作为飞行员的他参加过第二次世界大战，曾数次死里逃生。不过遗憾的是，在最后一次执行飞行任务时，他不幸失踪，至今也没人知道他魂归何处。

图书在版编目（CIP）数据

让孩子读懂世界的通识大百科：人文素养第一课 / 梁芳等编著；星筠兔绘 . -- 太原：三晋出版社，2023.11
ISBN 978-7-5457-2850-7

Ⅰ . ①让… Ⅱ . ①梁… ②星… Ⅲ . ①人文素质教育—少儿读物 Ⅳ . ① G40-012

中国国家版本馆 CIP 数据核字 (2023) 第 225121 号

让孩子读懂世界的通识大百科：人文素养第一课

编　　著： 梁　芳等
绘　　者： 星筠兔
责任编辑： 解　瑞

出 版 者： 山西出版传媒集团 · 三晋出版社
地　　址： 太原市建设南路 21 号
电　　话： 0351—4956036（总编室）
　　　　　0351—4922203（印制部）
网　　址： http://www.sjcbs.cn

经 销 者： 新华书店
承 印 者： 雅迪云印（天津）科技有限公司

开　　本： 787mm × 1092mm　1/16
印　　张： 24
字　　数： 268 千字
版　　次： 2023 年 11 月 第 1 版
印　　次： 2024 年 1 月 第 1 次印刷
书　　号： ISBN 978-7-5457-2850-7
定　　价： 256.00 元（全 8 册）

如有印装质量问题，请与本社发行部联系　电话：0351—4922268

让孩子读懂世界的

通识大百科

人文素养第一课

7 打开艺术之门

王淳莹 编著　星筠兔 绘

山西出版传媒集团 三晋出版社

目录

艺术

什么是艺术?

万物皆可艺术

听到“艺术”这个词时，也许你的脑海里会立刻跳出博物馆里的雕像、画作和收藏品。其实，艺术不只是那些在博物馆、展览馆或是收藏家保险箱里的大作，在我们的日常生活中，艺术也是无处不在的，它可以是一首歌、一种味道、一个发型，甚至是一个人。

艺术的起源

艺术早于文字和语言出现。你知道吗？在旧石器时代，原始人类就会通过在岩石上雕刻图画来记录他们的劳作等生活场景。很多考古学家认为，这种岩画是人类最原始的艺术形式，而艺术应当起源于原始人类的生产活动和社会活动。

一千个人眼中有一千个哈姆雷特

艺术存在了数万年，而争论和质疑一直与它如影随形。由于每个人的经历、性格、思想和感受不尽相同，所以对艺术的理解自然也会产生分歧。不过，正所谓“一千个人眼中有一千个哈姆雷特”，艺术本身是没有对错的，每个人也都拥有表达自己喜好和看法的权利。

年龄最大的艺术品

看看这个奇怪的象牙雕像：狮子的头、人的身体、略微佝（gōu）偻（lóu）的站姿……没错，这个“狮子人”就是迄（qì）今为止人类发现的最古老的动物形雕塑品，也是我们现在已知的最古老的艺术品之一。你知道吗？它竟然来自3万年以前！

你知道吗？

《最后的审判》一直都在接受“审判”

《最后的审判》是意大利艺术家米开朗基罗在文艺复兴时期所创作的一幅壁画。时至今日，这幅世界名画依然被人们从各种角度“审判”着，比如“裸体形象太多了，这一点儿也不神圣”“上帝怎么可以摆出像阿波罗一样的姿势”等。

［意大利］米开朗基罗
《最后的审判》局部

涂鸦是艺术吗?

涂鸦文化的兴起

最初的涂鸦与其说是一门艺术，不如说是一场“斗争”。在 20 世纪 60 年代的美国，很多帮派成员为了划地盘，到处涂写自己帮派的名称。这种行为吸引了很多年轻人效仿，他们开始游走于纽约的黑夜中，在墙壁、地铁车厢、广告牌、地面上“乱涂乱画”，对一些社会现状表达不满与反抗。而在他们密集的“轰炸”下，当时的纽约甚至都找不到一块干净的墙壁。现代涂鸦大师达里尔 · 麦克雷还曾在费城的大街小巷写满“玉米面包爱辛西娅（yà）”，这不仅使他赢得了佳人的芳心，也让他名声大噪。当然，“玉米面包”就是这位艺术家的绰（chuò）号啦。

涂鸦艺术的发展

随着涂鸦艺术的发展，它渐渐远离了“帮派斗争”，成为一种能够表达思想的艺术形式。而充满反叛精神的涂鸦者们也更愿意称自己为“作家”，而非“画家”。随着很多专业的艺术家加入到涂鸦的创作队伍中来，越来越多的人愿意承认涂鸦是一门艺术，而非一种违法的破坏行为。

如今的涂鸦是什么样子？

在今天，从街头墙壁，到汽车、家具，甚至是衣服，涂鸦随处可见。借助发达的网络，今天的涂鸦艺术逐渐融合了世界各地的不同风格。而曾经难登大雅之堂的涂鸦作品也走进了画廊和艺术博物馆，供人们参观和欣赏。

身份成谜的涂鸦艺术家

说到涂鸦，就不得不提涂鸦大师班克西。他永远戴着纸袋头套现身，因此当时没人知道他是谁。实际上，比起名字，“班克西”难道不更像一个代号吗？班克西对虚伪的艺术权威不屑一顾，经常用诙（huī）谐幽默的方式去揭露社会现实，但这也引发了很多争议。

他创作的涂鸦作品《女孩与红气球》在 2018 年的拍卖会上，拍出了 104.2 万英镑（bàng）的高价。可就在拍卖师敲槌（chuí）之时，随着警报声骤然响起，这幅画竟然当场被切割成了数张纸条！然而，即便如此，这堆纸条也还是被成功卖掉了。

你知道吗？

唐诗里也有“涂鸦”？

唐代有一个大诗人，叫作卢仝（tóng）。有一天，他看到自己的儿子在用毛笔乱涂乱画，于是就得了一句诗：“忽来案上翻墨汁，涂抹诗书如老鸦。”正如你所见，“涂鸦”一词最早就出自这里。不过，“涂鸦”在古代常被用来形容一个人字写得很差，直到现代，它才延伸出了新的含义。

残缺也是一种美？

什么是“残缺美”？

艺术有许多种形式，残缺也是其中之一。有时正因为艺术品的不完整，我们才需要用想象力去补足它缺失的那部分，并因此感受到艺术的巨大魅力。围墙破败倒塌的罗马斗兽场、被誉为“中华第一古物”的残缺石鼓……难道它们不美吗？谁又能说它们不是一种艺术呢？

你知道吗？

古诗词中的“残缺美”

很多古诗词中也会存在“残缺美”，不过这种“残缺”更多的是指一种不圆满、遗憾和惆（chóu）怅（chàng）的情绪。比如，马致远在《天净沙·秋思》中就运用“枯藤”“老树”“昏鸦”“瘦马”等一连串的具有“残缺美”的意象，来表现“断肠人”独立夕阳下的惆怅之情。

“残缺美”的“代言人”——断臂的维纳斯

说到极具残缺美的艺术品，就不得不提《断臂的维纳斯》。这尊古希腊雕像几乎成为了全世界人心目中最富有“残缺美”的佳作。虽然“女神”失去了双臂，但她依然是爱与美的象征，残缺反而使她更显高贵、肃穆。

不修复的倔强

既然艺术品“受损”了，那为什么不修复呢？据说，《断臂的维纳斯》被送入卢浮宫时，艺术品修复师的第一反应是为她修复缺失的手臂，没想到这个提议却遭到人们强烈抗议。人们担心修复后的雕像会破坏维纳斯在大家心目中的美感。可见，有时太过完美的东西，反而会敲碎欣赏者的梦。

不完美的人生也是一种艺术

世界上几乎没有绝对完美的东西，玫瑰虽美却带刺，星星璀（cuǐ）璨（càn）却遥不可及，冰激凌美味却只能吃一盒……但正因为这种不完美，万物才显得更加可贵，人生才显得更加有趣，不是吗？

为什么艺术品那么贵？

到底贵在哪儿？

一件看起来不起眼的东西，凭什么动不动就价值千万，甚至上亿？其实，艺术品从诞生之初，就带着“贵族”气质，不是为普罗大众服务的。直到带有“平民”气质的波普艺术横空出世，艺术品才渐渐与老百姓的生活产生了联系。艺术品之所以贵，除了自身艺术价值高，还因为它是很多富人乐于收藏和投资的“硬通货”，往往只有出价最高者，才能获得他们心仪的佳作。

世界上有完全一样的艺术品吗？

就像世界上只有一个你一样，每件艺术品也都是独一无二的。哪怕是创作者本人，他也不可能创作出两件完全相同的作品。天气情况、心情好坏、下笔力度、颜料混合状态等，都影响着作品的最终呈现。

◀［荷兰］维米尔《戴珍珠耳环的少女》

艺术品的价值不仅仅是成品本身

一件艺术品诞生之前，艺术家不仅需要将自己的想法变为现实，还要为了寻找灵感而不断地思考，在自我质疑中反复挣扎。有的艺术品需要消耗艺术家几个月、几年甚至一生的时间。购买艺术品时，我们不仅要为它本身付费，也要为艺术家创作它的每一个瞬间付费。

［荷兰］凡·高《自画像》

同样是画家，为什么凡·高的画这么值钱？

凡·高去世后，他留下的许多画作都被高价拍卖，有些作品拍卖的价格折合人民币竟然达到上亿元。那么，为什么凡·高的画作能以天价成交呢？独特的风格、稀缺的作品、卓越的艺术造诣、超前的创作意识、充满争议的行为举止、短暂而悲惨的人生……这些“标签”让凡·高成为如今被人所熟知的艺术家。许多人因为喜爱凡·高，所以愿意为他留下的艺术遗产买单。

［荷兰］凡·高《向日葵》

你知道吗？

价格不等于价值

世界上有许多不能用金钱去衡量其价值的艺术品，比如帕特农神庙、金字塔、后母戊（wù）鼎、曾侯乙编钟、自由女神像，以及世界上最可爱的你。

为什么很多人看不懂艺术？

是艺术太高深，还是我们太肤浅？

为什么很多艺术品会让人看得一头雾水，尤其是那些看起来非常抽象的作品。

艺术其实也是一种语言，就像文字一样，许多艺术品也在诉说着作者的心声。不过，要想读懂艺术，你得走近它，擦掉它表面的灰尘，到它诞生的时代里去真切地感受它、理解它。如果你只停留在原地一个人瞎琢磨，那你就很可能成为只会“看热闹”的外行人！

对艺术的理解有标准答案吗？

其实，很多人并不是看不懂艺术，而是总在怀疑自己的理解是否正确。他们把欣赏艺术的这个过程视作“阅读理解”，认为艺术家在每件作品背后都留有“标准答案”，而他们只有得到最接近“标准答案”的体会时，才能算“懂”艺术。其实，对艺术的理解是没有绝对的标准答案的，只要你能从中有所感、有所想、有所触，那么它就是你的“答案”。

不掉“伪艺术”的坑！

要是一个人想从专业角度读懂艺术家们在表达什么，那他肯定得有足够的审美能力和丰富的文化修养。不过，也有“艺术家”会为了制造噱（xué）头而创造“伪艺术”，故意打着艺术的旗号去博人眼球。记住，“伪艺术”不是艺术，我们不必浪费心思去关注它！

怎样“读”懂艺术？

了解西方的各大艺术流派，可以帮助我们提高对艺术品的鉴赏能力。现在，让我们先来说一说其中的五个流派吧！

至上主义：一个常用三角形、正方形、圆形等平面几何图形以及黑白颜料作画的流派。看，这就是极致的纯粹！

代表作：《黑色正方形》

作者：［俄国］马列维奇

波普艺术：一个有趣、新奇、活泼又极具感染力的流派。

代表作：《溺水女孩》

作者：［美国］利希滕斯坦

超现实主义：一个散发着神秘、怪诞、魔幻气质的流派。看，超现实主义画家描绘的场景像不像一个无逻辑、无秩序的梦境！

代表作：《记忆的永恒》

作者：［西班牙］达利

野兽主义：一个用色鲜艳且浓重的流派，豪放直率的笔法和强烈的情感表达也是这个流派的特色。

代表作：《开着的窗户》

作者：［法国］马蒂斯

后印象派：一个喜欢用形状和色彩来表达个人感情的流派！

代表作：《夜间的露天咖啡座》

作者：［荷兰］凡·高

为什么西方油画和雕塑人物都不爱穿衣服？

他们不穿衣服，是因为没钱买吗？

大家在欣赏西方的人物雕像和油画时，一定会十分好奇，为什么这些艺术作品里的人物都不爱穿衣服呢？难道他们穷得连衣服都买不起吗？当然不是！这是因为西方近代艺术受文艺复兴影响颇深。在这场距今已有几百年的思想解放运动中，很多欧洲艺术家都深深着迷于古希腊、古罗马文化，并创造出大量赞扬人体之美的艺术品。我们现在能看到的“光溜溜的人”，大多受到了那个时代艺术风格的影响。

［意大利］波提切利《维纳斯的诞生》

古希腊为何崇尚人体之美?

多看看古希腊的艺术品，我们不难发现，古希腊人对人体的赞美是坦诚而纯粹的，他们真的十分热爱健美且比例和谐的人体！这是为什么呢？在古希腊时期，一方面，由于各城邦之间经常发生战争，人们需要健壮的战士来御敌；另一方面，当时流行在竞技运动中裸露身体，人们不觉得光着身子是一种羞耻的行为；除此之外，古希腊还属于地中海气候，这里夏季炎热干燥，冬季温和多雨，人们平时也穿得很轻薄。于是，在多方因素的影响下，崇尚人体之美的文化就渐渐形成了。

［古希腊］米隆《掷铁饼者》

“虚假”的完美人体?

仔细看看这些不穿衣服的艺术形象，你就会发现：其中，女性大多都有着优美的身姿和美丽的脸庞，男性大多都有着整整齐齐的六块腹肌。无论何时何地，他们似乎永远都能保持最美的状态。然而，就和我们现在使用“美颜”功能一样，其实艺术家们在创作过程中也故意美化了模特。

［古希腊］莱奥卡雷斯
《贝尔维德尔的阿波罗》

裸露与羞耻

如果现在我们在街上看到一个人一丝不挂，会觉得他不正常。这是因为我们生活在现代社会，人们都希望能用衣服来保护自己的隐私，并以裸露为羞耻，甚至是道德败坏。不过，让我们想一想，如果这个人穿越到了古希腊，或许……

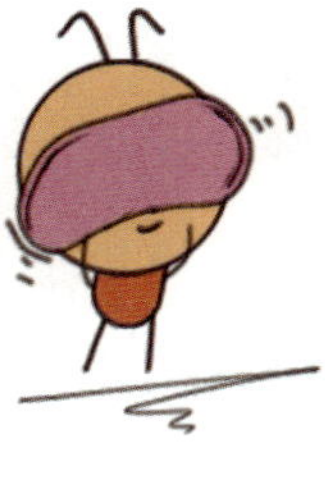

为什么凡·高看上去如此疯狂？

患有精神疾病的艺术家？

在我们眼中，凡·高是个百年难得一遇的大画家，他的一幅画能卖出天价，简直荣光无限。可你知道吗？凡·高在世时不仅穷困潦倒，还饱受世人的轻蔑和质疑，他的邻居们甚至称他为“穷酸的神经质画家”，并将他送进了精神病院……

去世后才被人们熟知？

凡·高离世后，他的许多作品才得以展出，这让他在艺术圈里有了点儿小名气。之后，随着纪念展览办得越来越多，他的作品也逐渐被大众注意到。直到他写给弟弟提奥的信件被整理出版成书，美国作家欧文·斯通为他写了一本名为《渴望生活》的传记，凡·高才彻底脱掉了“失败者”和“疯子”的外衣，以艺术家的身份被人们熟知。值得一提的是，《渴望生活》后来还被拍成了电影，如果你想深入了解凡·高的生平，不妨去看看。

和高更的“致命友情”

说到凡·高，就不得不提高更。他们两人在绘画风格，尤其是色彩运用上，互相产生了很深的影响。但由于不同的性格和创作理念，他们的友情注定会像一场暴雨，十分短暂且充满破坏力。在一次激烈的争吵过后，精神疾病复发的凡·高割掉了自己的左耳，高更则逃也似的搬离了两人共同居住的“黄房子”。

燃烧的自画像？

在饱受精神疾病折磨时，凡·高为自己画了数十幅自画像，画上的他时而苦痛、扭曲，时而悲悯（mǐn）、忧伤。也许，这位可怜的画家在审视自己的同时，也在不断地诘（jié）问自己：“我，究竟是出了什么毛病？”在给弟弟提奥的信里，凡·高曾提到希望有人能看到他心中的那团火，然后走过来，陪他一起。不过，可惜的是，直到最后他都只能自顾自地燃烧。

［法国］高更《画向日葵的画家》

［荷兰］凡·高《高更的椅子》

你知道吗？

注重自我感受的后印象派

凡·高是后印象派的代表画家之一，而后印象派强调作品要表达出画家自身的感情和思想。创作时，这一流派不追求写实，而是全凭自己的主观感情来描绘，所以他们的画作一般都会显现出强烈的个性和感情。凡·高的《星空》就是一幅典型的后印象派作品，整个画面都充溢着画家浓烈的情感。

［荷兰］凡·高《星空》

你能看懂毕加索的画吗？

“大神”故意不让“凡人”看懂？

被世人称赞为“大神”的画家毕加索，为什么他的画作很多人都看不懂呢？面对人们的疑惑，毕加索说：“当一个画家看到他所要画的对象的正面时，难道这个对象就没有侧面和背面吗？我们能不能同时把它们都画出来呢？”所以，如果你从正常的视角看不懂，不妨多换几个角度去看看，说不定就大彻大悟了！

［西班牙］毕加索
《哭泣的女人》

擅长写实的“小天才”

毕加索童年和少年时期的画看起来还是很“正常”的，这些作品主要以写实风格为主，众人很容易就能看懂，在当时很受欢迎。年少的毕加索也因此被人们称为“小天才”。

［西班牙］毕加索《老渔夫》

毕加索越画越“差”？

看了毕加索在不同时期的创作后，不少人都会对其画风的变化打出一个问号。比如，他的自画像系列……这样的变化是不是挺令人费解的？毕加索给出的答案是：他一辈子都在学习如何像一个孩子那样简单地画画。这么看来，大人和孩子眼里的世界确实不一样呢！

毕加索 18 岁时的自画像

毕加索 90 岁时的自画像

毕加索的画究竟好在哪儿？

在毕加索的创作生涯中，他的画风曾发生过巨大转变。不过，现在说起这位大师的作品，人们最深刻的印象还是“变形”和“夸张”。在毕加索最为知名的那些作品中，人物和物体的形象都不再真实，似乎变成了一种抽象的符号，而这种比例失调、透视混乱的构图，反而使画面更富生命力。

画中激烈的色彩表达，无不映射着毕加索内心深处的情绪。

这种独特的视觉语言和对艺术的挑战与革新，不断刷新着艺术的边界。

［西班牙］毕加索《格尔尼卡》

为什么达·芬奇被称为“天才”？

外星人，还是穿越者？

即使花上一辈子的时间，只在一个领域中辛勤耕耘，普通人也很难获得令世界瞩目的成就。然而，达·芬奇却做到了“遍地开花”！你肯定听说过他创作的世界名画《蒙娜丽莎》，但你知道他还设计过飞行器、机器人、降落伞、潜水装置、自动烤肉机吗？你知道他对植物学、动物学、物理学、天文学等诸多学科的认识远远超越了他所处的时代吗？难怪有人怀疑他是外星人或穿越者！

达·芬奇自画像

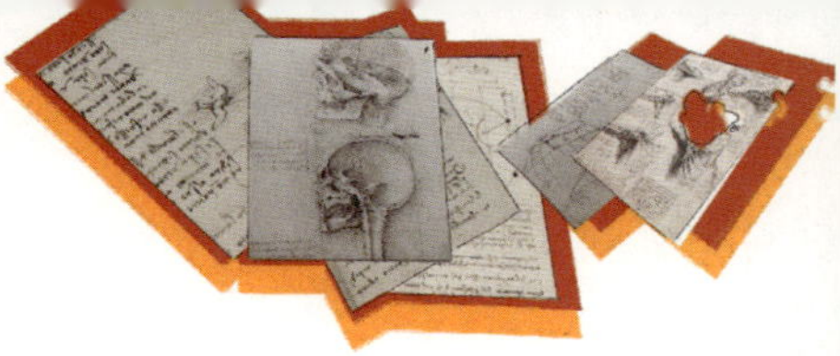

意义非凡的手稿

因为达·芬奇会将自己脑袋里冒出的想法用笔和纸记录下来，所以他生前留下了大量的手稿，这些手稿也被后人笼统地称为“达·芬奇笔记”。你可不要小瞧这堆已经泛黄的纸！达·芬奇在其中留下了他的发现、想象、设计图纸、素描……这份数万页的手稿简直就像一本百科全书！

［意大利］达·芬奇《蒙娜丽莎》

蒙娜丽莎的微笑

说到达·芬奇，怎么能不提《蒙娜丽莎》呢！在这幅油画中，一个身材丰腴（yú）的女人优雅地坐在山水幽深的背景前，对世人露出了神秘的微笑。据说，在不同角度和光线下看这幅画时，人们会有不同的感受。有时，你会觉得她温婉娴静；有时，你会觉得她严肃异常；有时，你会觉得她怒气冲冲；有时，你又会觉得她在毫不客气地嘲笑你……总之，蒙娜丽莎的微笑到底具有怎样的内涵，谁也说不清。

你知道吗？

完美的身材

世界上身材比例最完美的男人，来自“达·芬奇笔记”中的一幅名为《维特鲁威人》的手稿。画中光着身子的男人做出了两种不同的姿势：以“十”字型站在正方形中，以“火”字型站在圆形中。据说，这个男人就是达·芬奇眼中拥有完美比例的人体。

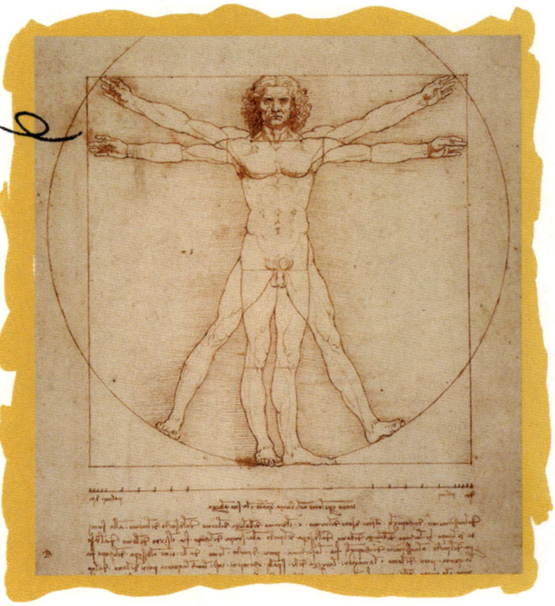

［意大利］达·芬奇手稿《维特鲁威人》

失去听力的贝多芬还能创作出世界名曲？

在无声的世界继续创作

鸟儿没有翅膀，飞不出巢穴；鱼儿没有尾巴，无法游向大海，为什么贝多芬失去听力后还能创作出震撼人心的交响曲——《D 大调庄严弥撒》呢？如果你觉得听不见声音就没法写曲子，那真是小看了贝多芬！他失聪前积累的大量创作经验，再加上对音乐语言的了解，让他通过想象也能谱写出举世瞩目的大作。

被谎报年龄的“音乐神童”？

贝多芬的父亲是一个资质平庸、整日酗（xù）酒的宫廷歌手。为了让 4 岁的贝多芬成为音乐神童，他的父亲像着了魔似的逼迫他学习音乐，有时甚至会从深夜一直持续到清晨。最可怕的是，只要他的父亲稍有不顺心，就会对他拳打脚踢。在贝多芬首次公开演出时，为了让他更像“音乐神童”，父亲还干出了一件荒唐事——把儿子的年龄 7 岁零 3 个月改成了 6 岁……

贝多芬的恩师

直到 11 岁的时候，贝多芬才终于摆脱了父亲的控制。那时，他开始跟随一位名叫尼弗的宫廷乐师学习作曲。幸运的是，尼弗是一位待人亲切又有耐心的老师，他不仅将音乐知识毫无保留地教（jiāo）授给贝多芬，还让贝多芬感受到了音乐的美妙和深奥。也许，正是这个时候，贝多芬才真正地爱上了音乐。

伟大的不仅是音乐！

贝多芬二十几岁就开始被耳疾折磨，随着年龄渐长，听力也变得越来越差，直到最后几乎听不见任何声音。但即使这样，贝多芬也从没放弃过对音乐的热爱。你听过《欢乐颂》吗？这首享誉世界的名曲就出自他在晚年失聪后创作的《第九交响曲》！

你知道吗？

贝多芬为世人留下的那些名曲

《英雄交响曲》
《命运交响曲》
《田园交响曲》
《A 大调第七交响曲》
《第九交响曲》
《〈爱格蒙特〉序曲》
《月光奏鸣曲》
《春天奏鸣曲》
《D 大调庄严弥撒》

为什么莫扎特被称为“音乐神童”？

小时候的莫扎特有多风光？

当其他 3 岁小孩还在玩泥巴的时候，同龄的莫扎特已经坐在钢琴前学习音乐了。5 岁时，他开始作曲；6 岁时，他完成了自己的首次公演；7 岁时，他跟着父亲一边周游欧洲，一边为皇室贵族表演节目……

看过莫扎特的童年“履历”，谁敢说他不是神童呢？

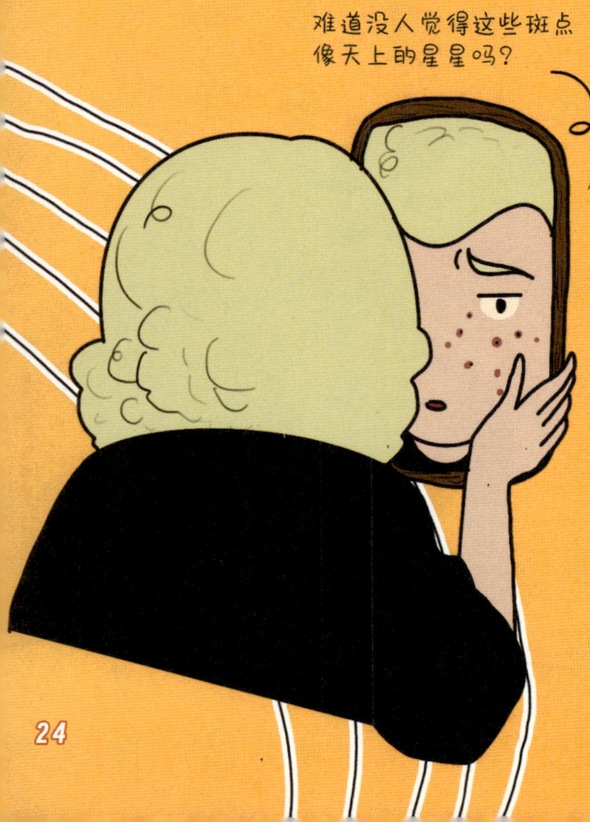

第一次失败是“天花味儿”的？

身负“音乐神童”之名，莫扎特的成长道路就一定畅通无阻吗？当 12 岁的莫扎特第二次踏上维也纳的土地，这个因患天花而脸上留下斑斑点点的少年，已经不再是几年前那个漂亮可爱的神童，也不再让大众有新鲜感了。而他花费大量心血写成的第一部歌剧《装疯卖傻》，也未能获得在维也纳首演的机会……

高产的创作“狂人”

如果评选作曲界的“劳模”，那莫扎特肯定榜上有名。这是因为在他短短 35 年的生命里，竟然留下了 600 余件不同体裁和形式的音乐作品。当然，莫扎特可不只在“量”上取胜，他同样也在“质”上保持了非常高的水准。怪不得有人说他是音乐家中的“战斗机”呢！

凄凉的“晚年”生活

在生涯晚期，莫扎特毅然辞去工作，成为一位自由的音乐家。然而，不幸的是，由于莫扎特和妻子都没有固定收入，又不擅长理财，二人的生活开始变得越来越窘（jiǒng）迫，莫扎特的身体也变得越来越糟糕。最终，这位伟大的音乐家在 35 岁便撒手人寰（huán），留下了尚未完成的《安魂曲》和一大笔债务。

你知道吗？

来欣赏莫扎特的作品吧！

莫扎特创作的美妙音乐，在数百年后仍然可以温暖我们的心灵。现在，打开播放器，让我们来听一听他的代表作吧！

《魔笛》

《土耳其进行曲》

《费加罗的婚礼》

《唐·璜（huáng）》

《安魂曲》

什么是交响乐？

万物皆可“交响乐”？

你听到过这样的形容吗？“时代的交响乐”“人生的交响乐”“大自然的交响乐”……“时代”“人生”“大自然”我们都能理解，但这“交响乐”是什么意思呢？

“交响乐”一词最早出现于古希腊语，不过当时它可没有现在的含义。我们现在所说的“交响乐”指的是由管弦乐队演奏的、通常由四个乐章组成的大型乐曲。

为什么“交响乐之父”是他？

你可能会好奇，当提到交响乐时，大多数人想到的是贝多芬和莫扎特，那为什么“交响乐之父”却是海顿呢？其实早在海顿之前，交响乐就已经有了雏（chú）形，但那时没有人对这种演出形式做出过明确的规范。俗话说“没有规矩，不成方圆”，直到 18 世纪中叶，海顿确立了交响乐的基本结构，交响乐的创作才变得有章可循（xún）。

站在“C 位”的指挥家到底有什么用？

可能有人会问，那个背对着观众、激情四射地挥舞着指挥棒的人，凭什么能站在最前面？因为他是整个交响乐队的灵魂！他负责掌控整部曲目的强弱、快慢、情感表达，指挥不同的声部在何时演奏等。一场大型的交响乐演出阵容可达到 100 多人！要是没有指挥家的协调和引导，整个乐队就会变成一盘散沙。

一觉睡醒交响乐还没结束？

友情提醒哦，听交响乐时，你可以睡得流口水，但千万不能打呼噜！交响乐的演奏时间有长有短，一般和曲目有关。世界上最长的交响乐是奥地利音乐家马勒创作的《D 小调第三交响曲》，全部演奏完要近 100 分钟；世界上最短的交响乐是苏联音乐家普罗科菲耶夫的《古典交响曲》，不到 15 分钟就能结束演出！

你知道吗？

各司其职的交响乐队

既然交响乐队的阵容那么大，那演出现场会不会有乐手偷懒呢？一般来说，交响乐队分为四个乐器组：弦乐器组、木管乐器组、铜管乐器组和打击乐器组，有时也会用到钢琴、木琴或一些民族乐器等。虽然乐手众多，但他们都要各司其职，况且台下还有那么多的观众，谁要是出了错或偷了懒，估计马上就会被发现。

为什么很多艺术家喜欢留长发？

穷到没钱剪头发？

说到对艺术家的刻板印象，“留长发”肯定算一个。那或许有人会问了，艺术家爱留长发，是因为没钱去理吗？当然，这也不是完全没可能的。不过，应该还有很多其他原因，比如懒得打理。要知道艺术家沉浸到创作中时，常常会进入忘我的状态，此时的他哪还有心思去顾及自己的头发呢？

“一丝丝”的叛逆和浪漫

很多国家都有男性留长发的历史。不过，在现代社会里，男性普遍以短发为主。这样一来，男性留长发似乎成了“自由”“不受拘束”“浪漫”“复古”的代名词，象征着一种生活态度，这与艺术家的某些特质不谋而合。

激发创作灵感？

在我们的身边，留长发的人大多都是女性，所以看到头发很长的男性时，就会对他的性别产生模糊感。有些男性艺术家就是在这种模糊的性别感官中，体会到女性的细腻与柔软，从而找到灵感，创作出与众不同的艺术作品……

“门帘”可以隔绝世界？

你注意到了吗？有些艺术家不仅留长发，还故意让头发遮住自己的脸。也许这样的发型可以让他们“与世隔绝”，免受外界打扰，从而能更专心致志地创作吧。

你知道吗？

头发的艺术创作

对于想象力丰富的艺术家来说，头发也可以用在艺术创作中哦。青年艺术家郑菁就曾用自己的九万多根头发，创作了一幅名为《-97311》的作品，还因此获了奖。

什么是抽象艺术？

隐藏在凌乱线条里的是……

在很多人的眼中，大名鼎鼎的“抽象艺术”就等于“让人看不懂的艺术”。其实，这个想法似乎也没错，因为抽象主义艺术家所追求的，就是不用具体形象来反映现实。简单地说，他们不会把自己看到的东西原模原样地画出来，而是先在脑袋里将它的具体形象转换成色彩、线条、形状等再去创作。这么看来，我们有时候看不懂抽象艺术，也是挺正常的……

［挪威］蒙克《呐喊》

［法国］雷捷《苹果》

抽象艺术的诞生多亏了摄影术？

为什么这些抽象派艺术家要画这样“奇怪”的画呢？在很久以前的西方，艺术家们也曾相互比较谁的画更接近真实，后来这种理念在时代洪流中不断被挑战，摄影术出现后，这种写实理念又被无情碾（niǎn）压。画得再像，能有照片像吗？于是，一些艺术家的创作意图就从描述外在事物，慢慢变成了表达自己的主观感受。

［俄国］康定斯基《无题》

第一幅抽象画的诞生

你知道吗？世界上第一幅抽象画的诞生竟然源于一次“意外”！

一天，俄国艺术家康定斯基无意间发现画室里的一幅画放颠倒了，而这幅反着的画比摆正时更加震撼心灵。他猛然意识到越抽象、越不具体的画面，给人的感受越清晰、越直观、越强烈。于是，具有非凡意义的《无题》诞生了……

具有原始主义风格的“番茄酱”？

2007 年，一些挂名弗（fú）雷迪 · 林斯基的画作出现在了萨奇画廊的网站上。接着，艺术评论家毫不吝（lìn）啬（sè）地夸奖了这些画作，并称这些画中的“斑点和污点”极具原始主义风格。但实际上，弗雷迪只是一个两岁的孩子，这些“大作”都是他用番茄酱胡乱涂出来的，而将它们放到网上拍卖只是他母亲开的一个玩笑……

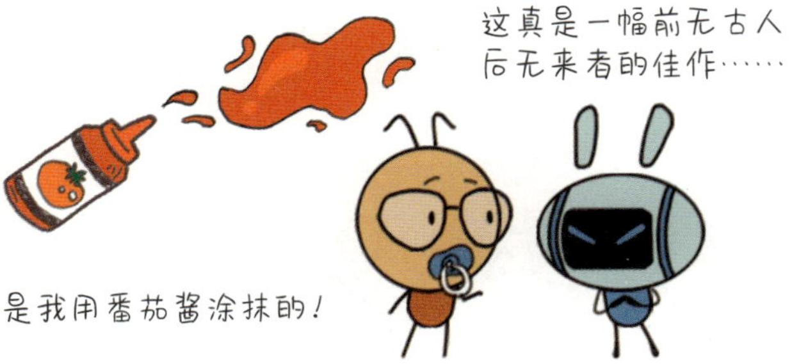

你知道吗？

了解更多的抽象艺术

至上主义：虽然俄国艺术家马列维奇宣称自己从 1913 年就开始画至上主义的画了，但实际上直到 1915 年“至上主义”这个词才被造出来。

达达主义：第一次世界大战期间，一些被战争的残酷所震撼的艺术家在苏黎世发起了达达主义运动。据说，“达达”一词还是这群艺术家随机从字典里选出来的！

［俄国］马列维奇《至上主义》

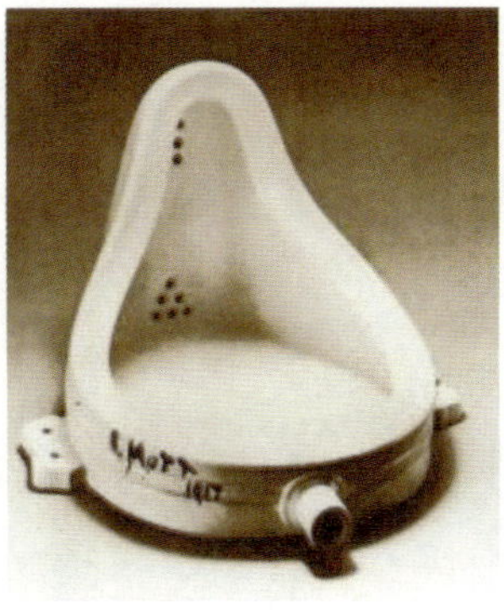

［法国］杜尚《泉》

文艺复兴是怎么回事？

重新“翻红”的文化

我们常常听说一些艺术家深受文艺复兴的影响，那文艺复兴究竟是什么呢？

在 14 世纪，欧洲艺术家们发起了一场声势浩大的文化艺术运动，他们把已经“过气”的古希腊文化和罗马文化重新带回大众的视线中来，这便是文艺复兴。到了 18 世纪，人们又将文艺复兴的含义从一场运动拓展为一个历史时期，即欧洲文化和思想发展的一个时期（14 世纪至 16 世纪）。

新兴的人文主义

在中世纪，很多欧洲人都不愿意相信科学，因为他们的思想被一种看不见的“枷（jiā）锁”禁锢（gù），他们的生活被一双看不见的“手”掌控。然而，随着文艺复兴的影响逐渐变大，越来越多的人开始追求自由与平等，鼓起勇气为自己的幸福和欢乐而努力奋斗，并对科学技术产生了极大的兴趣。于是，人文主义思想出现了。

涌现出的“宝藏”艺术家

文艺复兴时期，乔托成为第一个探索用新方法作画的画家；阿尔伯蒂（dì）在《绘画论》中简述了透视法的原理；拉斐（fěi）尔博采众长，创造了独树一帜的柔美风格；米开朗基罗拿起画笔把西斯廷教堂的天花板变成艺术品；达·芬奇也开启了他极富传奇色彩的一生……当然了，不只艺术，文艺复兴还带动了哲学、科学等其他领域的发展！

还有什么新鲜的，都拿出来让我瞧瞧！

从“山寨”到“原创”

［意大利］达·芬奇《蒙娜丽莎》

在文艺复兴的初期，大多数艺术家的创作还停留在“山寨”前人的作品上。不过，很快就有一些人不再满足于此，他们开始不断地思考、总结、创新，并试图走出一条属于自己的艺术道路。于是，虽然“锅”里的“食材”相同，但由于不同的艺术家会往里面加入不同的“调料”，所以这时期的艺术风格也变得多种多样！

你知道吗？

知识就是力量

那句大名鼎鼎的“知识就是力量”，就是在文艺复兴时期，由英国著名的政治家、哲学家兼文学家——弗朗西斯·培根喊出来的！他倡导科学实验是一切知识的基础，主张打破各种偏见和幻想。也许，正因无数像他这样的人的努力，知识的海洋才冲刷掉了欧洲中世纪的愚昧与无知……

《清明上河图》里藏着什么秘密？

繁荣景象下的重重危机

天啊，竟然有人说《清明上河图》里隐藏着巨大的危机？快来看看它里面都画了些什么！无兵把守的城门、随意进出的西域商队、呼呼大睡的士兵、发生冲突的文武官员、流浪街头的乞讨者……在五米多长的画卷里，张择端描绘了北宋都城内外汴（biàn）河两岸的城市风貌，这一切虽看似繁荣富庶（shù），却也显露出当时社会的种种弊端。

当然，北宋最终也没能摆脱灭亡的命运。公元 1127 年，金兵攻破北宋都城，居安而不思危的北宋皇室沦（lún）为了阶下囚。

你知道吗？

不见真容的“神品”

除了《清明上河图》，张择端其实还绘有一幅尚未“露面”的佳作——《西湖争标图》。金人张著曾在跋文中形容“西湖争标图、清明上河图选入神品，藏者宜宝之”。我们由此可以得知《西湖争标图》与《清明上河图》同为“神品”，难分伯仲（zhòng）。然而，令人遗憾的是，我们至今也没能找到《西湖争标图》的真迹或摹本。要是我们哪天真的找到了这幅画，那它就是另一件超级国宝了。

绝世佳作，难见其身

想亲眼看看《清明上河图》的真迹可不是一件容易的事情。出于对珍贵文物的保护，这幅画每展出一次就要“休眠”三到五年，并且大多数的时候人们只能欣赏到它的局部。《清明上河图》规模宏大、气势雄伟、繁而不杂，直接可见的人物超过 800 个，对建筑的描绘更是细腻得令人叹服。绘画大师张择端以高超的绘画技巧，严谨又不失风趣地告诉我们——几百年前的北宋都城就长这个样子。

作者身世成谜？

因为史书上关于张择端的记载非常少，所以千百年来他的生平一直都是个谜团。据说，他是东武（今山东诸城）人，曾居住在东京（今河南开封），在宋徽宗时期进入了翰（hàn）林书画院，成为吃朝廷俸（fèng）禄（lù）的待诏。在那个时代，要想进入翰林书画院供职，必须要通过宋徽宗的亲自考核，这么看来，张择端必定是位出类拔萃的大才子啊！

北宋 · 张择端《清明上河图》局部

《千里江山图》——一个18岁少年的遗作？

他只为《千里江山图》而来？

谁能想到，全长约12米的恢宏之作——《千里江山图》竟出自一个名叫王希孟的18岁少年之手？谁又能想到，这件堪称奇迹的作品仅仅用了半年时间便创作完成？

史料显示，王希孟深得宋徽宗赏识，他在创作这件作品时，曾得到过宋徽宗的亲自指导，可见他的才华绝非一般。只可惜天妒英才，这位少年在画完《千里江山图》后不久便猝（cù）然离世了。王希孟谜一样的人生令人唏（xī）嘘，很多人都说他就是为了完成这幅画作而生的。

又是熟悉的“故宫跑”

“起大早，排长队，大门一开冲前位。”这是同为中国十大传世名画之一的《清明上河图》于2015年在故宫展出时，引发的一种现象。

谁承想，两年后为了一睹《千里江山图》真容，“故宫跑”再次重现！

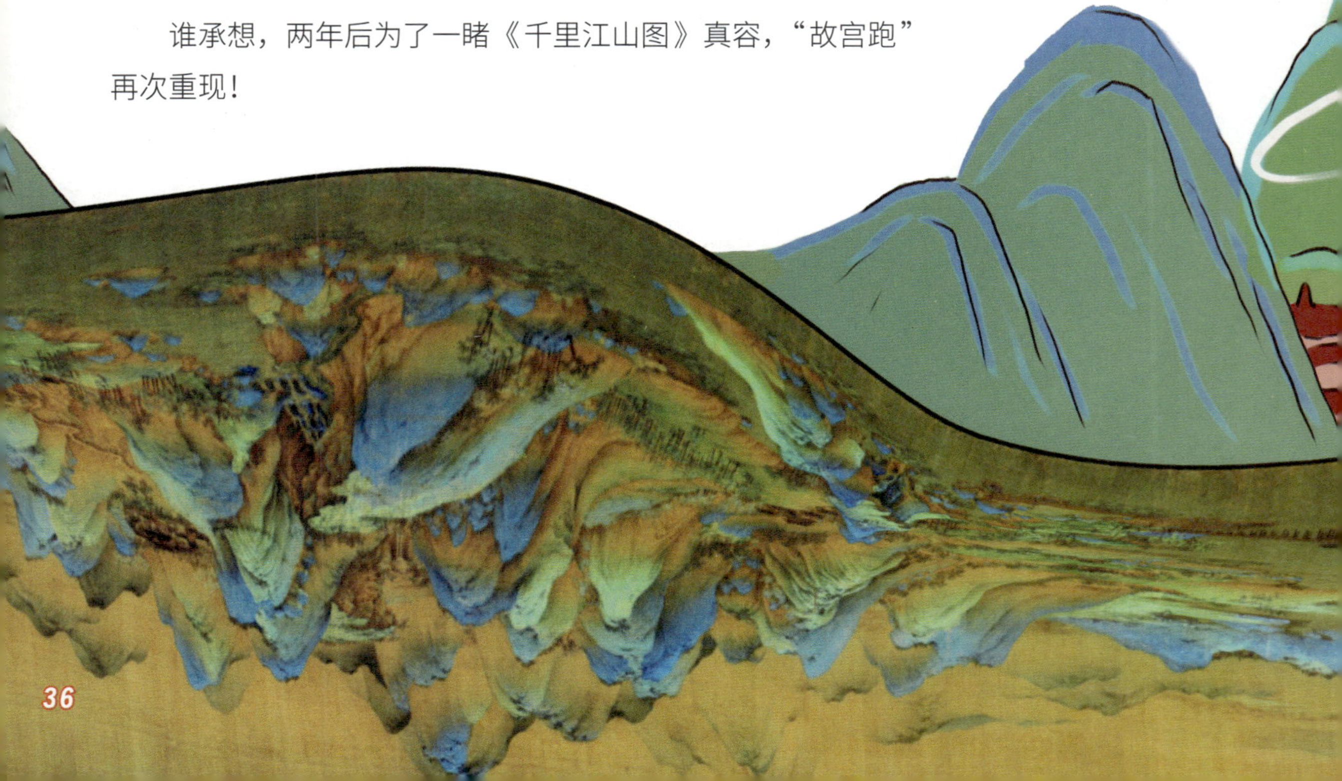

《千里江山图》之美

这样一幅山水画凭什么能在中国山水画黄金时代的宋朝脱颖而出呢？《千里江山图》全本气势恢宏、刻画入微，大到连绵不绝的山峦和江水，小到纹路清晰的鹅卵石。王希孟用最贵气的色彩、最细腻的笔触把青绿山水的技法发挥到了极致。

值得一提的是，这幅画作使用了石绿和石青等昂贵的矿物颜料，所以即使已经过去了几百年的时光，这幅画也依然艳丽如初！

你知道吗？

惊艳世界的“中国十大传世名画”

《洛神赋图》东晋 · 顾恺之
《步辇（niǎn）图》唐 · 阎立本
《唐宫仕女图》唐 · 周昉（fǎng）、张萱
《五牛图》唐 · 韩滉（huàng）
《韩熙载夜宴图》五代 · 顾闳（hóng）中
《千里江山图》北宋 · 王希孟
《清明上河图》北宋 · 张择端
《富春山居图》元 · 黄公望
《汉宫春晓图》明 · 仇（qiú）英
《百骏图》清 · 郎世宁

为什么敦煌壁画被称为“墙上的博物馆”？

包罗万象的“百科全书”

说到中国古代艺术，就不得不提历经一千六百多年历史并保存至今的敦煌壁画！敦煌石窟遗存历代壁画的总面积有 4.5 万多平方米，差不多 7 个足球场那么大。这些珍贵的壁画不仅描绘了形态各异的佛像，还记录了古人生活的方方面面，比如服饰、建筑、交通、乐器等。这么看来，把敦煌壁画称为“百科全书”“墙上的博物馆”，可一点儿也不为过呀！

关于莫高窟的传说

莫高窟，俗称千佛洞，它位于甘肃省敦煌市的鸣沙山东麓（lù）、宕（dàng）泉河西岸的断崖上。你知道吗？莫高窟就是敦煌壁画的发现地。相传，大约在公元 366 年，有位叫乐尊的和尚云游到鸣沙山附近时，突然看到山上有金光闪耀，于是便认定这里是圣地，并请人在崖壁上开凿了第一个石窟。因此，早期的敦煌壁画大多都与佛教有关。此后，历经数个朝代的更迭（dié），敦煌壁画的风格变得更加多元，内容也变得更加丰富多彩。

丝绸之路对敦煌壁画的影响

你知道吗？敦煌在古代可是“华戎都会”，类似我们今天的国际大都市。唐朝时期，丝绸之路这条横贯中西的商贸通道已非常繁荣。作为丝绸之路的“第一枢纽”，敦煌自然要接待数不清的商旅，而不同的文化也因此在这里发生了交流与碰撞。于是，受到启迪的画师将外来元素融入壁画的创作中，敦煌壁画由此成为具有艺术和历史双重价值的宝库。

“年老多病”的世界文化遗产

就像人一样，敦煌壁画也会“生老病死”。甚至，我们不得不承认，现在的敦煌壁画已经老态龙钟、百病缠身了，甚至一点儿震动就可能使它的颜料层发生剥落。遗憾的是，目前还没有技术能阻止壁画风化。

壁画修复是一项与时间赛跑的工作，争分夺秒却还是赶不上它损坏的速度。有专家预测，敦煌宝库将在未来 50 年到 100 年内湮（yān）没于漫天黄沙之中……

你知道吗？

丰富多彩的壁画题材

你可以在敦煌壁画中看到：

佛像画	佛经故事画	经变画
供养人画像	佛教史迹画	装饰图案画

……

为什么瓷器能代表中国？

瓷器是怎么出现的？

我们常说的“陶瓷”，其实指的是两种东西：陶和瓷。不过，不管是陶还是瓷，都是咱们中国人发明的！早在商周时期，我们的祖先就烧制出了原始的瓷器，而到了东汉中晚期，符合现代意义的瓷器也应运而生了。

外国人患上“痴迷瓷器病”

谁能想到，中国古人用惯了的瓷器在销往海外后，竟会被“老外”视若珍宝？自唐代起，瓷器开始被远销至世界各国。外国人见到这些精美的器具后，喜欢得不得了，甚至认为用它们喝水吃饭可以强身健体。在过去的欧洲，王公贵族还曾将拥有一件中国瓷器，视作自己贵族身份的象征。

独占鳌头的中国瓷器被“山寨”？

在西方，瓷器曾被称为“白色的黄金”，因为当时数不清的人甘愿为它一掷（zhì）千金。而当一些人发现这种器具好看又挣钱，需求量还这么大时，就动了“山寨”的心思。于是，经过百余年的研究和仿制，在工业革命的助推下，欧洲人成功生产出了更符合自己审美趣味的瓷器。

“世界瓷都”——景德镇

为什么一说到瓷器，我们就会想到江西的景德镇呢？景德镇在制瓷界可是“老大哥”，这个地方从汉代便开始烧制瓷器，至今已有一千七百多年的历史。历史上主要的陶瓷生产国以及现在的陶瓷大国，都曾借鉴和学习过景德镇的制瓷工艺。直到现在，这里生产的瓷器也依然受到全世界人们的喜爱和追捧。

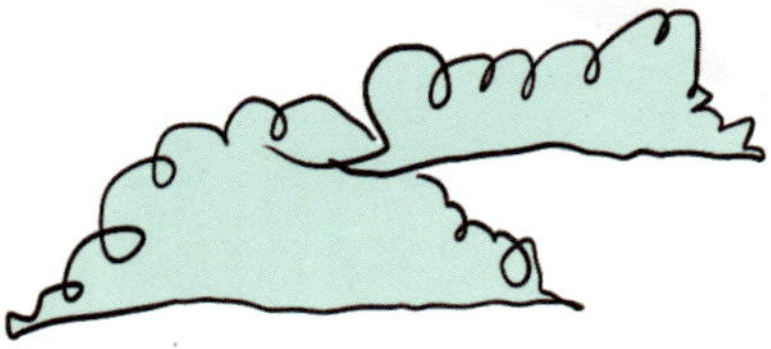

你知道吗？

宋代的五大名窑

汝窑：位居宋代五大名窑之首，产出的瓷器釉色近于淡青或淡白。

钧窑：产出的瓷器质地细腻，釉色多变。

定窑：因产出质薄体轻的白瓷而闻名天下。

官窑：宫廷自建的瓷窑，产出的瓷器胎细釉厚。

哥窑：产出的瓷器釉色以灰青为主。

为什么京剧被誉为“国粹”？

京剧的诞生

别看京剧只有两百多年的历史，在中国传统戏剧中还很“年轻”，但它的形成却深深凝聚了中国古人的智慧。清朝中叶，为了给乾隆皇帝祝寿，“四大徽班”进京献艺，揭开了京剧诞生的序章。之后，历经大约五十年，在表演方式不断改良的过程中，“四大徽班”最终造就了这个伟大的戏种——京剧。名画《同光十三绝》描绘的就是在京剧形成时期涌现的十三位重要名角。

从“生旦净末丑”到“生旦净丑”，“末”去哪儿了？

“生旦净末丑”是中国传统戏曲里的五大行当。“生”一般扮演正面的男性角色，根据年龄、身份可分为老生、小生、武生等；“旦”扮演女性角色，如老旦、青衣、花旦、刀马旦等；“净”俗称“花脸”，大多扮演具有勇猛粗犷或阴险奸诈等性格特征的男性角色；“丑”又叫小花脸，扮演的多是些喜剧角色。至于“末”，本是扮演中年以上的男子，但由于“生”也能扮演年纪很大的男性角色，后来逐渐就把“末”并入了“生”的行当。

为啥女性角色要男人演？

“我本是男儿郎，又不是女娇娥”，本代表女性角色的旦角为何要男性艺人来扮呢？

在古代，女人都讲究“大门不出，二门不迈”，连去戏园子看戏都难，更别提抛头露面在台上唱戏了。直到清末，随着思想禁锢（gù）被逐渐打破，女子才有机会登台献艺。

京剧脸谱里的学问

你知道吗？京剧脸谱的颜色其实暗藏玄机！花花绿绿的脸谱是对人物身份、年龄、性格和长相等特征的最直观的描述。比如，红脸的关公是忠义、耿直的；黑脸的包公是铁面无私、不苟言笑的；白脸的曹操是阴险、多疑的；蓝脸的窦（dòu）尔敦是桀（jié）骜（ào）不驯、工于心计的；黄脸的典韦则是暴躁、勇猛的……

你知道吗？

五花八门的戏曲剧种

评剧：又称“评戏”，它是产生于河北滦（luán）县一带的一种地方戏曲剧种。

豫（yù）剧：也叫河南梆子，它是河南地方戏曲剧种之一。

黄梅戏：也叫黄梅调，它起源于湖北黄梅，壮大于安徽安庆。

越剧：它由“落地唱书”发展而来，初名“小歌班”“的笃班”，主要流行于浙江一带。

晋剧：又称“中路梆子”，流行于山西、内蒙古和冀北、陕北等地。

……

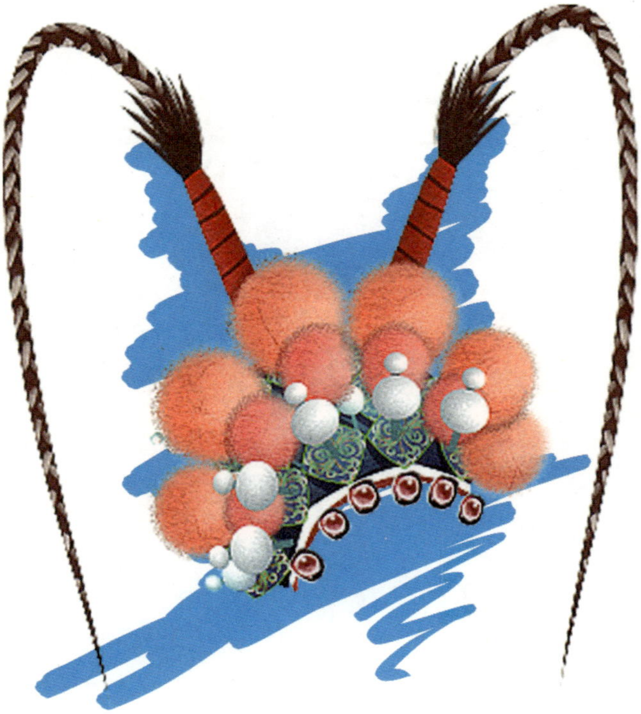

齐白石一辈子只会画虾吗？

因画虾而闻名于世？

提及齐白石，人们对他的第一印象大概就是：这位大师太会画虾了！当然，齐白石笔下的虾的确堪称一绝。虽然画中没有一滴水，但这些虾却宛如在水中灵巧地游动着。据说，为了每天都能观察虾的身体结构和动作，齐白石还在家中养了许许多多的虾。当然，除了虾，齐白石也画过许多其他的题材，比如花鸟、山水、人物等。

齐白石像

画中的蝉活了？

你看过齐白石画的蝉吗？有人说，他画的蝉仿佛下一秒就要叫：“知了——知了——”来看看画上那只蝉的蝉翼吧！就算你用放大镜观察，蝉翼上的纹路也是清晰无比的。如果没人提醒你这是幅画，你说不定也会把它当成特写照片吧？

没有美人的《槎上美人图》？

老婆饼里没老婆，鱼香肉丝里也没有鱼……那么，齐白石的《槎（chá）上美人图》里到底有没有美人呢？实际上，当我们把这幅画放大后，就会看到一位婀娜多姿的美人坐在木筏（fá）上，不信的话你可以自己找找看！要知道，《槎上美人图》长为 33 厘米，宽为 19 厘米，整幅画就一个巴掌那么大。只有你瞪大了眼睛，在上面仔细瞧，才有机会一睹美人的身姿。

齐白石《槎上美人图》

地球上最贵的鸭蛋和蟑螂？

在超市花一两元钱，就能买到一个鸭蛋；在垃圾堆，很容易就能看到一只蟑螂……为何齐白石画中的“四块鸭蛋”和“一只蟑螂”，身价就值上千万呢？我们都知道齐白石画虾、桃子和荷花皆是一绝，而且相关作品很多，而他以鸭蛋和蟑螂为题材的画却非常少见。也许正应了“物以稀为贵”的说法，这幅《四块鸭蛋和一只蟑螂》的画才会拍出那么惊人的价格吧！

齐白石《四块鸭蛋和一只蟑螂》

你知道吗？

“半路出家”的绘画大师

在成为画家之前，齐白石是一位雕花匠。有一次，他无意间见到了《芥（jiè）子园画谱》的残卷，便被里面的内容深深吸引。于是，每日收工后，他都要翻来覆去地临摹（mó）和研究这本画谱。时间久了，齐白石便深得这本画谱里的绘画技巧，同时他又善于借鉴和思考，这为他日后成为绘画大师打下了坚实基础。

徐悲鸿为什么独爱画马？

集万千宠爱于一身的马

徐悲鸿画马，和齐白石画虾、郑板桥画竹一样，都是弱水三千，只取“那一瓢（piáo）”！徐悲鸿是我国现代美术事业奠基者之一，他家学深厚，自幼研习中国水墨画，还曾在欧洲学习油画和素描。徐悲鸿爱马，他在创作生涯中画过不计其数的马。除了《九方皋（gāo）》外，他画的所有马都是没有任何束缚的、自由自在的。

徐悲鸿雕像

徐悲鸿画的马比照片还传神？

徐悲鸿不仅画出了马的“皮”，还画出了马的“骨”！他笔下的马不仅体态优美，还兼具勇猛的活力和坚忍的耐力。当然，这不仅因为他爱马，也因为他对马进行了长时间的观察和研究。到了晚年，徐悲鸿对马的肌肉、骨骼甚至神情已经了如指掌，画马的技法更是达到了炉火纯青的地步。

徐悲鸿《三骏图》

中西合璧

你可能不知道的是，徐悲鸿除了擅长水墨画，他的油画也是可圈可点的。徐悲鸿是中国最早一批赴欧洲学习西方油画的画家之一。在欧洲留学时，他系统地学习了西方的绘画技法，并取得了很高的艺术成就。为了改良中国画，他还将中西技法融合，创造了新颖而独特的绘画风格，对中国画坛产生了深远的影响。

徐悲鸿《母女像》

徐悲鸿与他的生命画卷

《八十七神仙卷》是徐悲鸿花重金从外国人手中买下的唐代画作，据说这幅画出自画圣吴道子之手。整幅画卷虽使用了白描手法，但却能给观者带来强烈的视觉冲击。有学者认为，它代表了中国唐代白描绘画的最高水平。徐悲鸿对这幅画爱不释手，他不仅在画后留下了大段的题跋（bá），还精心镌（juān）刻了一枚“悲鸿生命”的印章盖在画卷正中，可见其喜爱程度。

你知道吗？

卖画救国

抗战时期，残忍的侵略者在神州大地上到处烧杀抢掠，给中国人民留下了难以抚平的伤痛。为了救国，徐悲鸿带伤远赴南洋地区，连办数场书画义卖活动，筹得了大量的赈（zhèn）款。之后，他分文未取，将这笔钱全部捐给了祖国！

图书在版编目（CIP）数据

让孩子读懂世界的通识大百科：人文素养第一课 / 梁芳等编著；星筠兔绘 . -- 太原：三晋出版社，2023.11
ISBN 978-7-5457-2850-7

Ⅰ . ①让… Ⅱ . ①梁… ②星… Ⅲ . ①人文素质教育—少儿读物 Ⅳ . ① G40-012

中国国家版本馆 CIP 数据核字 (2023) 第 225121 号

让孩子读懂世界的通识大百科：人文素养第一课

编　　著：梁　芳等
绘　　者：星筠兔
责任编辑：解　瑞

出 版 者：山西出版传媒集团·三晋出版社
地　　址：太原市建设南路 21 号
电　　话：0351—4956036（总编室）
　　　　　0351—4922203（印制部）
网　　址：http://www.sjcbs.cn

经 销 者：新华书店
承 印 者：雅迪云印（天津）科技有限公司

开　　本：787mm×1092mm　1/16
印　　张：24
字　　数：268 千字
版　　次：2023 年 11 月 第 1 版
印　　次：2024 年 1 月 第 1 次印刷
书　　号：ISBN 978-7-5457-2850-7
定　　价：256.00 元（全 8 册）

如有印装质量问题，请与本社发行部联系　电话：0351—4922268

让孩子读懂世界的

通识大百科

人文素养第一课

8 考古世界的秘密

王淳莹 编著　　星筠兔 绘

山西出版传媒集团　三晋出版社

目录

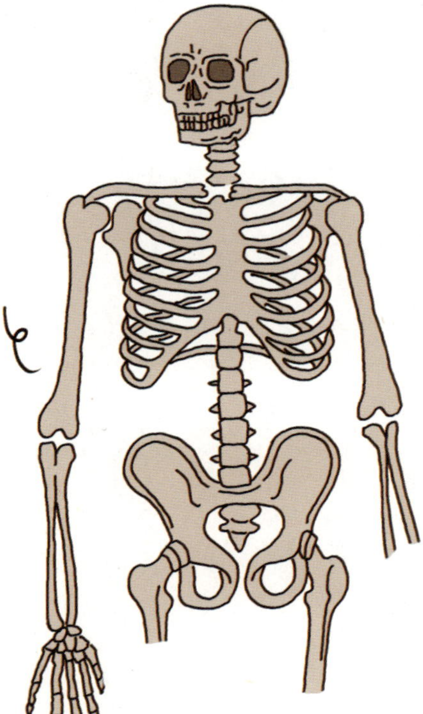

什么是考古？

考古就是寻找“宝藏”吗？

考古当然不只是寻宝那么简单！

人类的祖先曾创造出许多伟大的文明，但随着时间流逝，它们大多都被埋藏在了历史的尘埃之下。为了让这些失落的文明重见天日，考古学便诞生了！所以，考古工作者并不是在单纯地寻找那些“上了年纪”的瓶瓶罐罐，而是在努力描绘这些文明原来的样子。

如果说法医可以让逝者“说话”，那考古工作者的任务就是让文物“说话”。

考古学研究什么？

考古学研究的必须是实实在在的，看得见、摸得着的东西！

它们可以是遗迹，比如古代的房屋、村落、作坊、寺庙、道路、仓库、水井、坟墓……甚至古人或者动物留下的脚印！

它们也可以是遗物，而遗物又可以被分成两大类：一是文化遗物，比如古人的日用品、装饰品和武器等；二是自然遗物，比如植物的种子、动物的骨骸（hái）等。

考古学和历史学有什么关系？

虽然考古学和历史学都隶属于历史学类专业，但二者其实并不相同。一些学者认为，考古学只是历史学的一个重要分支，历史学包括了考古学；也有一些学者认为，考古学与历史学相互独立，但它们研究的内容又有重叠的部分。然而，不论考古学和历史学有什么关系，历史学的发展都离不开考古学的支撑。

考古学是怎样划分类别的？

按研究的年代范围，考古学可以划分为史前考古学、原史考古学和历史考古学。

按研究的地域范围，考古学可以划分为亚洲考古学、美洲考古学、非洲考古学等。

从研究的具体对象和内容来讲，考古学又可分为美术考古学、宗教考古学、古钱学、古文字学和铭刻学等。

从所用手段和方法来讲，考古学还可分为航空考古学、水下考古学等。

你知道吗？

中国考古的前身，是北宋以来的金石学，也就是以古代铜器和石刻为研究对象的学问。《考古图》《金石录》《宣和博古图》等著作都是早期金石学的代表。

考古有什么用？

考古源于人类的好奇心？

人类最早是什么时候出现的？

古人是怎么生活的？他们也爱养宠物吗？

其实，许多学科的创立一开始都源于人类的好奇心，考古也一样。我们好奇古人是怎么工作和生活的，所以我们发掘遗址、修复遗物，并从中寻找有用的线索。

补全历史拼图中缺失的“碎片”

你不觉得人类的整部历史就像一张巨大的拼图吗？

可惜的是，这张拼图缺少了很多重要的部分。要想仅靠文献资料上的图画、文字就把这张拼图拼凑完整，这无异于天方夜谭（tán）！而考古的成果，恰恰可以填补那些无文字可考的历史，帮助我们寻找这张拼图上遗失的部分。

“谣言粉碎机”

传说，曹操因担心自己的坟墓被人挖开，特地在今河北磁县、临漳（zhāng）县一带造了七十二个疑冢（zhǒng），也就是为迷惑人而虚设的坟墓。

这个传说可能最早起源于北宋时期。随着口口相传及历代文人的创作，它的内容也变得越来越离奇。直到一千多年后的今天，仍有很多人在讨论这个传说到底是不是真的。事实上，考古工作者在对磁县北朝古墓群的发掘过程中，根本没有发现什么“七十二疑冢”。虽然这里的古代坟墓的确很多，但它们与曹操可没有任何关系！

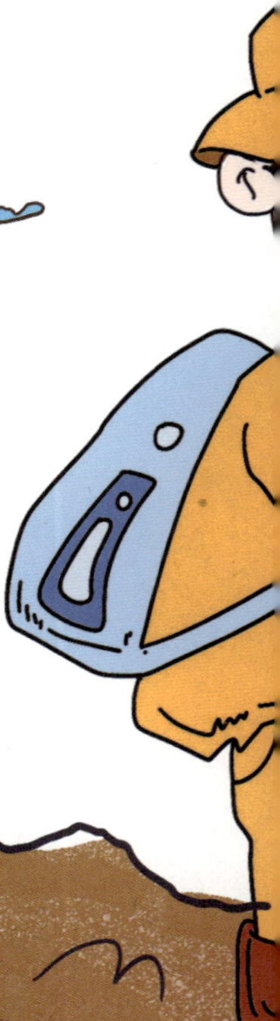

吸取前车之鉴

古人云：以史为鉴，可以知兴替。

古人云：吃一堑（qiàn），长一智……

古人也曾历经种种挫折，犯下过不少错误，比如，过度砍伐森林导致生态破坏，频繁发起战争让百姓流离失所、食不果腹……

考古通过研究古代人类社会的得与失，让今天的我们能够引以为戒，避免重蹈覆（fù）辙！

考古需要什么“武器”？

考古学者也用大名鼎鼎的“洛阳铲”？

由于近些年流行的各类小说和影视剧，许多人对洛阳铲这个既能挖掘又能采样的工具已经再熟悉不过了！

许多人认为洛阳铲是由盗墓贼发明的。其实，较为可信的说法是，洛阳铲是由古代检验工程的工具演化而来的。现在，很多考古学者都会在实际考古活动中使用这种神奇的工具。在对安阳殷（yīn）墟（xū）和洛阳偃（yǎn）师商城遗址等古城址的勘（kān）探过程中，洛阳铲也出了一份力！

人手一把的小铲子竟有如此妙用？

考古学者勘探时用洛阳铲，那他们发掘时用什么呢？

手铲是考古发掘工作中的一大“神器”。工作时，几乎每个考古学者都要有一把适合自己的手铲！

看起来普普通通的手铲其实有很多种用途，它既可以用来刮面、挖土，也常被用来划定土层界限……

接地气的神秘“武器”

在发掘遗址的过程中，除了手铲，考古学者还会用到很多接地气的工具。比如，用来清洁文物表面覆土的竹签、毛刷和喷壶，给文物贴上“身份证”的标签，盛放文物使用的编织袋，用来过筛细小文物的筛网以及用来对比土壤颜色的土壤色卡……

虽然这些工具看似不起眼，但它们却能在考古活动中发挥大作用！

现代科技在考古发掘中有什么作用？

在一些影视剧里，我们常常看到这样的场景：有些角色只需要找到某个星星的位置，就能找到古墓位置。其实，这种场景不太可能会出现在现实生活中，那我们的考古学家要借助些什么工具呢？

探地雷达、磁力仪、声呐仪器、GPS 设备等为勘探工作省下了不少力气！经过多年的尝试，许多现代科技都被完美地应用在了考古工作中。

你知道吗？

三星堆遗址的发掘工作充满了“狠活儿”！除了能自由控制温度和湿度、易于升降的全透明“考古舱”外，显微红外光谱仪、激光共聚焦拉曼光谱仪、扫描电镜能谱仪、激光粒度仪、人体骨骼测量仪等先进设备，在漫长的发掘工作中也起到了大作用！

水下考古就是“海底捞宝”？

水下考古是如何出现的呢？

在很多探险故事中，价值连城的宝藏都被藏在海底——是的，这些作家并没有骗人！在某种意义上，正是人类对于水下宝藏的渴求，才催生了最原始的水下考古活动。不过，直到 1960 年，美国考古学家乔治·巴斯主持了对土耳其格里多亚角海域沉船的水下考古工作，这才标志着水下考古学的正式诞生。

海底捞宝和水下考古有区别吗？

虽说也有些人会下潜到海底寻找文物，但这和水下考古完全是两回事！水下考古的目的不是获取财富，而是进行科学的考察并通过发现更丰富、更珍贵的文物来探索人类的过去。

中国水下考古是什么时候开始的？

1985 年，一个名叫米歇尔·哈彻的英国人发了一笔横财，这是因为他把从中国海域打捞出来的文物——许多康熙年间的青花瓷器送去拍卖了。这不但引发了国际考古学界的强烈不满，也让中国政府和文物部门开始重视水下考古工作。1987 年，中国历史博物馆设立了当时中国唯一的水下考古专业机构——水下考古学研究室。

水下考古不是简单的"捞鱼"！

如果你认为水下考古就像"捞鱼"一样简单，那你就大错特错了！想要让水下考古工作顺利进行，考古学者要借助许多种先进的科学技术，比如潜水工程技术、海洋探测技术等。

让我们来简单地说一说，该如何寻找水下"宝藏"吧！

第一步：使用声学或磁学设备（比如声呐、海洋磁力仪等）检测水底有没有遗物或遗迹。

第二步：如果发现有遗物或遗迹，就要采用 GPS 设备来进行定位。

第三步：派水下考古队员和水下机器人去定位地点探查，获取实物和影像资料。

你知道吗？

截至目前，在中国海域内发现的"南海 I 号"是世界海上沉船中年代最早、船体最大、保存最完整的远洋贸易商船。这艘木质的商船，在南宋初期通过海上丝绸之路向外运送瓷器时，失事沉没在了广东境内。2022 年，"南海 I 号"的发掘工作结束，出水文物总数超过 18 万件。

化石里藏着什么秘密？

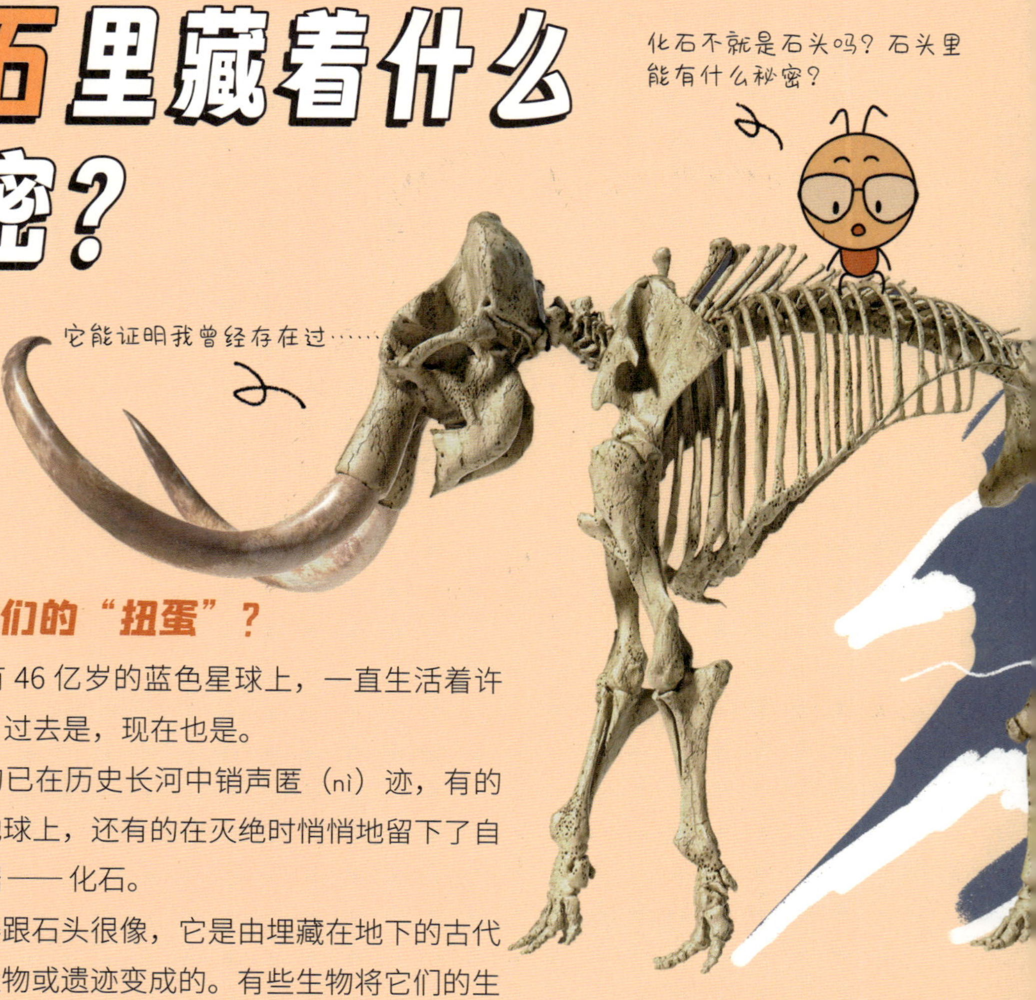

地球留给我们的“扭蛋”？

在这颗约有 46 亿岁的蓝色星球上，一直生活着许许多多的生物，过去是，现在也是。

其中，有的已在历史长河中销声匿（nì）迹，有的至今仍活跃在地球上，还有的在灭绝时悄悄地留下了自己存在过的证据——化石。

化石，长得跟石头很像，它是由埋藏在地下的古代生物的遗体、遗物或遗迹变成的。有些生物将它们的生活方式、条件、活动轨迹等“机密”藏在了化石里，让亿万年后的我们有机会去认识它们、了解它们。

不是所有生物都能变成化石！

能以化石的形态继续存在于地球上的生物，都是“天选之子”！不过，一种生物在同一个地方的死亡数量越多，它变成化石的机会越大。所以，大多数化石一般都是由集体死亡的生物变成的。

死去的生物的遗体被泥土所掩埋，其中坚硬的部分，比如骨、角、齿等，经过上亿年的漫长岁月，最终变成跟石头一样的东西，被完整地保存了下来。

化石中最古老的“眼睛”

目前，大多数科学家认为，世界上第一个拥有眼睛的生物是三叶虫。

三叶虫是一种生活在寒武纪时期的、具有代表性的生物。它们的眼睛极有可能是为了躲避捕食者而进化出来的。值得一提的是，科学家发现，三叶虫的眼睛内部结构和现代昆虫的极为相似。

最早的生命证据?

低等藻类或菌类在生长和生活过程中会分泌或沉积碳酸盐，并由此形成一种具有独特花纹的化石——叠层石。你能想到吗？一块发现于格陵兰岛、可以追溯（sù）到37亿年前的叠层石，竟是迄（qì）今为止代表生命存在的最古老的化石！有些科学家认为，它记录了古细菌群的生命活动。

你知道吗?

按保存特点来说，化石可分为实体化石、模铸（zhù）化石、遗迹化石和化学化石四大类。

实体化石：古生物遗体本身几乎全部或部分被保存下来的化石。

模铸化石：生物遗体在地层或围岩中留下的印模或复铸物。

遗迹化石：保留在岩层中的古生物生活、活动的痕迹和遗物，其中足迹最为重要。

化学化石：古生物遗体虽被破坏，但岩层中有可证明生物存在的化学分子结构的化石。

人和动物的遗骸里藏着什么秘密？

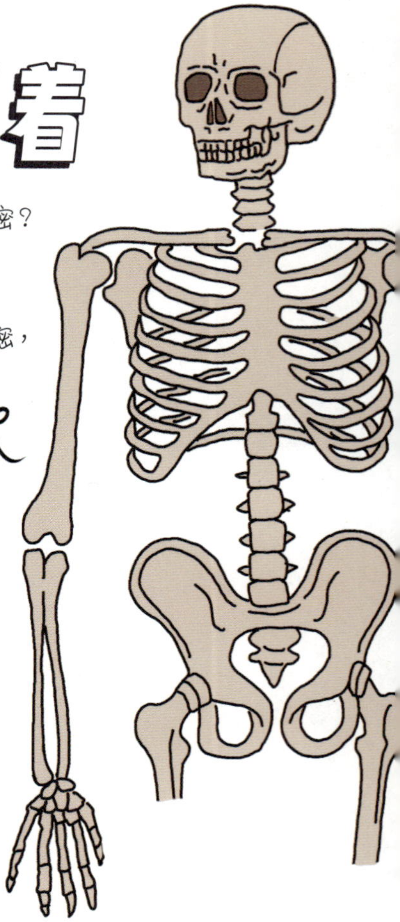

人类遗骸在考古学中的重要性

当我们谈到考古学时，通常会想到陶器、青铜器、玉器、金银珠宝等遗物，墓葬和房址等遗迹，以及动植物、环境等方面的科技和冶金、制陶等工艺。然而，我们往往忽略了人类自身在考古学中的重要性。这种忽视可能源于人们对人类遗骸的忌（jì）讳（huì），因为与古人遗留下来的奇珍异宝相比，人类遗骸的出土量更大，因此往往容易被忽视。然而，随着科技的进步和考古工作的深入，人类遗骸的价值越来越凸显。

考古界的“法医”

当人们意识到研究人类尸体也非常重要后，人类骨骼考古学就诞生了！人类骨骼考古学是专门研究人类遗骸的学科。和法医一样，人类骨骼考古学者也可以通过“死者”的一部分骨骼来判断他的性别、年龄、死因甚至职业。对古代人类遗骸的研究，可以帮助我们更全面地认识古代社会，了解古人的饮食结构、健康状况、婚俗习惯、文化观念和社会制度等信息。

已发现的中国唯一大型史前灾难遗址

在青藏高原和黄土高原的交界处，曾有一处古代城址在顷刻间消失不见，这就是喇家遗址。

在发掘过程中，考古学家先后从这个遗址里清理出多具保存完好的人类遗骸。其中，既有怀抱着婴儿的人，也有奋力救助亲人的人，还有苦苦支撑着房顶的人……

喇家遗址的发现，一时震惊中外。据考证，在这里死去的人们很可能经历了史无前例的自然灾难。

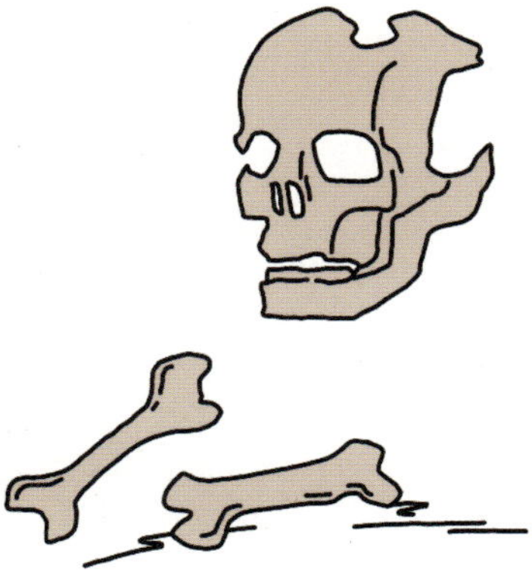

改变历史记录的鱼类化石

谁能想到一条鱼也有改变历史记录的力量？2022 年 9 月，中国科学家在重庆地区的志留纪早期地层中发现了距今约 4.39 亿至 4.36 亿年的鱼类化石。这一发现将完整有颌脊椎动物的化石记录向前推进了 1100 万年！而发现这些化石的地方——重庆特异埋藏化石库，是目前世界上唯一保存志留纪早期完整有颌（hé）类化石的特异埋藏化石库。

你知道吗？

近年来，由于全球变暖的影响，被埋藏在冻土层约 4 万年的动物遗骸被发现，然而此次发现却让人喜忧参（cān）半……

一方面，研究人员可以通过遗骸“穿越”回数万年前，对那个时期的气候和环境进行研究。另一方面，这些遗骸可能携（xié）带着某种仍具有活性的细菌与病毒，给人类带来巨大的危机。

考古学家每天都在干什么？

初步了解，“纸上谈兵”

大家对考古学家的印象好像都是面朝黄土背朝天，每天都在挖挖挖。当然，这只是考古工作的一部分，其实考古学家还有许多工作要做呢！

发掘一个遗址之前，考古学家一般会利用地图、历史文献、遥感照片等，先获得关于遗址的一些线索。此外，申请发掘（jué）许可证、制订发掘计划、准备发掘工具，都是发掘遗址前必不可少的步骤。

实地勘探，小试牛刀

到达发掘现场后，考古学家就要对这里的地形和地层进行详细的观察与研究。他们要思考怎么样才能利用地形的各种断面，比如沟沿、路边或者山崖等，寻找揭开遗址面纱的最佳方案。

万事俱备，只欠“挖坑”？

做了那么多准备工作，大家等的就是这一刻！

具体的发掘方法要根据发掘对象而定。不过，挖探沟是最常见的发掘方法。探沟就是考古发掘中所开狭长的沟，面积可大可小，每一沟就是一个工作单位。

大面积揭露遗址时，考古学者所开掘的方形或长方形的“沟”，被称为“探方”。每个探方都有自己的编号，从不同探方出土的各种遗物也会有自己的编号。

发掘墓葬则采用“四分法”，考古学者需要仔细清理棺椁（guǒ）、遗骸、随葬品等。但无论发掘什么样的遗址，都不能放过任何蛛丝马迹，哪怕是地上的车辙印或脚印！

你知道吗？

考古学者在工作时要注意些什么？

1. 不要坐在探方里。
2. 不要一脚踩在别人的工作成果上。
3. 不要把刚清理出来的文物碎片乱放。
4. 要对遗迹和遗物充满敬畏心。
5. 切勿搞“个人收藏”，这会触犯法律。

……

发掘完毕，鸣金收兵

到了这一步，考古工作已经差不多结束了。

几乎没人能做到过目不忘，所以考古学者在整个过程中都会仔细地做好记录工作！

除了摄像、绘图和文字记录外，他们在必要的时候也会制作模型、拓（tà）印等。

一些学者还要出具工作报告，来讲述他们在发掘工作中产生的问题、疑虑、推测等，为之后的研究工作提供思路。

出土文物如何保护？

珍贵脆弱的“地下常住民”

历经“九九八十一难”才得以重见天日的文物可是相当脆弱的！通常情况下，文物一出土，考古学者就会对它们立即展开“救援”。比如，使用材质柔软的工具清理它们的表面，或者对它们进行临时加固。在考古现场，工作人员只会为文物进行最基础的清理，一般只要能辨别出器物的材质和基本轮廓就可以了。等到文物被妥善保管起来时，负责文物保护的专家会再次评估文物的受损情况，并制定合理的修复方法。

谁是文物“脱皮”的罪魁祸首？

许多文物在地下时还“栩（xǔ）栩如生”，怎么一出土就开始脱皮干裂呢？温度和湿度的急剧变化就是导致它们面目全非的“元凶”！尤其是一些漆木器，当保存它们的环境突然发生变化时，它们很可能会脱皮、开裂。因此，文物出土后需要被保存在一个可以控制湿度和温度的环境中。通常情况下，有些含水率高、劣（liè）化程度高的文物会被浸泡在清水里，有些含水率低的文物会被密封起来，有些需要保持干燥的文物则会和特制的干燥剂放在一起。

被迫成为蛀虫“温床”的文物？

文物在地底下的日子也不好过，因为它们一个不小心就会成为被蛀虫觊（jì）觎（yú）的香饽（bō）饽！尤其是那些富含有机营养物质的文物，各种昆虫和微生物非常喜欢在里面生长、繁殖。由于伤害文物的昆虫一般都有喜温畏（wèi）寒、喜湿畏干、喜暗畏光的特性，所以考古学家经常会使用熏蒸剂来保护文物。

“见不得光”的古物？

空气质量差的时候，人都要戴口罩，更何况是“初上地面”的文物呢！空气中的细菌、真菌、酸性氧化物都是出土文物害怕的对象，它们会对文物造成不同程度的侵蚀（shí）和腐蚀，使文物变色、褪（tuì）色甚至粉化。考古学家们通常会使用食品保鲜膜或黑色塑料袋等对文物进行密封和避光保护。近年来，氮（dàn）气保护技术在文物保护领域也开始广泛应用。

你知道吗？

发掘出来的文物，最后都去哪儿了？出于对文物的保护，不是所有文物都会被展出在博物馆里。比如，数量巨大、雷同性高的陶器、墓砖等，很多都会在做好标记后被埋回去。常见的、没什么特色的文物，一般会被放在考古所的库房里保存。而那些具有特别意义的文物，当然是展示出来给大家看啦！

修复一件文物有多难？

史上最难的“拼图游戏”

如果说经过地震、洪水、战争、盗墓等天灾人祸后，文物仍能重现世间，这已是一件难事，那么，使支离破碎的文物恢复如初，就是一件难上加难的事情！修复一件文物的时间，少则几个月，多则数十年。著名的马王堆帛（bó）书，被发现时已是水浸霉蚀、互相粘连，修复起来困难重重。我国的考古学家花了十几年的时间才将它上面的内容整理出来！

为文物“治病”的人

一名文物修复工作者，不光要有高超的修复手艺，还要兼备对历史、考古、鉴定、化学、美术、金属工艺等多学科的认知，只有这样才能恰到好处地还原古物的本貌！

修复过程是冗（rǒng）长而枯燥的，需要文物修复工作者有极强的专注力和耐心。如此严苛（kē）的专业要求，导致文物修复工作者十分稀缺。

从“一地碎片”到“重现光彩”

你在博物馆里看到的许多古朴厚重的青铜器，刚发现时可能都只是些大大小小的碎片！若想让这些支离破碎的碎片重现昔（xī）日风采，往往会经历碎块整理、去锈、恢复整形、拼接、焊（hàn）接、粘接、补配缺失部位、作色等多个修复步骤。修复后的模样和出土时的模样，简直是“判若两人”！

圆明园 10 万碎瓷片拼出 6 件瓷器？

2019 年，圆明园启动“修复 1860”项目，针对 10 万瓷器碎片展开修复工作。在第一批修复的 6 件官窑瓷器中，直径仅 40 厘米的青花缠枝莲纹瓷绣墩（dūn）由 132 件碎片修复而成，康熙款团龙纹瓷碗则是由 285 件碎片修复而成……

在没有参考图的情况下，考古学家要把这几百件碎片从数以万计的碎片中挑出来，就如大海捞针，而这只是开始……

可想而知，这次文物修复工作的难度有多大、耗时有多长！

你知道吗？

修复文物就是把文物变漂亮吗？当然不是！

1. 要尽可能保留文物现状和原有结构。

2. 现在的修复方法不可以影响今后的再修复工作。

3. 修复时所选用的材料要天然、无污染。

4. 材料和工艺要与文物本身的相接近，确保文物的整体协调性。

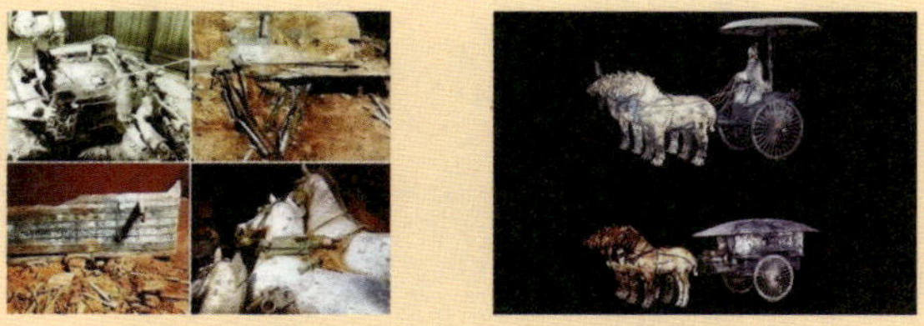

秦始皇陵青铜马车修复前后对比图

《五牛图》修复前后对比图

恐龙化石是怎么形成的？

以“石”为证的远古生物

恐龙诞生在两亿多年前的中生代。当时，它们是地球的绝对统治者！没有人亲眼见过恐龙，我们只能从恐龙化石中了解这个神奇的物种。

恐龙死后，它的遗骸很快被沉积物或水下泥沙覆盖，随着时间的流逝，它的皮肉、内脏等软组织腐败消失，而硬质的骨骼沉积在泥沙中，经历亿万年后变成了石头一样的东西，被保存了下来，这就是恐龙化石形成的过程。若干年后，由于地球的地壳运动、自然气象变化等原因，恐龙化石才有机会重新暴露或被我们发现。

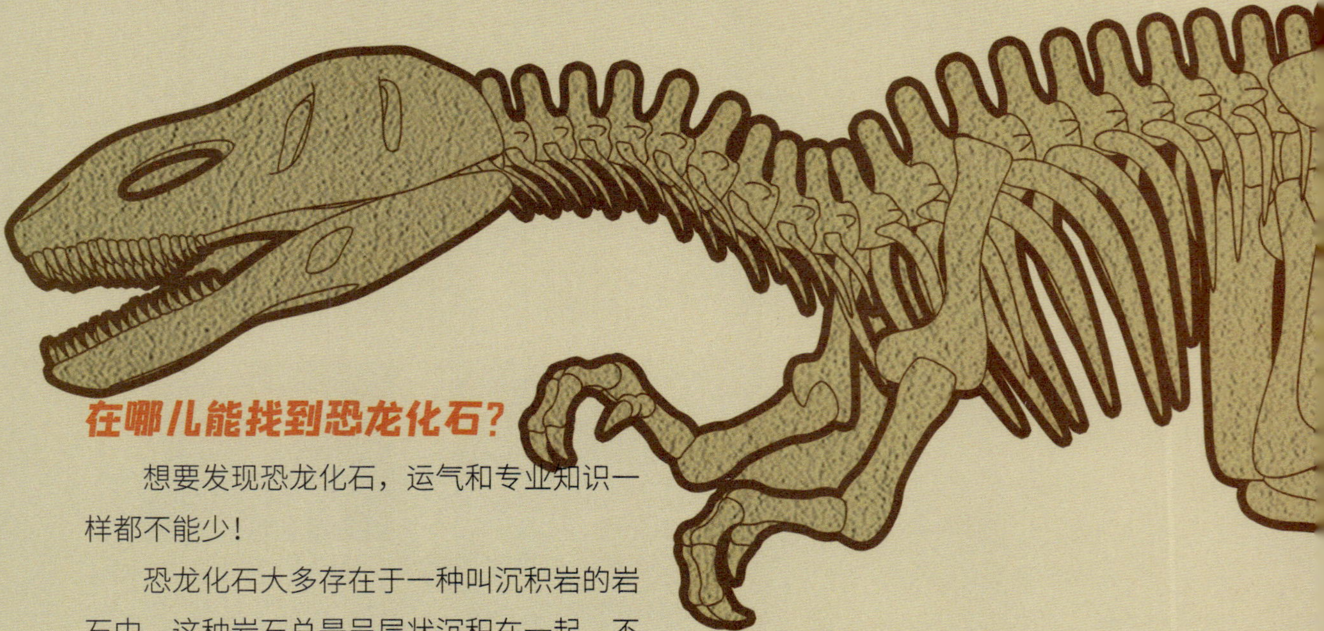

在哪儿能找到恐龙化石？

想要发现恐龙化石，运气和专业知识一样都不能少！

恐龙化石大多存在于一种叫沉积岩的岩石中，这种岩石总是呈层状沉积在一起。不同层的沉积岩来自不同的时代。恐龙化石主要保存在中生代时期形成的沉积岩中。

考古学者工作有时会有目标地去寻找特定的岩石。

中国第一个大型恐龙博物馆

四川自贡可以说是侏（zhū）罗纪时代恐龙的老家了，这里至今已累计发现化石埋藏点近 200 处！

自贡恐龙动物群更是涵盖了侏罗纪三个不同时期的恐龙动物群组合。

20 世纪 80 年代中期，中国第一座大型恐龙遗址博物馆——自贡恐龙博物馆建成开放。它与美国国立恐龙公园、加拿大恐龙公园齐名，并称为世界三大恐龙博物馆！

恐龙化石曾被错认为巨型人类的骨骼？

人类当然不是一开始就能认出恐龙化石啦！

很久之前，他们甚至会把恐龙化石错认为鲨鱼牙齿、贝壳，甚至巨型的人类化石。

对恐龙描述的首个记录，来自英国牛津大学化学教授罗伯特·普洛特，他曾在 1676 年出版的《牛津郡（jùn）自然史》中，把恐龙的巨大骨骼认成是一个巨型人类的骨骼。

你知道吗？

我们在博物馆看到的雄赳（jiū）赳、气昂昂的恐龙化石，大部分都不是真化石！

恐龙化石从地下被发掘出来后，都会被好好地保存起来，供科学家们研究。

博物馆里展出的恐龙，通常是用一种特殊的玻璃纤维物质造出的仿真化石模型。

当然，也有一些博物馆会展出真的恐龙化石。

陆地上为什么有海洋生物化石？

从化石中窥见青藏高原剧变史

“沧海桑田”“海枯石烂”原来并不是古人想象出来的！几十亿年间，地球经历过太多的地质变迁。在地质运动的作用下，曾经的海洋变成了高山，而巍（wēi）峨的高山变为了海洋。这已经不是一种假说，而是地球上真实发生过的事，因为人类已经找到许多有力的证据。被称为“世界屋脊”的青藏高原就是板块运动的产物，考古学家在这里挖出了很多古老的海洋生物化石。

从海洋到陆地的“史前海怪”

喜马拉雅鱼龙化石

早在恐龙称霸陆地前，海洋里就出现了“海上霸主”！这是一种已经灭绝的、生活在海洋里的中生代爬行动物，名叫鱼龙。它长着尖尖的嘴巴，牙齿极其锋利，身长 10 米有余。

20 世纪 60 年代，我国科研人员在珠穆朗玛峰地区曾采集到鱼龙的化石。2023 年 3 月，国家考察队员再次在珠穆朗玛峰地区发现了新的喜马拉雅鱼龙化石，这为人类了解地壳板块运动和生命演化过程提供了重要的研究材料。

陆地上的远古海洋奇石

现在的浏（liú）阳，曾经是一片大海？2023 年 1 月，有人在浏阳高坪（píng）发现了许多形状各异的奇怪岩石。经地质专家考察后，认定这些奇石均来自远古时期的海洋，并以海百合化石、丛状珊瑚化石、蜂巢珊瑚化石为主，距今已有近 4 亿年。

海洋生物化石，是记录地球地质变迁的最好的“文字”。根据被发现的这些化石，我们可以推断出浏阳高坪在远古时期是一片浅海，这里生活着丰富的浅海生物。

你知道吗？

昔日的“海上霸主”鱼龙，与之相比毫不逊色的蛇颈龙、巨型海星、海蜗牛……如果它们的化石没有被发掘出来，谁能相信世界上曾经存在过这些体型巨大的海洋生物呢？

海洋生物化石的发现，让今天的我们能够重新了解古代海洋生态系统和生物的多样性，也时刻提醒着我们保护海洋环境和生物多样性的重要性！

在恐龙蛋里发现了什么？

藏着恐龙灭绝秘密的“宝贝疙瘩”

谁能想到，这些圆溜溜的“石头”，竟然藏着恐龙灭绝的秘密！这些未被孵（fū）化的“小恐龙”，可以帮助我们了解恐龙生存时期的生态环境，探索恐龙的繁殖习性，研究恐龙的灭绝原因！在对恐龙蛋化石进行研究后，有些科学家推测，很可能是当时的环境突然发生了变化，导致恐龙蛋无法正常孵化，并最终造成了恐龙的灭亡。

恐龙蛋壳为什么越来越薄？

科学家发现，在中国山东、广东以及法国南部地区出土的恐龙蛋，按年代的久远程度从早到晚排列，它们的蛋壳会越来越薄。也就是说，到了恐龙时代的最后一个时期——白垩（è）纪，恐龙蛋的蛋壳有着变薄的趋势。

这是为什么呢？原来，在白垩纪末期，地球的气候发生了剧烈的变化，本来温暖潮湿的气候渐渐变得干燥而寒冷。这种变化直接伤害了恐龙妈妈的身体，让它们生出了许多“不合格”的恐龙蛋。蛋壳越来越薄，意味着蛋壳中的钙质越来越少。

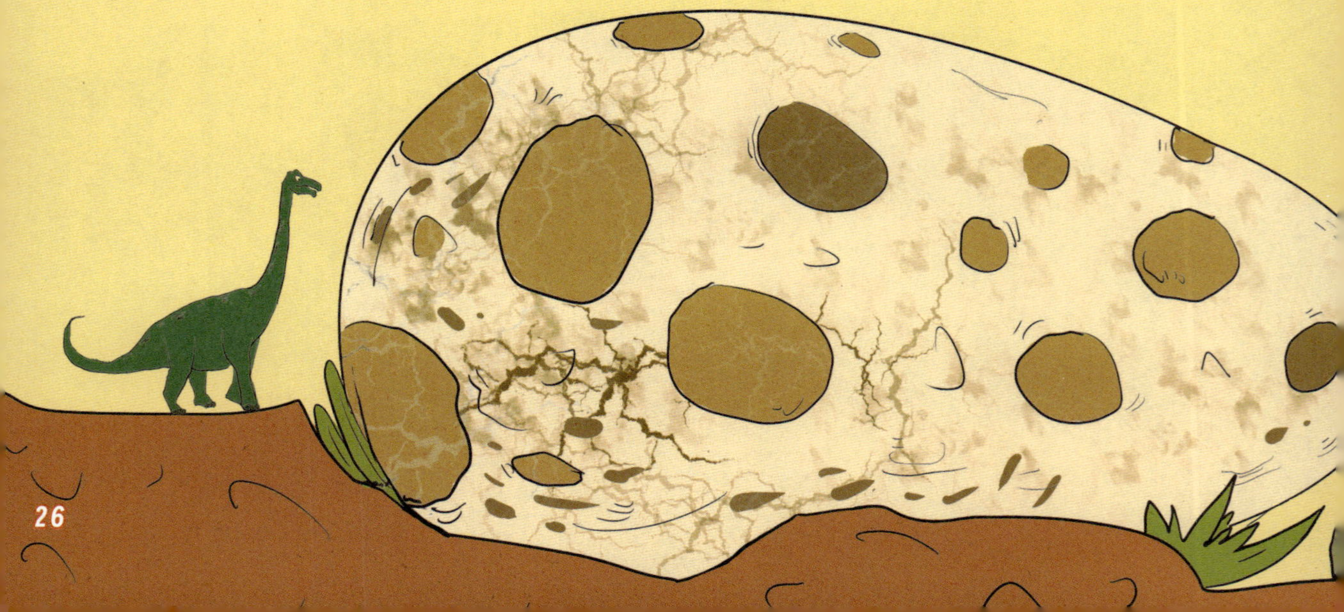

为什么中国的恐龙蛋世界闻名？

在古生物学界，中国的恐龙蛋化石是举世无双的。这是因为在中国出土的恐龙蛋化石实在是数量太多、种类太丰富了，甚至超过了其他国家恐龙蛋化石的总和。而中国之所以“盛产”恐龙蛋化石，很大一部分原因可能是这里在中生代有着温度适宜、光照充足、雨水充沛的气候条件，非常适合恐龙生活和繁殖。

获吉尼斯世界纪录的恐龙之乡

提到恐龙之乡，就不得不说广东河源了。河源是世界罕见的集恐龙蛋、恐龙骨骼和恐龙脚印化石“三位一体”的出土地。据说，河源人修马路能挖出恐龙蛋化石，修自来水管道能挖出恐龙蛋化石，小孩在江边玩也能发现恐龙蛋化石……

2004 年，河源恐龙博物馆以馆藏恐龙蛋化石 10008 枚荣获吉尼斯世界纪录。截至 2022 年 10 月，该馆恐龙蛋馆藏量已超过 2 万枚，数量仍居世界之首！

你知道吗？

科学家一直没有放弃寻找恐龙灭绝的原因。除了现在比较流行的小行星撞击假说，也有一些人认为是地球本身的地壳运动造成了恐龙的灭绝，并提出了印度德干火山爆发等假说。但无论是哪种说法，它们大都与地球上的地质灾害有关。

甲骨文是汉字的源头吗？

甲骨文是汉字最原始的模样

汉字的演变经历了非常漫长的过程，它的雏形是距今三千多年的商周时期的甲骨文。甲骨文是刻在龟甲或兽骨上的文字，因而也被称为“契文”“龟甲文字”。甲骨文最早发现于河南省安阳市小屯村及其周围——也就是现在的殷墟遗址，所以人们也把甲骨文称为“殷墟文字”。

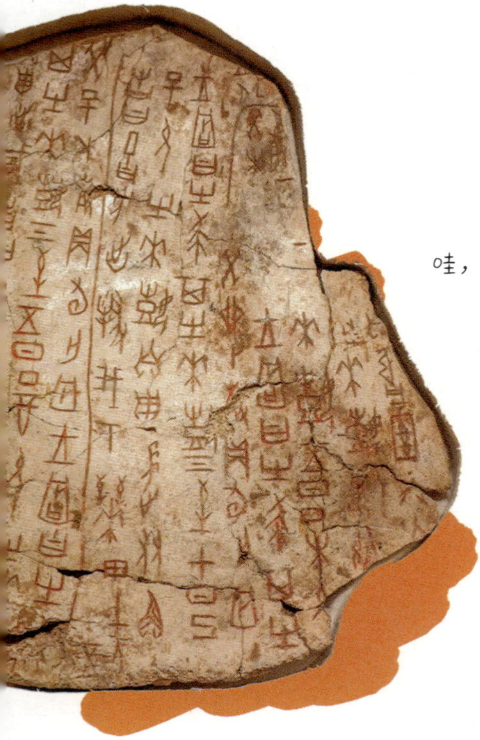

甲骨被当作药材治病？

关于甲骨文的发现，有一个啼笑皆非的小故事。

相传，清末年间，河南安阳的农民在种地时挖出了许多碎骨片。于是，有一些黑心商人便把这些碎骨片包装成了“包治百病”的药材——“龙骨”，卖给了不知情的百姓们。因此，许多记录商代历史的甲骨被磨成了骨粉，进到了人们的肚子里。

直到有位金石学家在买药时看到上面的奇怪符号，他突然意识到这些碎骨片可能具有非凡的价值。之后，经长时间的考证，人们这才发现原来这些碎骨片上的符号来自于商朝时期。

甲骨文是用来算命的？

现在很多人都喜欢占卜。其实，古代人也一样，甚至有过之而无不及！在三千多年前的商朝，上至战争、祭祀等国家大事，下至气候、田猎、病患、出门等小事，王室贵族都要求神问卜，而甲骨文上记载的就是卜辞，内容包括占卜人姓名、占卜所问之事及占卜日期。因此，甲骨文的内容相当丰富，几乎涉及了商朝社会生活的方方面面。

令世界瞩目的殷墟考古

殷墟之所以成为世界文化遗产，并被列为 20 世纪中国“100 项重大考古发现”之首，不仅因为它是中国历史上第一个有文献可依、有实物可考的都城遗址，更在于它的发现与发掘确立了中国考古学的国际地位。从 1928 年考古发掘至今，我国考古学家在殷墟先后发现宫殿、作坊、陵墓等遗迹以及大量生产工具、生活用具、礼乐器和甲骨等遗物。

你知道吗？

在已识的文字中，甲骨文是最古老的文字体系。迄今为止，已发现的甲骨文单字有 4500 字左右，可认识的约 1700 字。

秦兵马俑是用活人做的吗？

兵马俑里面是真人吗？

被誉为“世界十大古墓稀世珍宝之一”的秦兵马俑（yǒng），都是用真人烧制的吗？自发掘那天起，就有人怀疑活灵活现、自然逼真的兵马俑是用活人制成的。这个谣言直到一尊兵马俑裂开才不攻自破。是的，兵马俑里面是空心的，没有任何活人被包裹进去的痕迹！事实上，即便只从外面看，陶俑的躯干和四肢也都有模具制作的痕迹。

兵马俑是如何被发现的？

1974 年的春天，陕西省临潼（tóng）县（今临潼区）西杨村的几个农民在抗旱打井时无意中挖出了许多奇怪的瓦片和陶片。起初，这些农民以为这些碎片只是古人留下的垃圾，但当他们继续挖掘时，竟然发现了一个形象逼真的人头雕像。文物专家闻讯赶到现场进行考察，一个沉睡了两千多年的地下军团就此“复活”。

秦始皇为什么要建造兵马俑？

就算放在科技发达的今天，建造规模如此庞大的兵马俑坑也是一项充满挑战的大型工程。那么，秦始皇为什么要花费那么多的人力、物力、财力和时间，来做这些兵马俑呢？实际上，这些陶兵马雕塑群都是秦始皇的随葬品。从战国时期开始，统治者就已经逐渐认识到人口的重要性，开始流行用俑代替活人，陪死者下葬。秦兵马俑正是以俑代人殉（xùn）葬的典型和巅峰。

“灰头土脸”的人俑也曾绚烂鲜活？

如今，我们看到的兵马俑都是厚重的灰黑色。不过，刚出土时的它们却穿着色彩鲜艳的衣服。据说，兵马俑出土后 15 秒就开始褪色变化，15 秒啊，连给它们拍照的时间都不够！生漆失水开裂、自然环境侵蚀、紫外线破坏等都是导致兵马俑灰扑扑的原因。目前，科学家选用了喷涂法、点涂法、注入法等保护工艺，正在对它们进行有效的保护。

为什么秦始皇陵至今没有被发掘？

秦始皇陵为什么不发掘了？

发掘秦始皇陵是一个巨大而艰难的工程，它不仅需要花费大量的财力、物力和时间，而且还需要非常高的考古技术和文物保护技术，保证在发掘过程中保护遗址和文物不会受到自然因素和人为因素的破坏。而以我们目前的技术，暂时还达不到这个要求。此外，秦始皇陵深入地下数十米，而且布局复杂，里面“机关”重重，这对于考古工作者来说有着很大的安全隐患。作为珍贵的文化遗产，秦始皇陵的价值不可估量。如果没有做好充足的准备而仓促发掘，就很可能会对文物造成不可逆转的破坏。

秦始皇陵的发现有什么价值？

作为震惊中外的考古发现，秦始皇陵的历史价值不可估量！秦始皇建立了中国历史上第一个统一的中央集权的封建国家——秦朝。为了在死后也能享尽荣华富贵，他仿照秦朝的都城——咸阳设计并建造了自己的陵墓。秦始皇陵是世界上规模最大、结构最奇特、内涵最丰富的帝王陵墓之一，我们熟知的兵马俑坑仅仅只是秦始皇陵的陪葬坑而已。如果有一天我们能进入秦始皇陵的核心区域，或许会重新认识两千多年前的秦朝。

秦始皇陵曾被盗过？

有人说，中国皇陵有一半毁于盗墓，那秦始皇陵有没有被盗过呢？据调查，确实有盗墓者曾在秦始皇陵附近打过洞，不过，皇陵的核心地宫被很厚的封土所覆盖，盗墓者想要靠人力挖到里面是非常困难的。

神秘的“水银河”

随着对陪葬坑的发掘，陆续与世人见面的铜车马、石铠（kǎi）甲、百戏俑、青铜鼎、青铜仙鹤等珍贵文物在世界上引起了巨大的轰动。而它们，也仅仅位于秦始皇陵的外围。《史记》曾记载这座地下宫殿“以水银为百川江河大海，机相灌输”。这并非司马迁的想象，因为现在的科学家通过科学设备发现——秦始皇陵中确实存在巨量的水银！

你知道吗？

20世纪中叶，在对明定陵的发掘过程中，因为技术落后，再加上人们缺乏文物保护意识，所以很多珍贵的文物都被损毁了。此后，我国考古工作者吸取了惨痛的教训，不主动发掘帝王陵也成为考古界的一条铁律。

木乃伊为什么千年不腐？

木乃伊的起源

木乃伊，就是古埃及人用特定方法制作而成的干尸。因为古埃及人相信人是可以复活的，所以他们把尸体制成木乃伊，希望逝者能死而复生。

木乃伊是怎么制作的？

第一步，用融化的松脂涂在脸上，防止面部干燥得太快；

第二步，把容易腐烂的脑浆、内脏取出来；

第三步，把尸体干燥数天，等待它充分脱水后，在里面放入防腐的香料，并细心地缝上切口；

第四步，给尸体做个美容；

最后，把尸体用细麻布从头到脚包裹起来，一边缠一边涂抹防腐油脂。

就这样，一具千年不腐的木乃伊就制作完成了！

谁会被制作成木乃伊？

由于古埃及人有着共同的信仰，所以他们不管贫富贵贱，死后都可以被制成木乃伊。不过，法老、贵族和富翁的尸体处理方式更繁琐、更麻烦、更费钱。当然，除了人类，有些动物也会被制成木乃伊。

木乃伊也可以做 CT？

木乃伊们可能都想不到，千百年后的它们也能享受一把高科技——做 CT。CT，就是计算机断层扫描技术。这种技术可以在不损坏文物的情况下，通过三维重建，对木乃伊进行“数字尸检”，确定他们的死因和生活方式。

你知道吗？

我国也有一具堪称完美的“木乃伊”，她就是辛追夫人。辛追夫人的尸体出土于长沙马王堆汉墓，发现时外形保存完整，皮肤光泽有弹性，手指和脚趾纹路清晰可见，甚至关节都可以活动。保存这么好的古尸，简直是世界考古史上的奇迹！

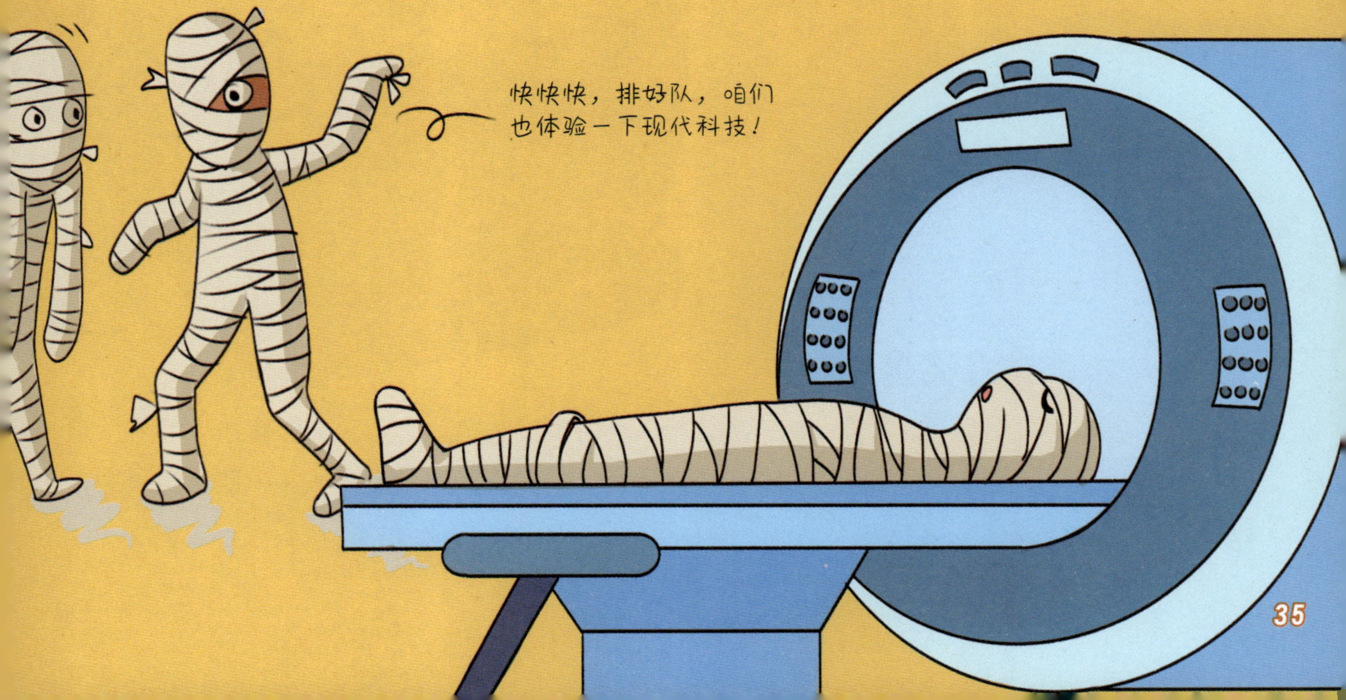

为什么古代帝王墓有那么多陪葬品？

为什么要陪葬？

陪葬是古代的一种习俗，陪葬品的数量和价值往往标志着墓主人的身份和地位。在古代，金银、奇珍异宝、牲畜、陶俑等都可能被当作陪葬品。产生这种习俗的原因有很多种，比如古人认为人死后灵魂依然存在，这些陪葬品可以让他在另一个世界继续享受荣华富贵……

殉葬与陪葬有什么区别？

殉（xùn）葬与陪葬，虽然只有一字之差，概念却天差地别！用人来陪葬是等活人正常死亡后，再葬入墓中；殉葬则是将活人杀死后与死者同葬。这些殉葬的人中，既有自愿的，也有被强迫的。殉葬在古代并不是一件稀奇的事，至少从商朝开始就已经普遍存在了。

被盗两百多次仍有宝物?

秦公一号大墓作为迄今为止中国发掘的先秦时期的最大古墓，曾经历了无数次盗墓者的破坏。考古队到达现场后，竟然发现这里被打了 200 多个洞口。尽管如此，考古学者仍在墓中发掘出了 3000 多件文物！同时，墓中出现了 186 具殉人，这让秦公一号大墓成为中国自西周以来发现殉人最多的墓葬。

拍卖价格高达一亿的乾隆随葬品?

乾隆肯定想不到，自己陵墓中的一床被子，竟然会被拍出一亿元的天价！这条被子名叫陀（tuó）罗尼经被，俗称“往生被”，是一种织有金梵（fàn）字经文的随葬物。据说，这种被子起源于元朝，流行于清代，一般只有皇家可以使用。它的制作工艺非常复杂耗时，多个能工巧匠一同制作，也要花上好几年时间。乾隆陵墓被盗后，这块“往生被”便流入了民间。

考古学家是怎么破译玛雅文字的？

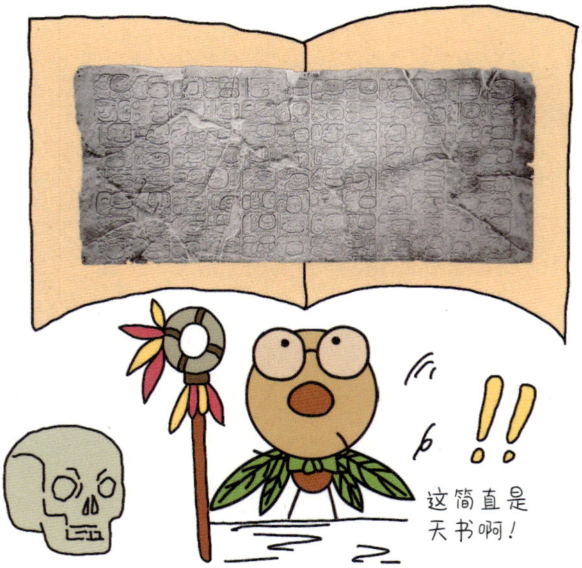

“从天而降”的玛雅文明

1839年，美国人约翰·斯蒂芬斯和他的英国队友根据一个神话传说，来到了中美洲洪都拉斯的茂密丛林中寻找神秘的“桃花源”。没想到他们到那里之后，竟然真的发现了一座雄伟神奇的古代宫殿。之后，这个消息不胫（jìng）而走，吸引了一批又一批考察队前来。迄今为止，人们在墨西哥、危地马拉和洪都拉斯等国家共发现了170余处玛雅遗址。

破译玛雅文字曾是世界性难题

动物的羽毛、人的脸、巨大的獠（liáo）牙……谁能想象这是一种文字呢？因为其特殊的字形，玛雅文字的破译曾一度成为世界性难题。不过，仍有很多学者不辞辛苦地投身于破译玛雅文字的工作中。

世界各地的学者破译玛雅文字的方法大不相同：西班牙传教士迭（dié）戈·德·兰达使用历法符号和“玛雅字母表”；苏联研究者尤里·克诺罗索夫坚持象形说；英国考古学家汤姆森从语法、语素中辨别符号……

劫后余生的玛雅古抄本

玛雅人留下的书并不多，这是因为西班牙人在入侵玛雅文明时，曾烧毁了大量的玛雅书籍。在仅存的玛雅书籍中，常被提及的涉及玛雅人的文字、历法及宗教活动的古抄本有三种：《德累斯顿古抄本》——最详细的刻本，在第二次世界大战时受损，目前已修复；《巴黎古抄本》——保存状况最糟糕，图片和字形已面目全非；《马德里古抄本》——身首异处，最后被马德里考古博物馆收齐。

独特的语言是现代玛雅人的标签？

古玛雅已经覆灭，世上还存在玛雅人吗？尽管玛雅古国已然没落，玛雅民族也逐渐淡出人们的视线，但目前仍存留下来四百多万玛雅人。他们分布在墨西哥东南部、危地马拉、洪都拉斯和萨尔瓦多等国。这些现代玛雅人已经很难从相貌上识别出来了，但五百多年的殖民统治也没能改变他们坚持使用自己祖先的语言！

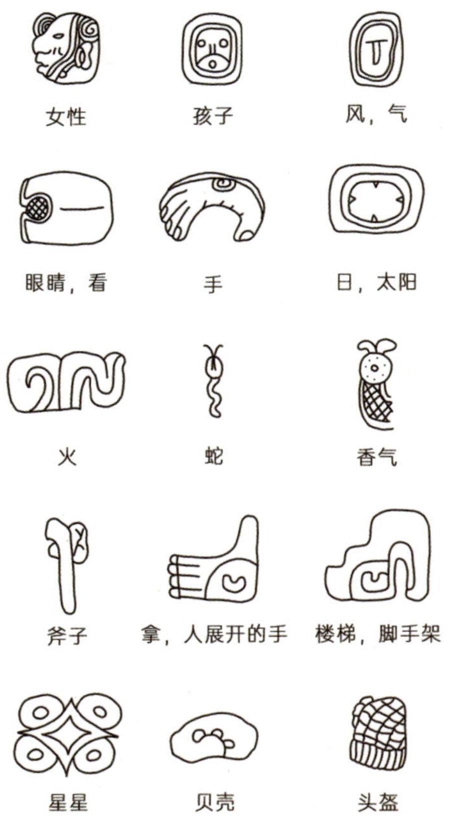

玛雅象形文字及含义

你知道吗？

提到金字塔，大家可能会首先想到古埃及，其实在玛雅遗址也有类似的建筑。

- 平顶型金字塔：最为常见，平顶上建有庙宇。
- 尖顶型金字塔：后世遗迹中仅存一座，位于蒂（dì）卡尔城。
- 陵墓型金字塔：仅一座，位于帕伦克城。

海昏侯墓有多“土豪”？

“多金”的汉废帝

你能想象有一天钱币不是按“枚”，而是按“吨”来计算吗？2011 年，因盗掘而被发现的海昏侯墓，时隔 2000 多年重新出现在人们面前……海昏侯墓的墓主人为汉废帝刘贺，墓中出土了 1 万多件珍贵文物，其中包括大量工艺精湛的奇珍异宝以及约 400 万枚、重达 10 余吨的五铢（zhū）钱……这里简直就像一座地下金库！

海昏侯墓出土的五铢钱

因天灾“逃过一劫”的汉墓

考古学家在考察海昏侯墓时，发现了一个五代时期留下的洞口，但盗墓者仅进到墓葬外围就放弃了。后经调查，考古学家推断是天灾保护了海昏侯墓。东晋时期，豫（yù）章郡（jùn）发生了一次大地震，这导致位于此地的海昏侯墓坍（tān）塌（tā）进水，而当时的盗墓者不具备水下盗墓的条件，所以只能中途作罢。

海昏侯墓出土的孔子画像复原图

“罢黜百家，独尊儒术”的见证

现代人追星都把偶像海报贴床头，古代人追星直接把“偶像”画像制成屏风！我国最早的孔子像就是这样出现在海昏侯墓的主椁（guǒ）室中的。不仅有画像，刘贺还收藏了以《论语》为代表的诸多儒家经典竹简和画作。海昏侯墓中出土的文物是佐（zuǒ）证汉武帝“罢黜（chù）百家，独尊儒术”这一历史的重要证据。

你知道吗？

海昏侯墓曾拿下秦汉考古史多个“第一”，它的“名片”多得数不胜数：

· 长江以南地区首次发现的大型真车马陪葬坑。

· 我国汉代考古史上第一次发现偶乐车。

· 首次以考古方式将“千文一贯”的钱币校量制度向前推进了1000年。

· 发现我国最早的孔子像。

· 出土金器最多的汉墓。

……

挖掘古墓时考古学家最担心什么？

不怕僵尸，怕塌方？

在盗墓小说里，主人公常常被僵尸追着满墓室跑，然而，在真实的考古工作中，考古人员却从没发现过这种叫“僵尸”的不明生物……进入墓室后，考古人员最害怕的是墓穴坍塌。发掘过程中，墓穴一旦发生坍塌，不仅会导致考古工作中断、墓中文物遭到破坏，更重要的是可能会使墓室中的考古工作人员无法脱身！

不怕鬼神，怕烟头？

一提到坟墓，许多人都会想到很多关于鬼神的传说。然而，比起这些虚幻的东西，更让考古专家害怕的是在墓室中看到烟头和矿泉水瓶！因为这些东西的出现，代表着盗墓者已经来过了，而墓穴里的文物也许已经被盗走或破坏。如果缺少了关键线索，我们就很难确认古墓主人的身份，无法还原相关的历史，考古工作也便失去了意义。

不怕机关，怕沼气？

除了僵尸、鬼神，很多人认为古墓里的机关也很可怕。可实际上，真正考古时见到的机关少之又少，甚至过于简单，都不能叫作机关。反而是由于墓葬长期密闭而形成的大量有害气体，比如沼（zhǎo）气，更容易威胁到考古人员的安全。

不怕艰苦，怕下雨？

考古人员工作时很怕遇上阴雨连绵的天气，因为下雨就意味着发掘工作要按下“暂停键”。然而，文物是否已经做好防雨措施、墓室是否会灌进雨水、墓穴是否会因此坍塌……这些因下雨而产生的问题却需要得到妥善的解决。此外，雨停后，变得泥泞不堪的发掘现场也让人十分头疼。

你知道吗？

为了防止自己陵墓被盗，古人可真是绞尽了脑汁！设置疑冢（zhǒng）、在棺椁（guǒ）上刻“诅（zǔ）咒”、把墓室门修得又大又厚、在墓道里安装机关……设置机关来防盗的墓葬有积沙墓和水银墓。积沙墓的四周堆积了大量的流动性极强的沙子，一旦盗墓者进入墓穴，就会被沙子所埋；水银墓则放有大量的水银，一旦墓室被打开，水银产生的气体就会对人造成致命的伤害。

三星堆是外星文明吗？

名字的由来

三星堆遗址位于四川省广汉市的南北镇北、鸭子河南岸，是中国新石器时代末期至商代的大型青铜文化遗址，年代为公元前 2500 ～公元前 1200 年。它因重要的考古发现集中于名为三星堆的土丘周围，故被命名为“三星堆遗址”。

沉睡了几千年的文物是怎么“醒”过来的？

三星堆遗址是在 1929 年被发现的，当时一位农民在淘沟时偶然发现了一坑玉石器，后将它们偷偷变卖。随着他卖的东西越来越多，“广汉有宝贝”这一消息不胫而走，吸引来了一批又一批寻宝者。后来，这个消息传到了时任华西协合大学博物馆馆长葛维汉的耳中，他意识到了这些文物的学术价值，于是在1934年，他带领一支考古发掘队来到广汉，开启了三星堆遗址的首次发掘。

这些文物是外星人留下的吗？

硕（shuò）大的耳朵、如同柱子一般突出的双眼、咧（liě）到耳根的大嘴巴……从外观来看，这些文物的形象确实有点像外星人，但经考古专家证实，三星堆出土的文物其实来自 3000 多年前的古蜀国。

青铜大立人为什么举着“自拍杆”？

在三星堆出土的众多青铜雕像中，青铜大立人获得了颇（pō）高的人气。这个青铜人双手呈环状，仿佛正握着什么东西。经考证，考古学家认为他的身份很可能是古蜀国的大祭司，手中所握的也许是象牙或玉琮（cóng），也有可能是权杖，但目前还没有定论。

三星堆挖掘工作完毕了吗？

到目前为止，三星堆出土的文物已近两万件，但三星堆遗址仍埋藏着大量的文物等待考古工作者去发掘。古蜀国为何忽然消失？祭祀坑里的青铜器为何被有意焚烧和破坏？关于三星堆的众多谜团至今仍未被破解。

你知道吗？

三星堆二号祭祀坑出土了一件轮形器，由于它看上去十分像车轮，因此许多人猜测它是“方向盘”“车轮子”……不过有学者认为，它代表的很可能是太阳。因为古蜀之地多阴雨，气候不利于农耕，所以古蜀人渐渐对太阳产生了崇拜之情。

楼兰为什么消失了？

“梦幻绿洲”变一片废墟？

如今已成一片废墟（xū）的楼兰，曾经竟是盈盈绿洲？罗布泊曾是新疆塔里木盆地面积最大的湖泊，楼兰就建立在罗布泊湖畔的绿洲之上。史书记载，在汉朝时期，楼兰曾是连接汉朝和西域的重要枢（shū）纽，它常年被汉朝和匈奴争夺，战祸连年，在东汉河流改道之后更是缺水严重、环境恶化。

是谁发现了这座神秘古城？

很多人都说这座神秘古城的再现是因为瑞典探险家斯文·赫定的“寻铲之路”。其实不然！在斯文·赫定发现楼兰前，一幅名叫《敦煌县西北至罗布淖尔南境之图》的清代地图中就明确标注了在罗布泊旁有一座古代城址。奈何当时的人们对考古都没有概念，更别谈去研究了。

古代西域文明的无尽劫难

谁能想到，楼兰的重现带来的却是无尽的掠夺！20世纪上半叶，中国正值战乱，斯文·赫定组织了一支探险队，借着考古之名对楼兰遗址进行了发掘。在这个过程中，他将大量的珍贵文物偷偷运回了自己的国家，致使我国丢失了研究楼兰历史的重要资料。

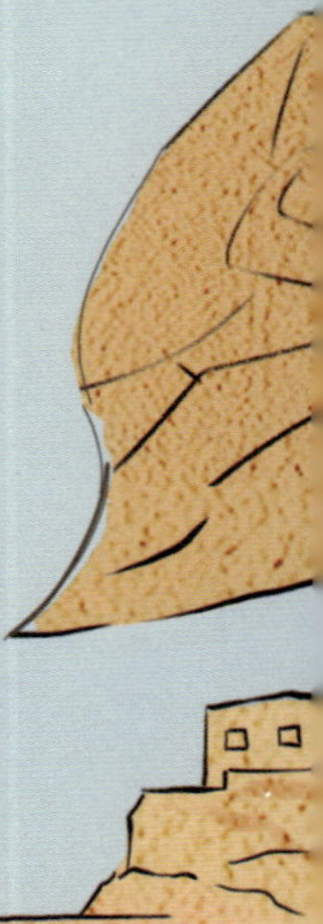

中国古典文学里的“楼兰”

汉朝时期，楼兰仗着自己独特的地理位置，曾多次杀害汉朝派来的使者，破坏汉朝与西域的往来。于是，元凤四年（公元前 77 年），汉昭帝刘弗（fú）陵派傅介子前去刺杀楼兰王。事成之后，楼兰易主，更名鄯（shàn）善，而傅介子平安归来，被封为义阳侯。此后，这一典故经常被后世文人借用，“楼兰”也逐渐成了指代“战场”“边塞”“敌人”的意象。

你知道吗？

楼兰古城东北地区发掘了两座两汉时期的墓葬，这两座墓葬均为竖穴土坑墓。在这两座墓葬中，考古学家发掘出了具有地方特色的弓箭、木器、陶器以及来自中原地区的铜镜、锦、绢、漆器等珍贵文物。这些文物的出土，为我们了解楼兰古城的历史和文化提供了重要的实物资料。

图书在版编目（CIP）数据

让孩子读懂世界的通识大百科：人文素养第一课 / 梁芳等编著；星筠兔绘 . -- 太原：三晋出版社，2023.11

ISBN 978-7-5457-2850-7

Ⅰ . ①让… Ⅱ . ①梁… ②星… Ⅲ . ①人文素质教育—少儿读物 Ⅳ . ① G40-012

中国国家版本馆 CIP 数据核字 (2023) 第 225121 号

让孩子读懂世界的通识大百科：人文素养第一课

编　　著：梁　芳等
绘　　者：星筠兔
责任编辑：解　瑞

出 版 者：山西出版传媒集团・三晋出版社
地　　址：太原市建设南路 21 号
电　　话：0351—4956036（总编室）
　　　　　0351—4922203（印制部）
网　　址：http://www.sjcbs.cn

经 销 者：新华书店
承 印 者：雅迪云印（天津）科技有限公司

开　　本：787mm × 1092mm　1/16
印　　张：24
字　　数：268 千字
版　　次：2023 年 11 月 第 1 版
印　　次：2024 年 1 月 第 1 次印刷
书　　号：ISBN 978-7-5457-2850-7
定　　价：256.00 元（全 8 册）

如有印装质量问题，请与本社发行部联系　电话：0351—4922268